러셀 교수님,
인생의 의미가 도대체 뭔가요?

WHAT'S IT ALL ABOUT?

Originally published in English by Granta Publications under the title
What's It All About? Philosophy and the Meaning of Life,
copyright ⓒ2004 by Julian Baggini.

Julian Baggini asserts the moral right to be identified as the author of this work.

Korean translation copyright ⓒ2024 by Purun Communication.
Korean translation rights arranged with Granta Publications through EYA(Eric Yang Agency).

이 책의 한국어판 저작권은 EYA(Eric Yang Agency)를 통해 Granta Publications와 독점 계약한 푸른커뮤니케이션이 소유합니다. 저작권법에 의하여 한국 내에서 보호를 받는 저작물이므로 무단 전재와 복제를 금합니다.

러셀 교수님, 인생의 의미가 도대체 뭔가요?

줄리언 바지니 지음
문은실 · 이 윤 옮김

이 책은 2011년에 출간된 《빅 퀘스천》의 개정2판입니다.

누구보다도 리지 크레머와 조지 밀러에게 감사한다.
그들이 없었다면 이 책은 빛을 보지 못했을 것이다.

· 차례 ·

해제 누가 택시 기사의 질문을 두려워하랴 9
서문 15

01
청사진을 찾아

우리는 왜 이 세상에 있는가? 21 | 파편 위의 얼룩 위의 작은 점의 구석 23 | 사르트르의 종이칼 26 | 아담의 목적은 수수께끼 31 | 산타클로스와 프랑켄슈타인 36

02
미래를 향해 살아가기

혼돈 속의 질서 41 | 정당화의 시간 44 | 나는 지금 죽을 수 있는가? 46 | 달콤한 인생 51 | 인생의 복잡성 57

03
천지간에 있는 더 많은 것들

존재하는 것은 이게 다인가? 59 | 우리는 신의 존재를 믿습니다? 62 | 신앙의 위험성 64 | 내가 아니야 69 | 사후의 생 70 | 고난스러운 초월론의 길 75

04
도우러 왔습니다

도우러 왔다고? 79 | 자기를 돕기 위해 남을 돕기 81 | 진실의 실마리 90

05
더 커다란 이익

종의 이익 95 | 인류 같은 것은 없다? 97 | 인간 상위에 있는 인류 100 | 이것보다 더 104 | 개미로 존재하는 기쁨 107 | 진실의 더 많은 실마리 109

06
행복하기만 하다면

모두가 조금은 원해 113 | 우리가 가진 가장 커다란 선물? 114 | 만족한 돼지 117 | 가상 행복 121 | 구하라, 그리하면 얻지 못하리라 125

07
승리자 되기

승리자로 살기 131 | 성공의 해부 132 | 성공적인 실패 135 | 진정한 성공 141 | 당신은 자유로운가? 144 | 당신 자신을 향상하라 147

08
카르페 디엠

오늘을 위해 살기 151 | 파티를 벌이라 154 | 쾌락 원칙 161 | 어떻게 오늘을 붙잡을 것인가? 167

09
너 자신을 버려라

에고는 없다 171 | 이기적인 자아 소멸 175 | 마음 좁힘 180 | 자아의 귀환 185

10
무의미함의 위협

무의미함의 의미 188 | 붉은 청어 194 | 성찰하지 않는 삶 196

11
이성이 전혀 알지 못하는

유의미한 악 206 | 신비의 고수 209 | 필요한 것은 사랑뿐? 212

결론 217

더 읽을거리 및 참고문헌 222

옮긴이 후기 233

해제
누가 택시 기사의 질문을 두려워하랴
—이현우(필명 '로쟈')

"인생이란 도대체 무엇입니까?" 고명하신 버트런드 러셀 경도 택시 기사가 던진 이 질문에 대답하지 못했다고 한다. 저자 줄리언 바지니가 서문에서 소개하는 일화다. 당대의 철학자가 대답하지 못할 질문이라면, 이유는 둘 중 하나겠다. 너무 거창하거나 아니면 너무 어렵거나. 인생의 의미와 목적에 대한 물음이 그런 종류다. 그렇게 너무 거창하거나 너무 어려운 문제이기에 '빅 퀘스천'이다! 이 책을 읽고 나면 드디어 이 질문에 답할 수 있게 될까? 책을 펼쳐 든 독자의 일차적인 궁금증이겠다.

러셀의 《서양철학사》와 《철학의 문제들》 같은 책을 오래전에 읽은 기억이 있지만, 돌이켜봐도 이 '빅 퀘스천'에 대한 러셀의 답변은 떠오르지 않는다. 하지만 그의 '더 위대한 제자' 비트겐슈타인이라면 어떻게 대답했을지 짐작할 수 있다. 그는 '인생의 의미'란 문제

역시 대부분의 철학적 문제들과 마찬가지로 '해결'할 문제가 아니라 '해소'해야 할 문제라고 여겼을 것이다. 그의 주장이 옳다면 일단 중요한 것은 문제의 성격을 파악하는 것인지도 모른다. 답이 없는 문제를 안고서 끙끙거린다면 노고는 인정할 수 있되 그리 현명한 처신은 아니다. 그런 견지에서 던지는 제안이지만, 책이란 모름지기 차례대로 읽어야 한다는 철학 내지는 고집을 고수하는 분이 아니라면 이 책은 '무의미함의 위협'을 다룬 10장부터 읽어도 좋겠다. '인생의 의미'에 대한 도전 내지 위협 들이 어떤 것인지 알면 '인생의 의미'에 대한 접근도 좀 더 평탄해지지 않을까, 적어도 더 분명해지지 않을까 싶어서다.

사실 인생의 의미는 무엇인가란 질문 자체는 인생은 살 만한 어떤 의미가 있다는 판단을 전제로 한다. 즉 중립적이기보다는 얼마간 '편향된' 물음이다. 정반대일 수도 있지 않은가. "아무리 생각해봐도 인생은 아무 의미가 없어." 얼마든지 그렇게 말할 수도 있다. 심지어는 하품을 하면서도 우리는 이렇게 말하곤 한다. "인생은 무의미해!" 물론 그럴 경우 알베르 카뮈라면 대번에 "그럼 당신은 왜 자살하지 않는가?"라고 반문하겠지만, 그런 반응이 필연적인 것은 아니다. "그게 좀 무의미하면 어때?"라는 식으로 얼마든지 대범한 태도를 취할 수도 있다. 스누피처럼. 그러니 혹 인생이 무의미하다고 하여 그에 대한 대처가 자동반사적으로 결정되는 것은 아니다. 그건 별도의 궁리를 필요로 한다.

생각해보면 '인생무상'이란 말을 입에 달고 다니는 한국인에게 그런 인생 허무주의적 태도가 낯선 것은 아니다. 하지만 '무의미'란 말이 그렇게만 쓰이는 것은 아니다. '인생의 의미'란 단어 조합 자체를 문제 삼을 수도 있다. 한때 영어권 철학자들이 강력하게 주장한 것인데, 그들은 가치의 언어들이 실상은 이성적 판단이기보다는 감정적 판단에 불과하다고 몰아붙였다. 그런 판단에는 합리적 근거를 댈 수 없다는 주장이었다. 도덕적 선이나 미적 아름다움에 대한 판단은 보편화될 수 없는 주관적인 감정을 엉뚱하게 적용한 것에 불과하다고 했다. '아!'나 '어이쿠!' 같은 감탄사와 다를 바 없다는 것이다.

그런 관점에서 보면 인생이란 도대체가 의미를 가질 수 있는 종류의 대상이 아니다. 가령 철학자들이 애용하던 질문 중에 "현재 프랑스 왕은 대머리인가?" 같은 게 있다. '대머리이다', '대머리가 아니다' 두 가지 대답이 가능한가? 하지만 문제는 대통령제 국가인 현재의 프랑스에 '프랑스 왕'은 존재하지 않는다는 점. 그러니 대머리가 맞다, 아니다란 판단 자체가 성립할 수 없다. 어불성설이다. 혹 '인생의 의미'란 말도 '현재의 프랑스 왕'과 같은 성격의 조합일까? 이 또한 '인생의 의미'를 진지하게 탐문하려고 할 때 먼저 해결해야 할 문제다.

덧붙여, 인생이 설혹 의미를 갖는다고 쳐도 우리가 그것을 아는 것은, 찾는 것은 지극히 어려운 일이어서 인생의 의미란 말 자체가 무의미하다는 반론도 우리는 고려해야 한다. 왜 어려운가? 인류 역사상 가장 지혜로운 지성들이나 성현들조차도 '합의'에 이르진 못했다는 점에서 그렇다. 공자님 말씀이 다르고, 예수님 말씀이 다르며, '너 자신을 알라'라고 훈계한 소크라테스의 말이 또 다르다. 모두가 한 말씀으로 인생의 의미에 대해 일러주었다면(그야말로 인생의 '톱 시크릿'이겠다), 그들의 이름이 제각기 남아 있을 이유도 없다. 하물며 평범한 사람들이 인생의 의미를 다른 사람과 나눈다는 것은 지난한 일이다. 깨닫기도 어렵고 나누는 건 더 어렵다. 대략 이런 것들이 인생의 의미란 무엇인가를 천착하기 전에 짚고 넘어가야 할 고비들이다. 개인적으론 이런 문제들을 어떻게 처리하느냐는 대목에서 일단 저자 바지니의 솜씨와 역량을 엿볼 수 있다고 생각한다. 그는 먼저 '인생은 무의미하다'는 주장에 어떻게 대응하는가. 그는 인생이 무의미하다고 주장할 때 사람들이 어떤 근거를 내세우는가에 주목한다. 보통은 '목적'과 '방향'과 '계획'이 앞세워진다. 그런 게 없다면, 혹은 주어지지 않는다면 인생은 무의미하다는 결론이다. 하지만 바지니가 보기에 이 전제와 결론 사이에 비약이 있다. 즉 어떤 초월적인 계획이나 목표, 목적에 기대지 않고도 우리가 인생의 의미를 찾을 가능성을 성급하게 부정해버리는 것이 문제다. 인생이 무의미하다면 특정의 의미에서만 '무의미'하다는 게 바지니의 생각이다. 그러므로 인생은 무의미하다는 생각을 일반화하는 것은 일종의 과장법이요 호들갑에 불과하다. '오버'하지 말라는 얘기다. 인생이 무의미하다는 이유를 대며 사람이 경박해지거나 시무룩해지는 건 일종의 '할리우드 액션'이다.

그렇다면 '인생의 의미'라는 생각 자체가 난센스라는 주장은 어떻게 반박할까. '인생의 의미'가 말이 안 된다는 주장은 인생이 의미를 지닐 수 있는 대상이 아니라는 주장에 기댄다. 소리가 색깔을 가질 수 없는 것과 마찬가지다. "저 피아노 소리의 색깔은 무엇인가?"란 질문은 시적인 대답은 기대할 수 있을지언정 '정답'을 끌어내긴 어렵다. 하지만 '의미'란 말이 어떤 것이 지닌 '중요성'을 뜻한다면 사정은 달라진다. '인생의 의미'가 그런 경우다. 중립적인 관점에선 의미를 갖지 않지만 '내 인생의 의미'나 '우리 인생의 의미'라고 하면 문제가 달라지는 것이다. 그때 인생의 의미란 말은 인생은 왜 우리에게 중요하며 또 살 만한 가치가 있는가란 물음과 등가이다. 그리고 이런 물음 자체는 결코 무의미하지 않다. 우리가 인생에 어떤 가치를 두고자 한다면 인생은 충분히 의미를 가질 수 있기 때문이다. 따라서 '인생의 의미'란 말이 난센스라고 여기는 이들도 문제를 과장하는 건 마찬가지다.

저자의 주장이 더 흥미로워지는 지점은 그가 '성찰하지 않는 삶'을 변호할 때이다. 물론 그가 이 책에서 시도하는 것 자체가 인생의 의미에 대한 철학적 성찰이다. 하지만 그는 이런 성찰을 통해서만 의미를 궁구해낼 수 있다는 믿음은 편견에 불과하다고 말한다. '성찰하는 삶'에 최대의 가치를 부여한다면 우리는 올바른 인생을 살기 위해서 모두 철학자가 되어야 할 테지만 바지니는 그렇게 생각하지 않는다. 오히려 그런 인식은 지식인의 거만함과 부족한 상상력에 기인한다고 꼬집는다. 대개 '인생론' 비슷한 이름을 단 책을 내면서 인생의 의미에 대해서 한 가닥씩 자기주장을 펼친 이들은 철학자나 지식계층에 속하는 이들이기 십상이다. 거기에 사람은 저마다 자기가 흥미를 느끼는 일의 중요성을 과대평가하는 경향이 있는 만큼 철학적 성찰의 중요성도 그간에 너무 과장됐다고 그는 생각한다.

'철학과 인생의 의미'(원서의 부제다)를 주제로 삼으면서도 인생의 의미를 엄격하게 철학적 방식으로만 찾아야 하는 것은 아니라고 주장하는 셈이니 일견 자기모순적으로도 보인다. 하지만 나는 이런 태도가 저자의 지적 성실성을 보여주는 것이라고 생각한다. 사실 세상엔 철학자도 아니고 지식인도 아닌 막대한 다수의 사람들이 저마다의 인생을 살고 있다. 철학적 성찰을 동원하지 않더라도 각자는 나름대로 삶에 의미를 부여하며 또 의미를 찾으려고 애쓴다. 당연한 말이지만, 그러한 노력이 '엄격하게' 철학적이지 않다고 해서 평가절하될 이유는 전혀 없다.

이상에서 정리한 것이 인생의 의미에 대한 몇 가지 위협과 도전이고 또 그에 대한 저자의 대응이다. 종합해보자면, 인생이 그 자체로 선한 것인 한 살 만한 가치가 있으며, '좋은 삶'이 의미 있는 까닭은 그것이 우리에게 무언가 중요한 것을 의미하고 그 삶을 사는 이에게 소중하기 때문이다. 그리고 우리는 삶의 의미에 대해 전혀 사고하지 않더라도 얼마든지 충만하고 유의미한 삶을 살 수 있다. 하지만 동시에 인생이 대체 무엇인지 생각해보는 것은 대다수 사람들에게 불가피한 일이다. 저자는 비록 최종적인 해답은 없다고 하더라도 그 중차대한 문제, 곧 '빅 퀘스천'을 꼼꼼하게 생각하는 데 철학적인 성찰이 그래도 도움을 줄 수 있다고 생각한다. 잘못된 생각을 걷어내고 좀 더 명료하고 현명한 대답에 가까이 가는 데 필요한 도움이다. 여기에 이견을 달 수 있을까? 그러한 전제에 동감한다면, 이제 비로소 '인생이란 도대체 무엇인가?'란 물음을 품고서 저자와 함께 성찰의 여정을 시작해보아도 좋겠다. 장담컨대, 마지막 책장을 덮으면 러셀 경도 답하지 못했던 질문에 대한 답변거리가 몇 마디쯤은 생길 것이다. 혹은 이런 생각이 들지도 모르겠다. "누가 택시 기사의 질문을 두려워하랴!"

서문

유명한 시인 T.S. 엘리엇이 택시에 타자, 기사가 알은척했다. "엘리엇 선생 아니십니까." 엘리엇이 자기를 어떻게 아느냐고 물으니 기사가 답했다. "제가 명사들을 좀 알아봅니다. 며칠 전에는 버트런드 러셀 경을 태웠죠. 그런데 제가 '러셀 경, 인생이란 도대체 무엇입니까?'라고 물었더니 대답을 못 하시던데요."

이 실화는 누구를 두고 한 농담일까? 지성과 지혜를 겸비한 위대한 철학자임에도 택시 기사의 질문에 대답하지 못한 러셀 경일까? 인생이 무엇인지 말할 수 있는 사람이 있다면, 그건 분명 당대 최고의 철학자여야 하지 않을까? 아니면 그 짧은 시간에 답을 기대하고 그런 중대한 물음을 던진 택시 기사를 비꼬는 것일까? 러셀이 답을 알았다 해도 우주의 비밀을 설명하려면 시간과 인내가 필요하지 않았을까?

아마 두 사람 모두 놀림당할 이유가 없다는 것이 가장 적절한 답일 것이다. 러셀은 확실히 아니다. 10분 안에 완벽하게 대답할 수 있는 질문이라면, 누군가 이미 답을 내놓았을 테고, 그 기사도 굳이 질문할 필요가 없었을 것이다. 택시 기사 역시 무지하다고 비웃을 수 없다. 대부분의 사람이 언젠가 한 번쯤 던져볼 질문을 했을 뿐이기 때문이다.

문제는 이 질문이 너무 막연하며, 구체적이지도 분명하지도 않다는 점이다. 이 질문은 단일한 질문이 아니라 여러 질문을 묶어놓은 것이다. '우리는 왜 이 세상에 있는가? 인생의 목적은 무엇인가? 그저 행복하게 살면 되는 걸까? 아니면 더 큰 목적을 위해 헌신하는 것이 인생일까? 타인을 돕기 위해 사는가? 아니면 우리 자신을 위해 사는가?' 등의 질문들을 한데 묶어놓은 복합 질문이다.

인생이란 도대체 무엇인가?

나는 이런 질문들에 답하기 위해서는 이성적이고 세속적인 태도로 탐구해야 한다고 믿는다. 여기서 '세속적'이라 함은 '무신론적'이라는 의미가 아니라 소위 계시나 종교 교리, 혹은 경전에서 논의가 시작되어서는 안 된다는 뜻이다. 우리의 논의는 신앙인이든 아니든 모두가 이해하고 판단할 수 있는 논리와 증거에 입각한 증명이어야 한다. 많은 신앙인들조차 기성 종교의 권위를 절대적으로 여기지 않는다. 전 세계 종교의 엄청난 다양성, 각 종교의 교리와 경전을 정립했던 역사적 사건 및 세력들, 그리고 수많은 종교 지도자들의 오류 가능성을 감안하면, 종교가 절대적 진리에 이르는 직접적인 통로라고 보는 것은 근거 없는 생각이다. 신의 영감을 받았든 안 받았든, 종교는 분명히 인간의 손이 개입된 것이다. 그러므로 종교를 믿는다고 해도 종교의 가르침을 무비판적으로 받아들여서는 안 된다. 종교가 제시하는 해답들이 타당한지 아닌지 우리의 이성으로 스스로 판단하고 결정해야 한다. 우리 대부분은 언젠가는 도대체 인생이란 무엇인지 의문을 품을 수밖에 없으므로, 이러한 철학적 고민을 언제까지고 피할 수는 없다.

이 주제는 너무 어렵고 심오해 보이는 탓에 이를 주제로 책을 쓴다는 시도 자체가 오만하다는 비판이 있을 수 있다. 만일 내가 '인생의 의미'란 선택받은 소수만이 명상과 계시, 평생을 바친 지적 탐구를 통해서만 발견할 수 있는 비밀이라고 주장한다면 그런 비판이 옳을 수도 있다. 이런 주장은 인생의 의미가 일단 찾기만 하면 삶의 모든 신비를 풀고 세상 모든 것을 설명할 수 있는 일종의 지식이라고 전제한다. 만일 그렇다면 우리 대부분은 그런 커다란 비밀을 알지 못하고 특별히 지혜로운 사람만이 인생의 의미를 발견할 수 있게 된다.

나는 이러한 생각이 허풍이며 독자들도 내 말에 동의하리라고 생각한다. 만약 그렇게 대단한 비밀이 있었다면 지금쯤 소문이 자자했을 것이다. 인생의 의미를 알려주는 무슨 특별한 비밀 정보가 없다는 사실이 문제가 아니다. 인생의 의미는 새로운 증거를 발견하면 해결되는 질문이 아니라 증거로는 알 수 없는 쟁점들을 사유함으로써 해결할 수 있는 질문이다. 앞으로 이야기를 해나가며 이를 증명하도록 하겠다.

이런 이유로 나는 이 책에서 인생의 의미에 대해 '거품을 빼고' 설명할 것이다. 즉 '인생의 의미'라는 신화적이고 신비로운 하나의 질문을, 인생의 다양한 의미를 다루는 전혀 신비롭지 않은 작은 질문들로 환원할 것이다. 이 방법은 인생이란 무엇인가라는 질문이, 우리가 생각했던 것 이상이기도 하면서 동시에 그 이하이기도 하다는 점을 보여줄 것이다. 우리가 닿을 수 없는 신비의 영역에 있는 질문이 아니라는 점에서는 생각했던 것 이하이고, 하나가 아니라 여러 개의 질문이라는 점에서는 생각했던 것 이상이다.

나는 특별히 지혜롭지는 않지만, 단지 선현들의 지혜를 짜맞춤으로써 이 질문들에 답할 수 있었다. 단, 그들의 사상을 선택하고 제시하는 과정에서, 나는 철학적 논의에 대한 무미건조한 서술 대신 개인적 견해를 드러낼 것이다. 대다수 철학자들이 동의해주길 바라긴 하지만, 이 책은 한 사람의 사견이다.

인생의 의미를 찾아 탐색에 나설 사람은 더글러스 애덤스의 《은하수를 여행하는 히치하이커를 위한 안내서》에 나오는 경고에 귀를 기울이는 것도 괜찮을 것이다. 이 책에서는 어떤 종족이 인생의 의미를 두고 논쟁하다가 지쳐서 답을 구해줄 슈퍼컴퓨터를 만든다. '깊은 생각'이라고 알려진 이 슈퍼컴퓨터는 '삶, 우주, 그리고 모든 것'에 대한 물음에 답하기 위해 750만 년에 걸쳐 계산한다. 마침내 판결의 날, '깊은 생각'은 '무지무지하게 엄숙하고 침착하게' 답을 내놓는다. 바로 '42'.

문제는 질문의 의미를 제대로 알고 있는지 따져보지도 않고 '삶, 우주, 그리고 모든 것'에 대한 대답을 원했다는 데 있다. 컴퓨터를 설계한 사람들은 답을 얻었지만 그것을 이해하지는 못한다. 이 답이 무엇에 대한 대답인지를 모르기 때문이다. 올바른 질문은 올바른 답만큼 중요하다.

인생의 의미에 최종적인 해답은 없다. 자신이 올바르게 질문했고 흡족한 대답을 찾았다고 스스로 만족해야 하기 때문이다. 의미를 추구하는 것은 근본적으로 개인적인 일이다. 그러므로 이 책은 당신의 탐색이 어디서 끝날지 정확히 알려주는 지도가 될 수는 없다. 행여 그 탐색에 끝이 있다 해도 말이다. 다만 이 책은 당신의 탐색을 돕는 길잡이가 될 수는 있다. 그 길잡이가 어떻게 활용될지, 얼마나 유용할지는 당신에게 달렸다.

01
청사진을 찾아

수많은 사람에게 이 삶은 눈물의 골짜기
과학자들은 우리가 그저 자기복제하는 DNA의
소용돌이치는 코일일 뿐이라고 말하고
우리는 진정 할 말도 없이 둘러앉아 있네
/
《몬티 파이튼-삶의 의미》

우리는 왜 이 세상에 있는가?
"나는 누구인가? 나는 무엇인가? 나는 어디에서 왔으며 어디로 가는가? 이런 질문들이 계속해서 떠올랐지만 답을 찾을 수 없었다."

의식적으로 성찰할 수 있는 생명체라면 분명 언젠가는 이런 질문을 하게 될 것이다. 비록 흡족한 대답을 얻지 못한다 해도 말이다. 그러나 위 질문을 던진 생명체는 약간 특이하다. 그것은 메리 셸리의 고딕소설에 나오는 프랑켄슈타인 박사의 피조물이다. 인간과 달리 이 생명체는 자기의 기원과 자기가 창조된 이유를 알 수 있었다. 그렇다고 그가 자기 인생의 의미를 발견했다고 할 수 있을까? 자신의 기원에 대해 더 많이 알면 우리는 인생의 의미를 발견할 수 있는가?

프랑켄슈타인에 대해서는 뒤에서 다시 다루겠다. 우선 서문에서 지적했듯 올바른 답을 얻으려면 먼저 질문을 명확히 이해해야 한다. '인생이란 무엇인가?'라는 질문은 '우리는 왜 이 세상에 있는가?'라는 의미일 수 있다. 하지만 이 질문은 애매해서 두 가지 서로 다른 대답을 불러온다. 한 가지 대답은 우리가 이 세상에 있게 된 **원인**을 설명한다. 이 대답은 과거 지향적이며 기원에 관한 것이다. 다른 대답은 우리 존재의 **목적**을 설명한다. 이 대답은 미래 지향적이며 목적지에 관한 것이다. 아리스토텔레스의 용어를 따르면, 첫 번째 설명은 능동인能動因이고, 두 번째 설명은 목적인能動因(비록 현대적 의미에서는 인과관계와 무관하지만)이다. 예를 들어 부엌에서 하는 식사 준비는 만찬의 능동인이고, 만찬을 먹는 것은 목적인이다.

때로는 두 종류의 대답이 일치한다. 다시 말해 어떤 것이 존재하도록 만든 원인이 그것의 미래 목적이 되기도 한다. 예를 들어 도로가 건설된 원인은 차가 다닐 수 있게 하려는 도로의 미래 목적이기도 하다. 그러나 두 대답이 반드시 연결될 필요는 없다. 먹으려고 산에서 따 온 산딸기를 한번 생각해보자. 그 산딸기의 기원, 즉 산딸기가 어떻게 진화했는지는 그것을 따 먹게 된 인간을 위해 산딸기가 어떤 목적을 띠고 있는지와는 별개의 이야기다. 인간이 **먹게 하기** 위해 신이 산딸기를 창조했다고 보지 않는 이상에는 말이다. 여러 가지 이유로 나는 이런 류의 대답에 반대하는데, 이에 대해서는 뒤에서 설명하겠다. 여기서는 어떤 것의 기원을 알면 미래 또는 현재의 목적을 알 수 있다고 가정해서는 안 된다는 점에 주목할 필요가 있다.

이런 이유로 이 장에서는 인간 생명의 기원 혹은 다른 무엇인가가 삶의 의미에 대해 말해줄 수 있는가 하는 문제에 집중하고자 한다. 미래 또는 현재의 목적은 다음 장에서 다룰 것이다.

파편 위의 얼룩 위의 작은 점의 구석

어떤 의미에서 보면 인간 생명의 기원에 대해 크게 신비한 점은 없다. 두 가지 주류 이론, 곧 창조론과 자연주의가 경쟁하고 있다. 세부적인 면에서는 둘 다 설명하지 못하는 부분들이 많지만, 삶의 의미에 대해 폭넓게 생각해볼 수 있는 틀은 제공해준다.

창조론에서는 의식적인 목적을 가진 초자연적 행위자가 인간 생명의 기원이라고 본다. 자연주의 이론은 인간 생명이 지적 설계의 산물이 아니라, 자연의 맹목적인 과정의 일부로 나타난 것이라고 주장한다. 창조주 신을 자연 외부에 있는 초자연적인 행위자가 아니라 자연 자체의 분리할 수 없는 일부라고 보는 절충적 입장도 있다. 그러나 이러한 절충주의 역시 생명의 기원을 지적인 목적의 결과(창조론)로 보는지, 무목적적인 자연 과정(자연주의)으로 보는지에 따라, 우리 논의의 목적에 맞게 창조론이나 자연주의로 분류할 수 있다.

먼저 자연주의를 검토해보자. 현재 자연주의에는 인간 생명의 기원에 대한 표준적인 가설이 있다. 여러 세부사항에 관해서는 논쟁의 여지가 남아 있지만, 큰 틀은 과학자들 대부분이 동의하고 있다. 이 가설의 줄거리는 150억 년 전 빅뱅에서 시작해 100억 년 후 태양계의 형성으로 이어지고, 원시 단세포 생명체가 출현한 비교적 최근에 이른다. 이 생명체는 진화 과정을 거친 끝에 단 60만 년 전 호모 사피엔스의 출현으로 그 정점(인간이 볼 때)에 도달한다. 이런 과정 속에 신이 끼어들 자리가 어디 있느냐는 질문에 과학자들은 프랑스 과학자 라플라스가 나폴레옹에게 비슷한 질문을 받았을 때 했던 대답으로 대응하곤 한다. "제게 그런 가정은 필요가 없습니다."

우주학, 이론물리학, 천문학, 생물학, 생화학 같은 여러 학문 분야에서 나오는 증거들이 자연주의 이론을 얼마나 잘 입증하는지 주목할 만하다. 자연주의적 설명이 대체로 참이라는 증거는 매우 많다. 그렇지만 여기서 내 관심사는 자연주의가 참임을 보이는 것이 아니라, 자연주의가 참이라고 **가정할 때** 그것이 삶의 의미에 시사하는 바를 검토하는 데 있다. 이 시사점에 깊은 불안을 느끼는 사람이 많다.

이들은 만약 자연주의의 설명이 참이라면 인생이란 자연의 무의미하고 우연한 사건에 지나지 않게 된다고 걱정한다. 만약 어떤 의미가 있다면, 그것은 우주적 운명의 장대한 전개에 관한 것일 뿐 인간 존재와는 무관한 것이다. 버트런드 러셀이 말했듯 "우주가 목적을 가질 수도 있지만, 그렇다 하더라도 그 목적이 우리의 목적과 유사한 것이라고 생각할 근거는 없다."

예를 들어 리처드 도킨스가 《이기적 유전자》에서 제시한 인간 진화에 대한 설명을 검토해보자. 도킨스를 따르면, 자연선택은 유기체 단위나 종 단위가 아니라 유전자 단위에서 일어난다. 이는 인간을 포함한 개별 유기체들이, 그의 용어로는 DNA에 새겨진 지시에 따라 만들어진 '생존 기계'이며, 개체 자신이 아니라 유전자의 생존 보장을 '목적'으로 한다는 것을 의미한다. 생물학적 관점에서 보자면, 개별 인간이 가장 중요한 게 아니다. 중요한 것은 인간이 지닌 유전자들이 계속해서 생존하는 것이다.

나는 '목적'에 작은따옴표를 했는데, 유전자나 유기체에는 목적이라는 말을 일상적인 의미로 사용할 수 없기 때문이다. 왜냐하면 유전자는 어떤 목적을 이루기 위해 만들어진 것도 아니고, 욕망이나 목표, 의식 등을 갖지도 않기 때문이다. 유전자는 그저 생존할 뿐이다. 유전자의 운반자인 유기체와 유기체를 둘러싼 환경에 영향을 행사하여 자신의 생존을 유도함으로써 말이다. 그런데 생존한 유전자는 그 정의상 생존에 적합한 특질들을 가지고 있기 때문에, 이 특질들이 유전자의 생존 보장이라는 목적에 기여한다는 인상 또는 착각이 생긴다. 그러나 목적은 미리 설계되거나 정해진 것이 아니다. 도킨스가 자신이 이름 지은 '이기적' 유전자가 문자 그대로 자기중심적이고 이기적이라고 믿지 않는 것과 마찬가지다.

그렇다면 개별 인간 혹은 심지어 호모 사피엔스 종은 어떻게 되는 것일까? 기껏해야 우리는 유전자의 존속을 위한 수단에 지나지 않게 되며, 최악의 경우 목적이나 의미에 대해 아무런 이야기도 할 수 없게 된다. 무작위적 과정인 돌연변이와 복제는 어떠한 궁극적 목적이나 목표도 가지고 있지 않기 때문이다. 몬티 파이튼이 노래하듯 우리는 "그저 자기복제하는 DNA의 소용돌이치는 코일"에 불과하게 된다.

대체로 자연주의 이론은 이와 유사한 반응을 일으키곤 한다. 러셀을 다시 인용해보자.

> 가시계 안에서 은하수는 작디작은 파편이고, 그 파편 속에서 태양계는 무한히 작은 얼룩이며, 그 얼룩 속에서 지구는 현미경으로나 볼 수 있는 점 하나다. 이 점 위에서 약간 특이한 물리화학적 성질에 복잡한 구조를 가진, 불순물이 섞인 탄소와 물로 구성된 작은 덩어리가 몇 년 동안 기어다니다가 다시 분해되어 자신을 구성했던 원소들로 되돌아 간다.

이런 시점에서 바라봤을 때, 인간 생명은 무목적적이고 하찮은 우연에 불과하다.

사르트르의 종이칼

이런 결론은 종종 19세기 말과 20세기 초 실존주의 철학자들을 연상시킨다. 실존주의의 주요 저작들을 피상적으로 읽으면 그렇게 느낄 만도 하다. 프리드리히 니체는 자기 자신을 '유럽 최초의 완전한 허무주의자'라고 불렀고, 알베르 카뮈의 가장 유명한 사상은 인생은 '부조리'하다는 것이다. 그리고 장폴 사르트르는 '불안, 홀로 남겨짐, 절망'에 대해 말했다. 현대적 세계관에서 초자연적인 것이 제거되며 우주의 모든 의미는 탈색되었고 인생은 목적 없는 것으로 남게 되었다.

하지만 실존주의의 핵심 저작에 국한해서 본다 해도, 실존주의 세계의 전모는 이런 삭막한 말들이 암시하는 것만큼 황폐하지는 않다. 예를 들어 사르트르의 《실존주의는 휴머니즘이다》를 생각해보자. 대중 강연에서 실존주의의 기본 신조를 설명한 내용을 모은 이 책에서 사르트르는 실제로 불안, 홀로 남겨짐, 절망에 대해 말하지만, 동시에 '실존주의는 낙관적'이라고 주장한다. 경직된 독자라면 이를 두고 사르트르가 일관성이 없다는 증거라고 하겠지만, 좀 더 섬세한 해석자라면 실존주의 슬로건의 쓰라린 면을 액면 그대로 받아들이지 말라는 경고로 읽을 것이다.

'실존주의자들'이 삶의 의미에 대해 말한 바를 일반화하는 것은 오해의 소지가 있다. 실존주의자로 불리는 사상가들도 신념이 천차만별이기 때문이다. 사르트르와 니체, 카뮈를 비롯한 많은 유명 실존주의자가 무신론자이지만, 놀랍게도 쇠렌 키르케고르, 가브리엘 마르셀, 카를 바르트 같은 종교적 실존주의자들도 있다.

무신론적 실존주의자들의 주장에는 자연주의 논의와 공통점이 있다. 모든 실존주의자는 신이 존재하지 않는다는 '발견'이 인간 삶의 의미에 위기를 불러왔다는 데 동의할 것이다. 인생의 목적과 도덕성이 우리 외부에 있는 무언가에 그 기원을 두고 있다고 가정하기 때문이다. 이러한 가정이 전복되었을 때, 우리는 삶의 의미의 원천을 잃어버린 것이다.

사르트르는 이것을 종이칼의 비유로 설명한다. 종이칼은 누군가가 특정한 기능을 수행하라고 만들었으므로 정해진 '본질'이 있다. 반면에 돌조각 같은 날카로운 물건에는 정해진 본질이 없다. 비록 종이를 자르는 데 사용될 수 있다 해도, 그저 인간이 **우연히** 그런 용도를 발견한 것일 뿐이다.

사르트르가 말하려는 바는 우리가 자신을 돌조각이 아니라 종이칼로 간주하고 있다는 점이다. 우리는 신이 특별한 목적을 염두에 두고 우리를 창조했기 때문에 우리에게 어떤 본질적인 속성이 있다고 믿었다. 그러나 만약 신이 존재하지 않는다면 그리고 자연주의 이론이 참이라면, 이러한 믿음은 잘못된 것이다. 우리는 그냥 **널려 있는** 돌조각처럼 그저 존재할 뿐이다. 우리 자신과 타인을 위한 쓰임새를 발견할 수 있을지 모르지만, 이 목적은 우리의 본질에서 유래하는 것이 아니다. 그리고 만약 자연주의가 참이라면, 이런 관찰은 전 우주와 우주 안에 있는 모든 것에도 적용될 것이다.

이 명백히 황량한 풍경에 적어도 두 가지로 반응할 수 있다. 하나는, 그러므로 인생은 무의미한 것이라고 간단히 받아들이는 것이다. 다른 하나는 이 비관적 결론을 뒷받침하는 가정, 즉 인생이 의미 있으려면 종이칼 같은 것이어야 한다는 가정에 의문을 던지는 것이다. 무신론적 실존주의자들이 규명한 의미의 위기는, 우리가 참이라고 가정했던 사실, 즉 인간의 목적은 창조주에 의해 부여받았다는 사실이 틀렸다는 깨달음의 결과이다. 이러한 깨달음은 인생이 무의미하다는 결론이 아니라, 삶의 의미의 원천이 우리가 생각했던 곳에 있지 않다는 결론으로 이어진다.

이것이 대략 사르트르가 생각했던 방향이다. 사르트르는, 목적과 의미는 인간 생명에 내재되어 있지 않으므로 인간은 스스로 목적을 만들어낼 책임이 있다는 것이 우리가 깨달아야 할 중요한 진실이라고 보았다. 이는 인생에 의미가 없다는 말이 아니라 **미리 결정된** 의미가 없다는 이야기다. 우리에게 자기 자신의 의미를 창조해야 하는 책임을 직시하라고 요구한다. 하지만 사르트르가 보기에 우리는 그러려고 하지 않는 편이다. 대신 어떻게 살고 또 살아야 하는지는 우리 선택이 아니라, 운명이나 외부의 힘, 또는 초자연적인 설계에 달린 것처럼 여기는 '자기기만'에 안주하는 편이다.

우리의 운명이 우리 손에 달려 있다는 생각, 곧 인간에게 자신의 목적을 창조할 자유가 있다는 생각은, 어떤 의미에서 우리에게 권한과 자유를 주는 것처럼 들릴 수 있다. 그러나 많은 사람들에게 이 생각은 다음과 같이 공허하게 들린다. 무의미한 우주라는 현실에 맞서 우리는 직접 의미를 만들어야 한다. 그런데 만들어낸 의미는 전혀 진정한 의미가 아니다. 사르트르식 목적은 사칭된 목적이고 실존주의자들의 가치는 위조된 가치에 불과하다, 이런 식이다.

그러나 이러한 생각이 잘못임을 보여주는 근거들이 있다. 왜 우리는 스스로 부여한 목적이 미리 결정된 목적보다 열등하다고 생각해야 하는가, 그리고 왜 오직 미리 결정된 목적만이 인생을 유의미하게 만들 수 있다고 믿어야 하는가? 목적이 설계 단계에서 도입되었다고 해서 더 '진짜'라거나 중요하다고 볼 수 있는 근거는 없다.

포스트잇의 역사를 생각해보자. 붙였다 떼었다 할 수 있는 메모지에 쓰이는 접착제는 1968년 3M에 근무하던 한 과학자가 발명했다. 하지만 그런 접착제를 어디에 쓸지 그도, 회사에 있던 다른 누구도 전혀 생각해내지 못했다. 6년 후 교회 성가대에서 노래하던 중

찬송가집에서 찾던 노래를 못 찾고 헤매던 3M의 다른 과학자는 살짝 붙는 책갈피가 있으면 편리하겠다고 생각했다. 그리고 그는 쓸모없어 보이던 그 접착제가 유용하다는 것을 결국 깨달았다. 오늘날 포스트잇은 모든 곳에서 사용된다.

포스트잇은 사소한 사례처럼 보이지만, 용도나 목적에 관해 얘기할 때 중요한 것은 발명가의 의도가 아니라 발명품의 실제 용도와 목적이라는 점을 잘 드러내고 있다.

경우가 다르기는 하지만, 인생에도 같은 논리가 적용된다. 중요한 것은 지금 여기 우리에게 인생의 목적이 있다는 점이다. 이 목적이 창조주가 꿈꾸던 것인지, 스스로 부여한 것인지는 중요한 문제가 아니다. 우리가 인생에 목적과 의미를 부여할 수 있다면, 그것이 창조주에 의해 주어진 의미보다 열등하다고 볼 이유는 없다.

사실 미리 결정된 목적은 삶을 덜 유의미하게 만든다고 볼 수도 있다. 예를 들어 미래의 프랑켄슈타인이 자기 집 청소만을 목적으로 인간을 창조했다고 생각해보자. 확실히 그 삶은 자연주의적 우주에서 태어난 사람의 삶에 비해 존엄성과 의미가 덜하지 않겠는가? 이 피조물은 창조자의 바람을 수행하기보다는 스스로 자기의 목적을 결정하는 것이 더 나을 것이다.

바로 이 때문에 사르트르는 실존주의를 낙관적이라고 생각했다. 인간은 자신의 목적을 결정할 힘이 있기 때문에, 창조자에게 본질을 부여받은 피조물보다 유의미한 삶을 살아갈 수 있는 잠재력이 더 크다. 자기 자신의 목적을 선택할 수 있는 능력은, 사르트르가 말하는 의식 있는 '대자 존재being-for-itself'와 의식 없는 '즉자 존재being-in-itself'를 구분 짓는 특성 중 하나이다. 대자 존재는 자신의 삶을 통제할 수 있고 의식적으로 사고하며 자신의 목적을 이끌 수 있다. 반면, 즉자 존재는 있는 그대로의 자신일 뿐이며 타인이 사용하는 바에 따라 규정된다.

그렇다면 자연주의적 우주에서 삶의 의미 문제는 어떻게 되는 것일까? 만일 우주가 지적 설계가 아닌 자연적 힘의 산물이라는 견해를 취한다면, 우리가 이 세상에 있는 이유를 아는 것은 우리 삶의 목적에 대해 어떠한 해답도 주지 못한다. 이는 우주를 무의미한 것으로 보는 일종의 허무주의로 이어질 수 있다. 그러나 이런 결론은 애초에 삶의 목적이 인생에 미리 내재되어 있어야 한다는 잘못된 가정에서만 비롯된다. 따라서 우리가 인간 생명의 기원에서 목적과 의미를 찾을 수 없다는 사실은 인생이 아무런 목적과 의미를 **갖지 않는다고** 가정할 이유가 되지 못한다.

비록 실존주의자들이 이런 사상 대부분을 처음으로 정교화하긴 했지만, 다른 유파의 철학자들도 실존주의의 기본 주장에 동의하고 있다. 예를 들어 현대 미국 철학자 대니얼 데닛은 전혀 실존주의자가 아니지만 이렇게 묻는다. "왜 우리의 목적은 저 높은 곳에서 부여받은 것이어야 하는가? (나는 모든 중요한 것이 자기보다 중요한 어떤 것으로부터 그 중요성을 부여받아야 한다는 생각을, 중요성에 대한 낙수 이론이라고 부른다.) 왜 우리는 우리 자신의 목적을 만들어낼 수 없는가?"

인생을 유의미하게 해줄 수 있는 다른 방법들을 더 살펴보는 가운데 이러한 주장은 더 강화될 것이고, 궁극적으로는 인생 자체가 의미의 원천이라는 주제에 이르게 될 것이다. 그러나 먼저 자연주의적 관점과 대립하는 생각, 곧 지적 설계로 삶의 기원과 의미를 설명할 수 있다는 주장을 검토해야 한다.

아담의 목적은 수수께끼

인류 역사의 대부분, 그리고 오늘날에도 많은 사람은 우주가 전적인 우연과 무목적적인 힘의 산물이라는 자연주의자의 견해를 받아들이지 않는다. 이들은 우주에 창조자가 있다고 생각하며 흔히 신이라고 부른다.

이런 믿음은 전 세계 종교의 다채로운 창조 신화에서 선명하게 드러난다. 유대교와 기독교는 창세기에서 신이 엿새 동안 세상을 창조했다고 말한다. 힌두교의 문헌인 푸라나는 다른 이야기를 들려준다. 셰샤라는 뱀 위에 누워 있는 비슈누 신의 배꼽에 연꽃이 피고, 이 연꽃에서 나온 브라마가 작은 황금알 안에 전 우주를 창조했다는 이야기이다. 사람들은 대개 이런 이야기를 신화로 보지만, 실화라고 믿는 사람도 많다.

또한 어떤 사람들은 이런 신화를 문자 그대로 사실로 받아들이기는 거부하면서도 우주의 궁극적 원인은 신이라고 믿는다. 창세기와 푸라나의 이야기가 우주가 어떤 목적을 위해 의도적으로 창조되었다는 진실을 비유적으로 표현한 것이라고 믿는 것이다. 우주의 설계자가 있어야 한다는 생각은 때로 정교한 논증으로 정당화되기도 하지만, 일반적으로는 우주가 그저 인간과 무관한 맹목적 사실일 리가 없다고 믿고 싶은 직관적 본능에 의해 지지받는다.

가장 최근에 달을 밟은 인간인 유진 서난은 "분별 있는 사람이라면 그 누구도, 도처의 별들과 영원한 암흑을 바라보면서 영적 체험을 부정하거나 하느님의 존재를 부정할 수 없다"라고 단언했다. 하지만 이와 같은 단언은 개인적 신념에 지나지 않는다. 개인의 내면적인 '영적' 체험의 본질에 대해 얘기하다가 갑자기 창조주가 존재한다는 외부의 사실로 비약하는 과정에서, 서난은 다른 사람들을 자기처럼 믿게 만들 어떤 논증이나 논거도 들지 않는다. 그는 분별 있는 사람이라면 모두 자기와 같이 확신을 갖고 믿을 것이라고 주장할 뿐이다.

자연주의에서와 마찬가지로 여기서 내 최고 관심사는 다양한 창조론의 특징들을 비교 평가하는 것이 아니라, 창조론을 수용하는 것이 삶의 의미와 목적을 보는 관점에 어떤 영향을 주는지를 검토하는 것이다. 다만 내가 공정한 관찰자가 아니라는 점은 분명히 해두겠다. 나는 종교 문헌의 창조 신화들이 서로 모순되며 우주의 기원에 대한 최신 과학 지식에 어긋난다는 점에서 명백한 오류라고 생각한다. 또한 나는 대다수 현대 철학자들과 마찬가지로, 신이 우주의 최초 원인 또는 설계자임을 철학적으로 논증하려는 이른바 우주론적 증명과 목적론적 증명에도 동의하지 않는다.

아무튼 내가 틀리고 창조설이 옳다고 가정해보자. 앞 절에서 살펴봤듯이, 사람들은 창조주 신이 없다면 인생에는 그 어떤 의미도 목적도 없다고 성급히 결론을 내리고 만다. 그러나 창조주 신이 **있으면** 어떻게 의미 또는 목적이 **생기는지는** 분명하지 않다. 우주가 창조되었다는 믿음에서 도출될 수 있는 것은 설계자가 우리를 위한 어떤 목적을 가지고 있다는 점뿐이다. 그 목적이 무엇인지, 그리고 그 목적을 받아들여야 하는지는 밝혀지지 않는다.

종교 비판이나 반종교 논쟁을 펼치려는 것은 아니다. 신앙인들도 받아들여야 하는(실제로 종종 그러기도 한다), 종교적 설명에 한계가 있다는 단순한 사실을 말하는 것이다. 어떤 기독교인이나 유대교인도 신이 인간을 창조한 이유를 성서에 입각해 적절하게 말해주지 못한다. 창세기에서 우리가 듣는 이야기라고는, 신이 인간에게 "자식을 낳고 번성하여 온 땅에 퍼져서 땅을 정복하여라. 바다의 고기와 공중의 새와 땅 위를 돌아다니는 모든 짐승을 부려라"(창세기 1：28)라고 했다는 것이 전부다. (이하 성경 인용은 모두 공동번역을 따른

다 - 옮긴이)

이야기가 더 진행되면, 인류의 목적에 대한 훨씬 세속적인 주장이 제기된다. "야훼 하느님께서 아담을 데려다가 에덴에 있는 이 동산을 돌보게 하시며"(2 : 15), 아담의 "일을 거들 짝이 보이지 않았"기 때문에(2 : 20) 이브가 창조되었다. 많은 사람은 이 구절을 인간이 지구를 관리하고 보호할 권한을 부여받았다는 의미로 해석한다. 그러나 우리는 왜 지구를 보살펴야 하는지, 그것이 어떻게 인생이 의미를 갖게 해주는지는 전혀 알지 못한다.

물론 이런 문헌을 신성하게 떠받드는 기독교인이나 유대교인도 그 문헌들이 신이 우리를 창조한 이유를 다 규명한다고 주장하지는 않는다. 그러나 다른 종교적 설명들도 적절한 답을 제공하지 못하기는 마찬가지이다. 흔히 우리는 신의 뜻을 수행하기 위해 이 세상에 있다고 한다. 만일 이것이 사실이라면 우리는 앞에서 언급한 청소 괴물과 다를 바가 없게 된다. 우리의 삶은 자기 자신의 목적이 아니라 우리를 창조한 존재의 목적을 갖게 된다. 사르트르의 용어를 쓰자면, 우리 각자는 대자 존재(자신에게 유의미한 선택을 할 수 있는 의식적 존재)가 아니라 즉자 존재(타인의 목적을 위해 사용되는 대상)가 되고 만다. 만일 인간의 유일한 목적이 신을 섬기는 데 있다면, 이는 미리 결정된 목적이 없는 운명보다 더 나쁘다고 생각할 수도 있다. 우주 속에서 역할이 정해진 노예가 되는 것이 나은가, 아니면 스스로 역할을 창조하는 자유인으로 남겨지는 것이 나은가?

인간이 신을 섬기도록 창조되었다는 관점은 인간의 존엄성을 박탈한다는 점에서 거부해야 한다. 또한 그 관점의 근원인 종교적 세계관으로 봐도 매우 받아들이기 어렵다. 인간의 복잡성과 인생에 따르는 그 모든 고통과 노고를 감안하면, 오직 자신에게 헌신할 생명체를 갖기 위해 신이 인간을 창조할 필요를 느꼈다는 주장은 전혀 터무니없지 않은가? 이것은 시종들에게 둘러싸여 칭송받기 위해 자기 권력을 이용하는 이기적인 폭군 이미지로서의 신이지, 대부분의 종교 신자들이 경배하는 신은 아니다. 따라서 우리가 이 세상에 있는 이유가 단지 그런 신에게 헌신하기 위해서라는 생각은 진지하게 지지할 만한 주장이 아니다.

복음서에 있는 "나는 양들이 생명을 얻고 더 얻어 풍성하게 하려고 왔다"(요한복음 10 : 10)라는 예수의 말이 더 그럴듯한 대답 같다. 이 말은 별다른 깨우침을 주지는 않지만, 그나마 좀 더 나은 대답이다. 우선 무신론자도 동의할 수 있다. 무신론자 역시 열심히 살아야 한다고 생각한다. 신의 뜻이 그래서가 아니라 우리의 삶은 유일하므로 그 삶을 최대한 잘 살아야 하기 때문이다. 그런데 어떻게 보면 이 감상적인 구절은 진부하기 짝이 없는 이야기다. 도대체 어느 누가 인간이 생명을 얻지 말아야 하고, 충만하게 살지 말아야 한다고 생각한단 말인가?

게다가 이 구절은 어떤 삶을 다른 삶보다 더 충만하게 만드는 것이 무엇인지 말해주지 않는다. 많은 종교 신자들은 그 무엇이 바로 성서라고 말할 것이다. 다시 말해 성서의 충고를 따르면 더욱 충만한 삶을 살게 될 것이라는 소리다. 그러나 오직 근본주의자들만이 이 원칙을 열렬히 따른다는 사실에 주의를 기울여야 한다. 대부분의 신앙인은 자기만의 판단 기준이 있다. 이들은 성서에서 제시하는 규칙이 삶을 더 이롭게 만들 경우에만 그 규칙을 따른다. 그렇지 않은 구절들은 다행스럽게도 무시한다. 예를 들어 "누구든지 자기 부모에게 악담하는 자는 반드시 사형을 당해야 한다"(레위기 20 : 9) 혹은 "또 너희에게 몸 붙여 사는 외국인들의 자손 중에서도 사들일 수 있으며 (…) 너희는 그들을 종으로 부릴 수 있으나"(25 : 45 - 46) 같은 구절을 믿는 사람은 별로 없다.

이런 구절은 믿지 않는 것이 사리에 맞는다. 그런데 위에 나오는 성서 구절들을 문자 그대로 믿는 사람이 많지 않다는 것은 종교 신자들이 한 가지 단순한 규칙을 따르고 있다는 것을 의미한다. 즉 성서에 나오는 지침들이 사람들의 삶을 더 좋아지게 하는 데 기여하면 따르고, 그렇지 않으면 무시한다는 것이다. 이는 더욱 단순한 지침, 사람들의 삶을 더 좋게 만드는 일을 하라는 지침과 일치한다. 성서는 이제 어떤 특별한 권위도 없다. 따라야 할 지침은 비종교인들도 포용할 수 있는 내용이다. 따라서 인생의 목적이 충만한 삶을 사는 데 있다는 생각은 신이 준 가르침에 근거하지 않아도 된다.

인생의 목적이 충만한 삶을 사는 데 있다는 대답에 종교성을 부여하고 싶다면, 내세라는 개념과 결부할 수밖에 없다. 만일 충만한 삶이 내세를 포함한다고 생각한다면, 무신론적 생각과 종교적 생각은 완전히 갈라서게 된다. 사후의 생이라는 가능성에 대해서는 3장에서 다루기로 하겠다. 여기서는 이 점만 알아두자. 충만한 삶을 사는 것이 신이 우리에게 준 목적이라는 주장과 삶은 그저 살아가야 한다는 맥 빠진 주장을 구분해주는 것은 내세에 대한 믿음뿐이라는 점 말이다. 사려 깊은 종교 신자 대부분은 신이 인간에게 준 목적이 신을 섬기거나 충만한 삶을 사는 것이라고 주장하는 것이 부적절하다는 데 동의할 것이다. 그들은 차라리 이렇게 말하는 편을 선호할 것이다. 신이 목적 없이 우리를 창조하지는 않았을 것이므로 신의 존재가 바로 우리 인생에 목적이 있음을 보여주지만, 인간으로서는 그 목적이 무엇인지 알 수 없다고 말이다. 신앙은 신 그리고 신이 우리에게 부여한 목적을 신뢰하라고 요구한다. 요한복음에서 예수가 "하느님을 믿고 또 나를 믿어라. 내 아버지 집에는 있을 곳이 많다"(14 : 1 - 2)라고 말했듯, 이는 완벽하게 일관된 견해이자 분별 있는 종교 신자 대부분이 채택하는 견해일 것이다. 그러나 이 경우 그들도 인생의 목적에 관해 무신론자 이상의 생각을 가진 것은 아니라는 점을 솔직히 인정할 수밖에 없게 된다.

또한 그러한 견해를 받아들이는 데 필요한 신앙의 도약에 대해서도 확실히 살펴봐야 한다. 신앙의 도약이란 우리가 그 존재 여부를 알 수 없는 신이, 우리가 입증할 수 없는 내세에, 우리가 알지 못하는 목적을 가지고 있다고 믿는 것이다. 게다가 그 목적이 우리가 기쁘게 받아들일 수 있는 목적이라고 믿어야 할 것이다. 만일 우리의 목적이 영원히 사탄의 무리와 싸워야 한다거나, 불굴의 용기를 가졌다는 징표로 죽을 때까지 땅속에 유폐되어 살아야 하는 것이라면, 신이 우리를 위한 목적을 가지고 있다는 것에 누가 기뻐하겠는가?

신이 어떤 목적을 가지고 인간을 창조했다고 믿는 것은 삶의 의미에 대해 기대만큼 적절한 대답을 해주지 못한다. 종교는 이 목적이란 것이 도대체 무엇인지 명확히 알지 못한다. 신을 섬긴다는 생각은 매우 받아들이기 어렵고, 우리가 이해하는 신의 본성에 비추어 생각해봐도 모순이다. 충만한 삶을 살아야 한다는 생각은 상투적인 말일 뿐이며, 내세에 대한 믿음이 더해져야만 뭔가 그럴듯한 것이 된다. 신의 목적이란 우리가 그저 믿어야만 하는 것이라고 생각한다면, 이는 우리가 왜 이 세상에 있는지에 대한 답은 없으며, 모든 것을 미지의 상태로 두어야 함을 인정하는 꼴이다. 결국 우리의 기원이 초자연적인 존재에 있다는 믿음은 인생의 의미와 목적이 무엇인지 설명해주지 못한다. 기껏해야 그런 게 있다고 안심시켜줄 뿐이다.

산타클로스와 프랑켄슈타인

우리의 기원에 관한 연구가 우리가 이 세상에 있는 이유를 아는 데 별다른 깨우침을 주지 않는다는 점은 어쩌면 놀랄 일이 아니다. 프랑켄슈타인이 창조한 피조물을 다시 생각해보자. 우리와 달리 그는 왜 그리고 어떤 목적으로 자기가 만들어졌는지 알 수 있었다. 4개월 간의 창조 과정이 적힌 프랑켄슈타인의 일기를 우연히 읽었기 때문이다. 그의 첫 반응은 분노와 절망이었다. "저주받을 창조자! 왜 당신은 자신조차 역겨워 등을 돌릴 소름끼치는 괴물을 만들었는가?" 하고 그는 절규한다.

그러나 이 발견은 그의 삶의 여정이나 의미를 찾는 탐색에 지속적이고 중요한 영향을 끼치지 못한다. 여러 면에서 그는 자신의 기원을 발견한 다음에도 이전과 같은 상태였다. 그는 여전히 버림받은 자였다. 사람들의 관심과 애정을 갈구했지만 사람들은 그를 두려워했다. 그가 알게 된 탄생의 비밀은 이런 현실을 극복하려는 몸부림에 도움도, 방해도 되지 못했다. 결국 그는 여자 반려자가 있다면 적어도 삶을 견딜 수는 있으리라는 생각에서 프랑켄슈타인에게 자기 짝을 만들어달라고 주문하게 된다.

이 이야기의 저자인 메리 셸리는 피조물이 자신의 기원을 아는 것이 삶의 의미를 드러내주지는 못한다는 점을 잘 보여주었다. 과거를 돌아보는 것이 우리의 현재 상태와 미래 전망에 대해 알려줄 수 있다고 볼 근거가 없는 것이다. 한편, 그럴 수 있다는 생각을 '발생론적 오류'라고 하는데, 모리스 코언과 어니스트 네이글이라는 두 철학자가 만든 용어다. 이들은 그런 생각이 믿음의 기원을 믿음의 정당화와 혼동하는 오류를 범하고 있다고 규명했다. 그 이후로 이 표현은 기원에 대한 설명과 어떤 것의 현재 또는 미래 속성에 대한 설명 사이에 생기는 온갖 혼동을 설명하는 의미로 폭넓게 사용되고 있다.

이러한 오류의 대표적 사례로, 어떤 단어의 어원을 알면 그 단어가 현재 사용되고 있는 의미를 더 잘 이해할 수 있으리라는 생각을 들 수 있다. 예를 들어 '자릿수digit'의 어원을 생각해보자. 이 낱

말은 말하다, 지적하다 등을 뜻하는 라틴어 디케레dicere에서 파생되었다. 그러다 손가락, 엄지를 의미하게 되었고, 셈을 할 때 손가락이 사용되었으므로 숫자라는 뜻도 갖게 되었다. 이런 사실들은 물론 흥미롭긴 하지만 '세 자리 숫자three digit figure'가 무슨 뜻인지 알기 위해 어원을 검토하는 것은 별로 도움이 되지 않을 것이다. 사실 기원에 대해 너무 많이 생각하면 엉뚱한 길로 빠질 수도 있다.

기원에 지나치게 관심을 기울이는 다른 사례도 있다. 예를 들어 산타클로스의 겉옷이 초록색이었다는 도시 괴담이 있다. 1930년대에 코카콜라가 산타에게 자기 회사 색깔인 빨간색과 하얀색 옷을 입혀 광고를 하기 전까지 말이다. 만약 이 괴담이 사실이라면? 오늘날 모든 산타가 부지불식간에 코카콜라 광고를 하고 있다는 뜻이라도 되는가? 일부 자본주의 반대자들이 그런 생각을 퍼뜨렸지만, 그리 믿을 만한 주장은 아니다. 코카콜라의 광고 캠페인은 산타의 옷이 빨간색이 된 이유를 설명할 뿐이지, 오늘날 산타 이미지가 어떤 기능을 하는지 설명하지는 못한다.

생명의 기원과 목적을 생각할 때도 발생론적 오류를 저지를 수 있다. 생명의 기원을 이해하면 자동으로 삶의 궁극적 목표 또는 현재의 목적을 알게 된다고 생각한다면 그와 유사한 오류를 범하는 셈이다. 그러나 하나를 안다고 다른 하나도 필연적으로 알게 되는 것은 아니다. 별다른 목적 없이 존재하게 된 돌조각이나 접착제가 나중에 그것을 사용하는 인간에 의해 목적을 부여받을 수도 있다. 특정한 목적으로 만든 요금 징수소 건물은 도로가 무료로 바뀌면 목적이 없어진다. 최초의 목적이 영원한 목적이 되는 것도 아니고 최초에 목적이 없었다고 해서 영원히 목적이 없는 것도 아니다. 목적은 획득될 수도, 없어질 수도, 변경될 수도 있다. 바로 이것이 삶의 기원이 삶의 목적에 대해 명확하게 설명해주지 못하는 이유이며, 또한 생명이 어떤 목적을 위해 창조된 것이 아니라는 자연주의적 믿음이 인생에 목적이 있을 수 없다는 뜻이 아닌 이유이다.

그렇다면 어디서 삶의 의미를 찾아야 할까? 앞서 말했듯이 '우리는 왜 이 세상에 있는가?'라는 질문은 두 가지 의미로 해석될 수 있다. 하나는 우리의 기원을 묻는 것이다. 다른 하나는 우리의 미래 목표를 묻는 것이며, 그것이 다음 장의 주제이다.

02
미래를 향해 살아가기

인생이란 과거를 돌아볼 때에만 이해할 수 있지만,
미래를 향해 살아내야만 하는 것이다.
/
쇠렌 키르케고르, 《일기》

혼돈 속의 질서

세르지오 레오네 감독의 영화에 그려진 개척 시대의 미국 서부는 17세기 정치철학자 토머스 홉스가 묘사한 자연 상태와 비슷하다. 법을 지키는 건 힘없는 보안관뿐이다. "만인의 만인에 대한 투쟁"은 그치지 않고, 인생은 "고독하고 비참하고 더럽고 잔인하고 짧다." 도덕도 정부도 없는 세계이다. 많은 사람이 신의 죽음과 그에 따르는 절대 가치의 상실이 필연적으로 이러한 세계로 이어질까 두려워한다.

그러나 이러한 도덕적 진공 상태에서도 질서와 의미가 나타날 가능성이 있다. 영화 〈석양의 무법자〉를 보자. 영화에서 현상금 사냥꾼인 두 주인공은 처음에는 무도덕의 전형으로 보인다. 그러다 나중에 그중 한 명인 '대령'(리 반 클리프 분)에게는 돈 외에 더 큰 목적이 있다는 게 밝혀진다. 그에게는 여동생을 강간 살해한 자에게 복수하겠다는 평생의 사명이 있었다. 그자를 찾아 지은 죄를 떠올리게 하고는 그자를 죽임으로써 복수하려는 것이다.

같은 복수 테마가 〈원스 어폰 어 타임 인 더 웨스트〉에서도 다뤄진다. 이 영화에서는 찰스 브론슨이 연기하는 이름 없는 남자가 동생을 죽인 살인자를 찾아 복수하는데, 여기서도 주인공은 살인자가 자신이 왜 죽어야 하는지를 깨닫게 한다.

이 주인공들을 움직이는 목적은 단순히 이야기를 끌고 가는 장치만은 아니다. 무의미한 죽음과 투쟁으로 가득 찬 세계에서도 목적 의식이 어떻게 삶에 형태와 의미를 부여하는지를 보여주는 것이다. 또한 우리의 투쟁을 유의미하게 만들고 삶에 분명한 방향을 제시해주는, 명확한 미래 목적을 갖고 싶어 하는 우리의 욕망을 반영하는 것이다.

가치 있는 삶이 아닐지 모른다는 불안의 밑바닥에는 보통 목적이 없다는 인식이 깔려 있다. 많은 사람들이 자기가 사라진다 해도 세상은 무관심할 것이고, 자기가 하는 일이 중요하지 않다고 생각한다. 인생은 돈을 벌고 먹고 마시고 잠자고 가끔 쉬기도 하는, 생존하게 해주는 것 말고는 다른 목적이 없는 활동들로 채워져 있다. 우리의 행동에 더 높은 목적과 목표가 있다면 삶에 의미가 생기리라고 믿고 싶어진다.

여기서 우리가 찾고 있는 것은 미래의 목표나 목적으로 인생을 설명하는 '목적론적' 설명이다. 아리스토텔레스의 《니코마코스 윤리학》에서 목적론과 인간의 행복에 대한 고전적인 설명을 찾아볼 수 있다. 아리스토텔레스의 위대한 통찰은, 목적론적 설명이 완전하려면, 그 자체로 최종 목적인 무엇인가로 설명이 끝나야 한다는 것이다. 호기심 많고 고집 센 아이의 질문에 대답하는 방식을 보면 아리스토텔레스가 그렇게 말한 까닭을 알 수 있을 것이다.

많은 부모들이 알고 있듯, 대부분의 아이들은 기간과 정도는 다르지만 '왜?'라고 묻는 시기를 거친다. 아이들은 왜 어떤 일을 해야 하는지, 어떤 일은 도대체 왜 생기는지 알고 싶어 한다. 이 때문에 이사야 벌린은 철학자들을 끊임없이 어린애 같은 질문을 하는 어른이라고 말한 바 있다. 아무튼 문제는, 아이들은 멈춰야 할 때를 모르고 부모는 멈출 수 있는 방법을 모른다는 점이다. 다음의 힘겨운 대화를 살펴보자.

- 왜 저렇게 길에 차가 많아요?
- 일하러 가기도 하고, 아이들을 학교에 데려다주기도 해야 하니까 그렇지.
- 왜 일하러 가요?
- 돈을 벌어야 하니까.
- 왜 돈을 벌어야 해요?
- 그래야 좋은 집에서 맛있는 거 먹으면서 살 수 있거든.
- 왜 옛날처럼 오두막에서 살고 먹고 그러면 안 되는 거예요?
- 편안한 집에서 사는 것보다 안 좋기 때문이지.
- 왜 안 좋아요?
- **그건 그냥 그런 거야!** 저기 봐! 아이스크림 아저씨다!

이런 대화는 끝없이 계속 이어질 수 있다. 구조 자체가 그렇다. 어떤 진술 A에 대해서도 "왜 A죠?"라고 묻는 것이 가능하다. 이 질문은 "왜냐하면 B니까"라는 대답을 낳고 그러면 다시 "왜 B죠?"라고 묻는 것이 가능하며, 이런 식으로 무한히 반복될 수 있다. 이 잠재적으로 무한한 질문의 연속을 끝내는 방법은 저 위에 나오는 부모처럼 임의로 대화를 중단하는 것이다. 아니면 "왜 X죠?"라는 질문을 부적절하고 엉뚱하고 말도 안 되는 질문으로 만드는 "왜냐하면 X니까"라는 답변을 찾아 내놓는 것이다. 우리는 맥락이 이해되어 당연하게 받아들여지는 것을 묻는 질문에 종종 그렇게 대답한다.

예를 들어 당신이 장기를 두고 있다고 해보자. 내가 당신에게 왜 말을 옮겼느냐고 물으면, 당신은 장군을 부르려고 그랬다고 대답할 것이다. 그런데 게임을 하는 상황에서 내가 당신에게 왜 장군을 부르려고 하느냐고 묻는다면, 그건 정말 엉뚱한 질문이다. 그러나 만일 내가 당신이 왜 굳이 힘들게 살고자 애쓰는지 관심이 있어 질문하는 경우라면 질문은 다시 유의미해진다. 당신이 왜 게임을 이기려 하는지 내가 궁금한 것은 당연하다. 왜냐하면 나는 당신이 왜 장기를 유의미한 삶의 일부라고 생각하는지를 알고 싶어 하는 것이기 때문이다.

문제는 인생 전체의 목적에 대해서는 그 자체로 목적인 대답을 찾기 어렵다는 것이다. 이 어려움을 해결할 수 있을까?

정당화의 시간

이 딜레마의 논리 구조에서 탈출구를 찾을 수 있다. '왜/왜냐하면'의 연속은 본질적으로 정당화의 연속이다. 우리는 보통 '왜/왜냐하면'의 연속이 시간의 흐름과 일치해야 한다고 가정한다. 말하자면, 1장에서 삶의 기원을 검토했을 때 우리는 본질적으로 현재에서 과거로 이어지는 '왜/왜냐하면'의 연속을 검토한 것이다. 우리는 왜 우리가 태어났는지를 물었고, 왜 우리 부모가 태어났는지, 도대체 왜 인간이 존재하게 되었는지를 물었다. 빅뱅이나 창세 신화까지 거슬러 올라가 물었지만, 이 질문의 연속은 인생의 의미를 밝히지 못하고 종료되었다.

이번 장에서는 우리의 관심을 미래로 돌렸으므로 '왜/왜냐하면'의 연속이 질문이 끝날 때까지 미래로 확장되어야 한다고 생각할지도 모른다. 그러나 '왜/왜냐하면'의 연속이 반드시 시간과 관계가 있을 이유는 없다. 레스토랑에 있는 사람들을 생각해보자. 웨이터, 요리사, 접시닦이, 지배인, 손님 등은 저마다 어떤 행동을 하고 있을 것이다. 그들에게 왜 그런 행동을 하고 있느냐고 물어볼 때, 그 대답이 반드시 미래의 목표나 과거사에 관한 것은 아닐 것이다. 그보다는 다른 사람의 필요나 목적에 응하는 상호작용에 관련된 대답일 것이다. 즉 '왜' 질문은, 과거와 미래에 관한 것뿐 아니라 동시적인 것을 설명하기도 하는 '왜냐하면' 대답을 불러온다. '왜/왜냐하면'의 연속이 특정 시간대에서 이뤄진다 해도, 반드시 한 방향을 따라야 하는 것은 아니다. 다음 대화를 보자.

- 왜 돈캐스터로 가는 거야?
- 숙부가 원했던 곳으로 유골을 가져가서 뿌리려고. (미래)
- 왜 그 일을 하는 건데?
- 그러겠다고 약속했으니까. (과거)
- 왜 그 약속을 지키려고 그래? 숙부는 죽었잖아. 어차피 모를 텐데.
- 나한테는 내가 약속을 지키는 사람이라는 사실이 매우 중요하니까. (현재)
- 왜?
- ……

이 사례에서는 '왜/왜냐하면'의 연속에서 미래, 과거, 현재라는 측면이 모두 사용되었다. 이 사례를 보면 '왜/왜냐하면'의 연속이 과거든 미래든 한 방향으로 시간을 따라야 한다고 보는 시각이 얼마나 편협한 견해인지를 알 수 있다.

    이것은 중요한 요점이다. 1장에서 나는 기원을 찾아 과거를 돌아보면 삶의 목적을 발견할 수 있다는 견해를 반박했다. 그렇지만 미래를 향해 궁극적 목적에 기대를 거는 것이 유일한 대안이라는 뜻은 아니다. 레스토랑의 직원들이 자기가 할 일을 하면서 현재의 직업적 목적을 수행하는 것처럼, 우리도 자기의 인생을 살아가면서 현재 속에서 삶의 목적을 수행할 수는 없을까? 나는 앞으로 이와 유사한 것이 분명히 참이라는 사실을 논증하려 한다. 그러나 먼저 미래가 우리에게 의미를 부여해줄 가능성을 좀 더 검토해볼 필요가 있다.

나는 지금 죽을 수 있는가?

미래의 목표를 달성하는 것이 인생의 목적이라고 보면 몇 가지 문제가 생긴다. 만일 인간이 죽을 수밖에 없는 존재라면 언젠가 미래가 없는 때가 올 것이다. 그런데 우리 행위의 목적은 미래에 놓여 있<u>으므로</u> 죽음과 더불어 인생은 의미가 완수되지 못한 채로 끝나고 만다.

    같은 이유로, 만일 인간이 불멸의 존재라 해도 삶의 목적은 부여받을 수 없다. 사실 그렇게 되면 인생은 더욱 쓸모없게 된다. 삶의 목적에 대한 유일한 대답이 영원한 미래 속에 있는, 저주받은 삶을 살게 될 뿐이다. 우리는 당근이 매달린 모자를 쓴 당나귀 같은 처지가 될 것이다. 걸어도 걸어도 바로 눈앞에 있는 당근을 먹을 수 없는 당나귀처럼 영원히 닿지 못할 미래를 향해 끊임없이 나아가야 하는 운명이 된다.

따라서 인생이 유의미한 것이 되려면 '왜/왜냐하면'의 연속이 무한히 미래로 이어져서는 안 된다. 더 이상의 '왜'라는 물음이 부적절하고 엉뚱하고 말도 안 되는 질문이 되는 종착점에 도달해야 한다. 그렇지 않으면 삶의 목적은 영원히 우리의 손이 닿지 않는 곳에 있을 것이다.

세르지오 레오네의 서부영화에도 이러한 통찰이 반영되어 있다. 주인공의 목적이 마침내 달성되었으므로 영화의 결말에는 완성과 종결이 있다. 그들의 목적은 영원한 미래 속이 아니라 언젠가는 현재가 되고 그다음에는 과거가 되는 그러한 미래 속에 있었다.

하지만 여기에서 다른 문제가 제기된다. 영화의 엔딩 크레디트가 올라가고 주인공이 사막 속으로 말을 타고 사라질 때 영화가 직시하지 않는 질문이 있다. 바로 **이제는** 무엇이 이 총잡이 악당에게 삶의 목적을 제공하는가 하는 질문이다. 사람들은 일생의 야망을 이뤘을 때 종종 농담 삼아 "죽어도 여한이 없다"라고 말한다. 하지만 이 말은 "그럼 죽어"라는 심각한 응답을 자초하는 셈이다. 만일 인생의 의미가 목적을 달성하는 것이라면, 일단 그 목적이 달성된 다음에는 무슨 할 일이 남아 있는가? 삶의 목적이 달성되면, 이제 그 목적은 우리 삶을 이끌지 못하며 살아갈 이유도 없어지는 듯하다.

단순히 지적 궤변을 늘어놓는 게 아니다. 실제로 목적 지향적인 사람들은 야망을 달성한 뒤에 이렇게 느끼는 경우가 많다. 처음에는 기분이 고양되어 일시적인 만족감에 젖지만, 추구해온 것을 모두 달성하고 나면 어떤 것도 삶에 목적을 제공하지 못한다는 사실을 깨닫고 이내 공허함을 느끼게 된다.

이에 대한 좋은 사례가 오스트레일리아의 윤리학자 피터 싱어가 쓴 《이렇게 살아가도 괜찮은가》에 인용된다(원래는 알피 콘의 《경쟁에 반대한다》에 나온다). 댈러스 카우보이스의 코치인 톰 랜드리는 이렇게 말했다고 한다. "슈퍼볼에서 지금 막 우승했다 해도, 아니 우승한 직후에 **특히** 더, **언제나 다음 해가 기다리고 있다.** 만일 '승리는 전부가 아니라 유일한 것'이라면, 그 '유일한 것'은 아무것도 아니다. 그것은 단지 공허함이다. 무의미한 인생이라는 악몽일 뿐이다."

이는 인생의 의미가 목표 달성과 연결되어 있다면, 그 목표의 달성이 어떻게 우리를 '공허'하게 만드는지, 즉 의미를 줄 아무것도 남지 않게 만드는지를 보여주는 말이다. 사람들은 이 공허함을 피하기 위해 "언제나 다음 해가 기다리고 있다"와 같은 식으로 다음 목표를 세우기도 한다. 그러나 이런 태도는 목적 지향적 관점으로 인생을 볼 때 생기는 근본적인 문제를 회피하는 것이다. 덴마크의 실존주의자 쇠렌 키르케고르의 말처럼, 인생은 끊임없이 미래를 과거로 만들어버리는 현재 속에서 "미래를 향해 살아가야 하는" 것이다. 순간을 붙잡을 수는 없다. 하지만 성취는 본질적으로 성공의 순간이다. 그리고 이 모든 순간은 너무도 빠르게 과거로 흘러 들어간다.

여기에서 키르케고르가 존재의 심미적 영역과 윤리적 영역을 구분함으로써 포착한 인간 조건의 긴장을 엿볼 수 있다. 심미적 영역과 윤리적 영역은 모두 인생의 중요한 양상을 보여주지만, 독자적으로는 삶을 완전하게 설명하지 못한다. 파트리스 르콩트의 영화 〈기차를 타고 온 남자〉에 이에 관한 좋은 예시가 등장한다. 이 영화에는 서로 부러워하는 두 주인공이 나온다. 그들이 어떻게 키르케고르의 심미적, 윤리적 구별의 한 측면에 치우쳐 살아왔는지를 보면 서로 부러워하는 이유를 알 수 있다. 은퇴한 교사 마네스퀴에는 윤리적 영역에 속하는, '영원한' 가치와 관련된 것들(교육, 학습, 예술, 시)을 사랑하는 조용한 삶을 살았다. 인간은 현재의 기분뿐 아니라

추억과 계획을 갖고 긴 시간 지속하는 존재이므로 그런 삶은 인간의 본성에 적합하다. 그저 순간 속에서 사는 것이 아니라 연속되고 연결된 오랜 긴 시간에 걸쳐 살아간다는 점에서 그러하다.

그러나 마네스쿼에도 깨닫게 되듯, 삶에는 윤리적인 것 외에 다른 것도 있다. 그는 새 친구인 밀란이 겪은 강렬한 경험을 열망한다. 연쇄강도인 밀란은 현재에 탐닉하는 심미적 세계에서 살아왔다. 여기서 '심미적'이란 말은 예술이나 아름다움을 연상시키는 현대적 의미가 아니라, 그리스어 어원의 의미대로 감각적 경험에 관련된 것이다. 우리는 지금 여기에서 자신의 감각으로 세상을 경험한다는 점에서 심미적 존재다. 밀란도 이 점을 알고는 있지만, 지속적인 만족을 주지 못하는 행각들을 계속 벌이며 피곤하고 공허해한다. 그래서 그는 마네스쿼에의 삶이 바로 자기가 놓친 인생이라고 생각한다. 이렇게 볼 때 순간은 항상 우리 손을 빠져나가기 때문에 현재 속에서만 살 수 있는 삶은 본질적으로 불만족스럽다고 한 키르케고르의 주장은 옳다. 현재는 붙잡을 수 없고, 언제나 손가락 사이로 빠져나가 과거가 된다.

밀란과 마네스쿼에는 인생의 이원성을 상징하며, 그들 각각의 내면에서 상충하는 욕구와 그들의 서로 대조되는 불만족은 인간이 심미적인 측면과 윤리적인 측면을 모두 갖고 살아야 함을 부각해 보여준다.

키르케고르는 윤리적, 심미적 측면이 이성적으로는 조화를 이룰 수 없다고 생각했다. 그는 서로 대립하는 정正과 반反이 언제나 '변증법'의 합리적 과정을 통해 조화로운 '합合'으로 해소될 수 있다는 헤겔의 관점을 비웃었다. 키르케고르는 오직 종교적 영역으로 신앙의 도약을 하는 것만이 인간 존재의 상충하는 두 가지 양상을 통일할 수 있다고 주장했다. 키르케고르는 예수 그리스도 안에서 심미적 영역과 윤리적 영역이 화해된다고 보았다. 즉 유한한 인간과 무한한 신이 예수라는 인물 안에 공존한다는 모순은 이성으로 설명할 수 없으며, 이성을 넘어 신앙의 영역으로 넘어가야만 포용할 수 있다는 의미이다.

키르케고르가 제시한 해결책보다는 그의 문제의식이 여러모로 더 설득력 있다. 키르케고르 주장의 요점은 우리가 신앙의 도약을 해야 할 이성적 근거가 존재하지 않는다는 점이다. 키르케고르를 따르면 신앙의 도약을 할 동기는 오직 선험적 헌신에서만 나올 수 있기 때문이다. 사실 키르케고르 자신은 자기의 모든 지적 작업이 어떻게 자기가 진정한 기독교인이 될 수 있었는지에 관한 것이라고 보았다. 따라서 키르케고르의 생각을 따른다 해도, 우리가 이미 기독교 신앙을 갖고 있는 경우가 아니라면, 스스로 신앙을 받아들여야 할 타당한 이유가 없는 것이다. 이 책은 물론이고 종교에 대한 선험적 헌신 없이 시작하는 어떤 연구에서도, 인격화된 신이라는 모순을 포용해야 할 큰 이유는 없다.

그럼에도 여전히 인간 조건에 대한 키르케고르의 분석은 목적 지향적 삶의 문제점을 잘 조명한다. 목적 지향적 삶은 인생의 목적을 목표 달성에 두지만, 목표 달성은 필연적으로 시간의 불연속적인 한순간에 매여 있다는 데 문제가 있다. 이는 인간 삶의 심미적 본성을 반영한다. 우리는 현재에 매여 있으므로 삶의 의미 또한 현재에 매여 있다고 생각해야 한다. 하지만 동시에 우리는 시간을 가로질러 존재한다. 따라서 삶의 목표를 현재의 아주 짧은 시간에 불과한 좁은 순간에 고정하면 인간 삶의 지속적인 측면에 충분히 주의를 기울이지 못하는 셈이 된다.

달콤한 인생

목적 지향적인 삶이 심미적 측면에 치우쳤다면, 이 불균형을 해결할 확실한 방법은 사건뿐만 아니라 바람직한 상태를 추구하는 데 노력하는 것이다. 프랑스 남부에 커다란 집을 사서 남편과 아이와 함께 살면 '왜/왜냐하면'의 연속이 끝나리라고 생각하는 여자가 있다고 해보자. 피상적으로 들리겠지만 있을 법한 설정이다. 이제 그녀가 자기 삶의 목표를 어떻게 설명할지 단순화해서 살펴보자.

- 왜 대학을 다닌 거야?
- 학위를 받아서 보수가 좋은 직장을 얻으려고.
- 왜 보수가 좋은 직장을 원했는데?
- 돈을 많이 벌기 위해서.
- 그러려면 힘들게 일해야 하는데, 왜 그것이 인생을 즐기는 것보다 중요했어?
- 글쎄, 힘든 일만은 아니었어. 어쨌든 나는 장기적 관점에서 생각했어.
- 왜?
- 왜냐하면 그것이 지금의 나를 만들었기 때문이지. 나는 지금 프랑스 남부에 있는 수영장이 있는 아주 큰 집에서 사랑하는 남편과 멋진 아이들과 살고 있어.
- 왜 그런 것을 원하는데?
- 바보 같긴. 사람들 다 그러잖아.

마지막에 나오는 '왜' 질문은 말이 안 되는 것은 아니지만, 부적절하고 엉뚱해 보일 수는 있다. 여자가 말한 이상적인 삶에 정당화가 필요하다고 생각한 질문자는 무엇인가 놓치고 있는 것이 아닐까? 생필품도 없이 사는 사람도 많은 세상에 그렇게 호화롭게 사는 것에 대해 도덕성을 따질 수는 있겠지만, 그런 삶이 이상적이라는 것을 의심하는 것은 이상해 보인다. 이런 삶이 가치가 없다면, 도대체 어떤 삶이 가치가 있겠는가?

여기서 논점은 이 특정한 생활양식을 정당화하는 것이 아니라, 두 가지 중요한 사항에 주의를 기울이는 것이다. 첫 번째는 거듭 살펴보았듯이, 어떤 지점에 이르면 '왜' 질문이 "바보 같긴. 사람들 다 그러잖아"라는 대답을 불러오는 단계에 도달해야 한다는 점이다. 그렇지 않으면 '왜/왜냐하면'의 연속은 무한한 미래로 이어질 것이다. 이 '왜/왜냐하면'의 연속은 곧 과거가 되어버릴 어떤 한 사건보다는 지속되는 상태로 끝내는 편이 더 좋아 보인다.

두 번째 요점은 훨씬 중요하다. 자기가 선택한 삶을 정당화하는 과정에서 이 여성은 전적으로 최종 결과, 즉 만년의 부와 가족에 근거해 자기의 주장을 하고 있다. 그녀의 인생 설계는, 인생의 목적이 하나의 특정한 성취가 아니라 바람직하고 지속되는 상태나 생활양식일 수 있다는 가능성에 근거한다.

이런 생각이 옳다고 인정한다면, 오랫동안 힘들게 일해 재산을 모아야 누릴 수 있는 생활은 그 자체로 바람직한 가능한 생활양식들 가운데 하나일 뿐이다. 그럼에도 많은 사람은 어떤 이상적인 미래를 '이뤘을' 때에 우리의 행위가 목적을 부여받는다고 생각하며 미래에 이끌리는 경향이 크다. 이는 오류일 뿐만 아니라, 무언가를 추구하면서 하는 행위가 그 자체로 가치가 있다면 지금 당장 손에 쥘 수 있는 다른 많은 것도 그 자체로 가치가 있다는 것을 깨닫지 못하게 만든다. 결국 호화로운 생활과 적당히 풍요로운 생활은 정도의 차이일 뿐이다. 우리 대부분에게 인생은 더 좋은 오디오로 음악을 듣는다든지, 포드 대신 재규어를 몬다든지 해서 크게 나아지지 않는다.

미래의 부와 안락이라는 목적에 충실하기 위해 삶의 즐거움을 너무 많이 희생하는 사람이 있다고 생각해보자. 그 사람은 미래의 삶이 현재보다 나아질 정도를 과대평가하는 실수를 하는 것이다. 부자가 되는 것이 삶을 조금 더 낫게 만들 수는 있겠지만, 인생의 몇 년을 일에 바칠 만큼 가치 있는 것은 아니다. 심리학자들이 개인의 행복에 중요한 요소라고 끝없이 강조하는 인간관계를 생각해보면 더욱 그렇다. 일 때문에 우정을 소홀히 하는 것은 삶의 만족 면에서 너무 손해 보는 거래이다. 우정은 부자가 된다고 해서 바로 돈으로 살 수 있는 종류의 것이 아니기 때문이다. 일에 지나치게 많은 시간을 쏟아 상대방에게 소홀해지고, 그러다 결국 위태로워지고 심지어 허물어지는 관계와 결혼이 얼마나 많은가?

미래가 과거를 정당화할 만큼 좋지 않을 수 있다는 것만이 위험 요소가 아니다. 그 미래가 영원히 오지 않을 위험도 있다. 인생의 목적을 미래에 두는 것이 위험한 가장 큰 이유는, 언젠가는 죽어야 하는 존재인 우리가 미래의 목적이 이루어지는 그날까지 살 수 있을지 장담할 수 없기 때문이다. 우리 대부분은 자신이 일흔은 넘게 살 것이라고 기대할 수 있다. 그러나 그렇게 되리라고 **가정**하는 것은, 희망사항에 불과한 일을 당연한 일로 받아들이는 꼴이다.

물론 미래와 현재의 균형을 이루는 것이 단순한 양자택일은 아니다. 예를 들어 많은 기업가는 돈 버는 과정 자체를 즐기는 것이지, 미래에 누릴 수 있는 생활을 염두에 두고 움직이는 게 아니다. 사실 돈을 벌 필요가 오래전에 없어졌는데도 계속해서 열심히 일하는 게 기업가의 특징이다.

그럼에도 우리는 미래의 부든 다른 어떤 성취든, 삶의 만족은 아직 오지 않은 것들에 달려 있다고 생각하고 싶어 한다. 아이들이 다 자라고, 주택 대출금을 다 갚고, 승진의 사다리도 다 오르면, 그때는 그렇게 열심히 일하지 않아도 되리라고 생각한다. 그러면 달콤한 인생이 될 것이라는 식이다. 필립 라킨은 이 점을 〈그 다음에〉라는 시에서 잘 잡아냈다.

> 항상 미래를 너무도 열망하여,
> 우리는 기대라는 나쁜 습관이 들었네.
> 무엇인가가 항상 다가오네, 날마다
> 우리는 말하네, **그날이 오면**

이 "그날이 오면"이라는 생각이 우리가 지금 당장 삶에서 얻을 수 있는 만족을 얻지 못하게 방해한다.
    우리가 "그날이 오면"이라는 생각의 포로가 되는 이유 중 하나는 일종의 자기기만 때문이다. 즉 어떤 것이 자기의 통제와 책임 아래 있다는 사실을 인정하지 않고, 재정 상태 같은 외부 요인에 달려 있다고 생각하는 것이다. 그러나 비록 금전적 압박이 개인의 행복에 좋지 않은 영향을 주는 것이 사실이라 해도, 그 압박 때문에 스트레스를 받느냐 아니냐는 대체로 우리가 그것을 어떻게 인식하느냐에 달렸다. 물론 생계를 걱정할 정도로 가난하지는 않을 경우에 그렇다는 이야기다. 로마의 스토아 철학자이자 황제였던 마르쿠스 아우렐리우스가 약간 과장해서 말했듯이 "외부의 무엇이 당신을 괴롭힌다면, 당신은 그것 때문에 괴로운 것이 아니라 그 일에 대한 자신의 판단 때문에 괴로운 것이다. 그리고 당신은 그 판단을 지금 당장 없애 버릴 힘이 있다."
    현대 심리학은 이런 생각에 동조한다. 심리학자 올리버 제임스가 거듭 지적하듯, 우리는 자기보다 잘사는 사람과 재산을 비교하면 무척 비참해지는데도 자기와 비슷하거나 못사는 사람들은 간과하며 그런 비교를 계속하는 경향이 있다. 상대적 박탈감을 느끼며 더 불만족스러워지는 것이다.

이런 식의 불쾌한 비교는 터무니없이 극단적으로 흐를 수도 있다. 브렛 이스턴 엘리스의 소설 《아메리칸 사이코》에 그런 모습이 잘 풍자되고 있다. 이 소설의 주인공 패트릭 베이트먼은 월스트리트의 동료가 이미 충분히 사치스러운 자기 명함보다 더 좋은 명함을 갖고 다니는 것에 격분해 살인을 저지른다. 본인도 남들이 보기에는 매우 잘나가고 있지만, 그는 다른 사람이 자기보다 낫다는 생각은 무조건 참을 수 없다. 물론 우리가 일상생활에서 하는 비교는 이 정도로 터무니없지는 않다. 하지만 그가 내리는 판단의 내용이 극단적이긴 해도, 그 형태는 그렇지 않다.

자기 자신의 대응이 가장 중요하다고 인정하기 위해서는 불만족을 완화할 수 있는 힘이 자기 안에 있다는 것을 인정해야 한다. 사르트르는 우리가 이런 자유를 두려워하고 부정하려 한다고 주장했다. 일이 잘못되었을 때 비난할 사람이 없어지기 때문에 사람들은 모든 것이 자기에게 달려 있다고 생각하고 싶어 하지 않는다. 사람들은 자기기만 속에서 자기가 아니라 환경 탓이라고 생각하고 싶어 한다. 모든 외부 요인들이 제대로 되어야 행복해질 것이라고 생각하는 또 다른 이유는, 삶의 불완전함을 받아들이기 어렵기 때문이다. 사르트르는 이에 대해서도 언급했다. 그는 존재의 **현사실성**facticity, 즉 우리의 좋고 싫음과 무관하게 세상이 그 자체로 존재하는 방식을 받아들여야 한다고 말했다.

우리가 인생에서 소망하고 기대하는 것들을 생각해보면, 이 점은 매우 중요하다. 풍족한 서구에 사는 사람들이 전형적으로 원하는 것은 이런 것들이다. 좋은 친구이자 연인인 훌륭한 배우자, 남부럽지 않게 풍족한 생활, 말썽 안 피우고 행복한 아이들, 활기와 성취감을 주는 직장, 재미있고 흥겹고 지적인 친구들과 즐기는 다양한 사교생활, 정기적인 해외여행 등등. 물론 이 희망의 나열을 보면 이 모든 것을 가진 사람이 거의 없다는 것을 깨닫게 된다. 그러나 서구 중산층에서는 이 모든 것을 가질 수 있으며 또 가져야 한다는, 거의 당연하다시피 한 믿음이 널리 퍼져 있다.

작가이자 언론인인 호프 에델먼의 경우를 보자. 그녀는 모든 일이 잘 돌아간다고 생각하고 있었다. 좋은 배우자, 훌륭한 직업, 그리고 건강한 아이까지. 그러나 남편이 유모를 두자고 제안했을 때 그녀는 두려움에 빠졌다. "남편은 이해하지 못한 것일까? 아이를 돌볼 사람을 고용할 계획은 없었어. 내 계획은 우리가 함께 아이를 키우는 것이었어. 평등한 결혼 생활, 만족스런 직장, 우리 둘 다에게 유대감을 느끼는 착한 아이가 있는 책임 있는 부모가 되는 것 말이야." 이처럼 비현실적으로 높은 기대가 일반적이다. 터무니없이 높은 이상을 기준으로 잡으면, 자기 삶을 볼 때 언제나 실망할 수밖에 없다. 배우자는 훌륭한 사람이지만, 꿈에 그리던 완벽한 연인이나 친구는 아닐 수 있다. 당신의 아이들은 고집불통에 말썽을 달고 다니며 자랄지도 모른다. 일은 고될 수도 있다. 해외여행은 뜨거운 태양 아래서 즐기는 휴식이어야 하지만, 스트레스의 원천이 될지도 모른다. 그래서 우리는 불완전함을 견뎌야 하는 세계의 현사실성을 받아들이는 대신, 언젠가 미래에는 이상적인 삶을 살 수 있으리라고 상상한다.

솔직하고 일관되게 살고 싶다면 이런 실수는 피해야 한다. 미래에 아무런 어려움도 걱정도 없는 삶이 있을 것이라고 생각한다면, 그건 착각이다. 행운은 깨지기 쉽고 세상사는 덧없음을 깨달아야 한다. 과연 우리에게는 삶을 있는 그대로 받아들이고 최대한 활용할 용기와 정직함이 있는가? 아니면 그렇게 했다가 실망하게 될까 봐 두려워하고 있는가?

인생의 복잡성

이 장의 주된 논점은 '왜' 질문과 '왜냐하면' 대답이 어떻게 정당화의 연속('왜/왜냐하면'의 연속)을 만들어내는지를 논리적으로 짚어 보는 것이었다. 만일 우리가 이 연속이 시간상 미래로 확장한다고 보면 인생은 쓸모없는 것이 된다. 우리가 하는 일을 왜 하는가에 대한 답변이 항상 미래의 '왜냐하면'이기 때문이다. 이 생각이 옳다면 우리는 인생의 존재 목적을 따라잡을 수 없을 것이며, 따라서 내세가 있든 없든 영원히 목적을 이룰 수 없을 것이다.

그러므로 '왜/왜냐하면'의 연속은 반드시 '왜' 질문을 부적절하고 엉뚱하고 말도 안 되는 것으로 만드는 '왜냐하면' 답변으로 끝나야 한다. 만일 이 최종 목적이 어떤 성취, 곧 순간이라면 그것은 키르케고르가 인간 본성의 심미적 부분이라고 한 측면만을 충족시킬 것이다. 순간들은 사라져버린다. 인생의 목적이 순간에 매여 있다면, 인생의 목적도 사라져버릴 수밖에 없다. 그러므로 그 순간들이 의미가 있다 해도, 진정으로 만족할 수 있는 목적을 발견하기 위해서는 그 자체로 가치 있는 삶을 살 길을 찾아야 한다. 돈 같은 외부 문제를 다 해결하고 편하게 인생을 즐기는 완벽한 미래를 꿈꾸는 것이 그 자체로 가치 있는 삶을 사는 길이라고 생각하고 싶은 유혹이 들겠지만, 물리쳐야 한다. 대신 우리는 인생이란 희석되지 않는 즐거움이 아니라는 것, 그리고 행복감을 느끼는 데 우리 자신의 태도가 중요하다는 것을 받아들여야 한다.

다만 이 모든 것은 매우 중대한 '만일'을 전제하고 있다. 즉, 그 자체로 살 가치가 있고 삶에 목적을 제공할 만큼 충분히 유의미한 상태나 생활양식이 존재한다고 가정하고 있다는 의미이다. 그러나 그런 상태나 생활양식이 존재하는 것이 가능한지 아닌지의 여부는 더 검토해볼 필요가 있다. 이번 장에서는 이 가능성을 검토하지 않았지만, 다음 장들에서 검토할 것이다.

    면밀히 검토해야 할 마지막 사항이 있다. 나는 이번 장에서 인간의 필멸성을 가정하지 않았다. 70살까지 살든 영원히 살든, 내가 '왜/왜냐하면'의 연속을 끝낼 필요에 대해 말한 내용이 적용되기 때문이다. 그러나 초월론적 실재, 곧 신 또는 지상을 넘어선 차원의 존재가 인생의 의미에 대한 우리의 인식을 완전히 바꿀 가능성에 대해 충분히 얘기하지 못했다는 기분이 남는다. 그러니 이제 가능한 다른 세계로 주의를 돌려보자.

03
천지간에 있는 더 많은 것들

> 천지간에는 더 많은 것이 있다네, 호레이쇼.
> 자네 철학으로 상상하는 것보다 말이야.
> /
> 윌리엄 셰익스피어, 《햄릿》 1막 5장

존재하는 것은 이게 다인가?

릴리아는 엄마에게 버림받고 무정한 이모와 같이 살게 된다. 소련 해체 이후 쇠락한 러시아에서 십대 소녀 릴리아는 가난하고 희망 없는 매춘부 생활을 한다. 본드를 마시는 게 유일한 위안이고, 매춘은 가질 수 있는 유일한 직업이다. 가장 친한 친구 볼로디아는 열두 살 먹은 집 없는 떠돌이다. 릴리아는 속임에 넘어가 스웨덴으로 떠나는데, 이미 참담했던 그녀의 존엄은 그곳에서 한층 더 비참해진다. 약속받았던 더 나은 삶은 온데간데없고, 릴리아는 감금되어 매춘을 강요당한다.

    이 사건이 영화 〈천상의 릴리아〉에 나오는 가상의 이야기라는 사실도 별로 위안이 되지는 않는다. 릴리아 같은 사연을 가진 이들이 숱하기 때문이다. 삶이 종종 힘들다는 것은 뻔한 말이지만, 극소

수 사람들에게 삶은 우리 상상보다 훨씬 끔찍하다. 우리가 깊은 절망에서 헤어나고 싶다면, 릴리아 같은 이들을 구원할 방법이 없는가라는 질문에 대답해야 할 것이다.

나는 〈천상의 릴리아〉가 매우 강렬하며 우울한 영화라고 느꼈다. 절망이야말로 적절한 반응 같았다. 그 같은 비참을 막을 힘이 전혀 없다는 무력감에 빠질 수밖에 없었다. 하지만 그 모든 암울한 풍경 속에 어슴푸레 한 줄기 빛이 있다. 볼로디아는 약물 과용으로 세상을 뜨지만, 천사의 모습으로 릴리아에게 계속 나타난다. 나는 그 천사의 등장이 고난을 헤쳐나가기 위해 릴리아의 상상이 빚어낸 투영이라고 생각했다. 이 천사는 인간적 희망의 회복을 보여주는 증거이기도 하고, 천국의 위안이란 그저 환상에 지나지 않음을 뼈아프게 상기시켜주는 존재이기도 했다.

그러나 그것은 감독인 루카스 무디슨의 의도가 아니었다. "나는 신을 믿는다. 신은 이 영화 속에 임하고 있다." 그는 인터뷰에서 이렇게 말했다. "나는 내가 죽을 때도 천사가 릴리아를 돌봐준 것처럼 누군가가 나를 돌봐주리라고 믿는다. 솔직히 그런 믿음 없이는 이 영화를 만들 수 없었을 것이다. 아마 자살하고 말았을 것이다."

많은 사람이 그와 생각이 같을 것이다. 그들은 내재적 우주, 즉 우리가 거주하는 이 물리적인 세계 너머에 초월론적 실재가 어떤 형태로든 반드시 있을 것이라고 믿는다. 이 세상의 '밖' 혹은 '너머'에 존재하는 세계 말이다. 그러한 세계가 없다면 자연계 안에 사는 수많은 생명은 무의미한 고통 그리고 희망의 부재로부터 구원받을 수 없다는 것이다. 이들은 "우주는 그냥 있는 것이다. 그리고 그게 전부다"라고 말하는 버트런드 러셀에게 동의할 수 없다.

어쩌면 이는 단지 인간의 연약함을 드러내는 셈인지도 모른다. 일부 사람들이 초월론적 실재가 없는 삶은 견딜 수 없다고 생각한다는 사실이, 우주 너머에 더 큰 목적이 있다는 믿음을 합리적으로 정당화해주거나 논거를 보강해주는 것은 아니다. 때로는 견딜 수 없는 것이 진실이기도 하다.

그럼에도 인생에 의미를 부여하는 데 초월론적 영역이 필요할 가능성은 진지하게 검토해야 한다. 많은 지성인들이 여전히 초월론적 실재가 존재한다고 믿고 있다. 그들의 견해를 검토해보지 않고 묵살할 수는 없다.

물론 종교적 믿음의 일부 형태는 초월론적 영역을 전혀 필요로 하지 않는다. 가령 17세기 네덜란드 철학자 스피노자 같은 범신론자는 신을 만물에 전적으로 내재하는 존재로 본다. 다시 말해 신이 자연의 창조자 또는 유지자로서 자연의 밖에 존재한다기보다 전적으로 자연의 일부로서 존재한다고 본다. 스피노자는 신과 신의 창조물인 자연을 구분하는 대신 하나의 실체인 '신 즉 자연'에 관해 말한다.

그러나 대다수 종교는 자연과 구별되는 초월론적 실재를 가정한다. 따라서 이번 장에서는 비록 모든 형태의 종교적 믿음을 다루지는 못하더라도, 가장 흔한 종교 형태에 대해 살펴보겠다.

내 전략은 초월론적 실재의 두 측면을 따로 떼어놓고 검토하는 것이다. 첫째는 신의 존재 가능성과 그것이 인생의 의미에 미치는 함의이다. 둘째는 초월론적 영역에 사후의 생이 존재할 가능성이다. 이 두 가지 문제는 각각 따로 다뤄야 한다. 하나가 다른 하나를 필연적으로 수반하지는 않기 때문이다. 신은 존재하지만 내세는 존재하지 않을 수 있고, 내세는 존재하나 신은 존재하지 않을 수도 있다. 적어도 유일한 초월론적 실체라는 의미에서의 신 말이다. 그러므로 둘을 따로 고려해보고 난 다음에 신 **그리고** 내세 둘 다 존재할 가능성으로 방향을 돌릴 것이다.

이 장에서 나는 초월론적 영역에서 의미를 찾을 가능성을 의심하겠지만, 종교를 진지하게 받아들이는 사람들이 그것을 비판으로 생각하지 않기를 바란다. 그보다는 초월론적 영역에 대한 믿음이 어떤 결론에 이르는지에 대한 정직한 평가로 봐주기를 바란다.

우리는 신의 존재를 믿습니다?

앞서 1, 2장에서 신을 믿는 일 자체는 인생의 의미에 대해 해답을 주지 않는다는 사실을 이미 살펴봤다. 그러나 신앙은 우리가 인생의 의미를 걱정하지 않게 해줄 수는 있다. 신이 무언가 가치 있는 목적 없이 우리를 창조하지는 않았을 것이라고 확신할 수도 있기 때문이다. 우리는 그저 신이 우리를 보살펴줄 것이라고 믿으면 된다. 복음서에서 예수가 말했듯 "육신은 죽여도 영혼은 죽이지 못하는 사람들을 두려워하지 말고 영혼과 육신을 아울러 지옥에 던져 멸망시킬 수 있는 분을 두려워하여라. 참새 두 마리가 단돈 한 닢에 팔리지 않느냐? 그러나 그런 참새 한 마리도 너희의 아버지께서 허락하지 않으시면 땅에 떨어지지 않는다. 아버지께서는 너희의 머리카락까지도 낱낱이 다 세어두셨다. 그러니 두려워하지 마라. 너희는 수많은 참새보다 훨씬 더 귀하다."(마태복음 10 : 28 - 31)

이 관점에서 보면 우리가 해야 할 일은 신의 선함을 믿는 것뿐이다. 내 관심사는 신앙이 올바른 선택이냐 아니냐를 보여주는 게 아니다. 왜 그런 신앙의 행위가 사람들에게 선택을 **받는지**, 그 선택이 불러오는 결과가 무엇인지 더욱 자세히 살펴보는 것이다. 나는 이런 종류의 믿음이 삶의 의미를 발견하는 것이 아니라 오히려 의미 찾기의 포기를 초래하며, 따라서 안정을 주기보다는 불안의 원인이 된다고 주장하고자 한다.

만일 신이 우리 하나하나에게 목적을 가지고 있으며 우리는 그 목적에 만족하리라고 그저 믿어버린다면, 우리는 사실상 "나는 인생의 목적을 알지 못한다. 그렇다고 걱정하지는 않는다. 나는 그 문제를 신에게 맡겼고, 때가 되면 신이 내게 알려주길 기다릴 뿐이다"라고 말하고 있는 셈이다. 그렇게 믿는 사람은, 목적이 신에게서 비롯될 가능성을 거부하는 무신론자보다도 인생의 목적에 대해 훨씬 더 모르는 셈이다.

다음과 같은 비유를 생각해보자. 두 명의 차 수집가가 아무도 그 존재 여부를 모르는 모델을 찾고자 한다. 둘 다 지금까지는 성과가 없었지만, 그런 차가 적어도 한 대쯤은 어딘가 먼지 쌓인 차고에 주차되어 있을 가능성이 있기 때문에 희망의 여지는 있다. 그런데 첫 번째 수집가는 더 이상 찾기를 중단하고, 자동차를 수색해주는 회사와 계약을 맺는다. 수색 회사는 그런 차가 존재한다고 호언장담하지만, 그 차에 대한 자세한 사항을 제공하지는 못한다. 그런 차를 찾아내 실적을 올린 적도 전혀 없다.

이 예에서 첫 번째 수집가가 두 번째 수집가보다 찾고 있는 차를 소유하게 될 가능성이 더 높지 않음은 분명하다. 오히려 성공 가능성이 더 낮아졌을 수도 있는데, 전혀 신뢰할 수 없어 보이는 회사를 고용했기 때문이다. 내가 보기에 이 예는 무신론자와 유신론자의 경우와 다를 게 없다.

누가 더 좋은 위치에 있는지는 이제 그 업자가 얼마나 믿을 만한지에 달렸다. 이 지점에서 무신론자와 유신론자는 서로 의견이 엇갈린다. 무신론자들에게 신은 존재하지 않는다. 그들이 볼 때 유신론자들은 자신의 믿음을 가공의 존재에 얹어놓고 있는 셈이다. 반면 유신론자들에게는 최고신보다 더 믿을 만한 가치가 있는 것은 없다. 그들에게는 이것이 바로 신의 목적이 '단지' 우리가 신에게 헌신하는 것이라 해도 그걸로 족하다고 믿어야 하는 이유이다. 결국, 우리에게 무엇이 최선인지를 누가 더 잘 알겠는가? 신인가, 아니면 우리 가련한 필멸의 존재들인가?

그러므로 종교 신자들은 그들의 신앙이 인생의 목적이 무엇인지 드러내주지 않는다는 데 동의해야 한다(종종 그러기도 한다). 그런 의미에서 그들이 삶의 의미를 이해하기란 그 누구보다도 요원하다. 그래도 그들은 여전히 다른 의미에서는 목적에 대한 탐사가 완료되었다고 주장할 수 있다. 만물 중에 가장 높은 존재에게 책임을 떠넘겼기 때문이다.

그러나 무신론자들과 유신론자들이 서로 동의하지 않는다는 데 동의하기에 앞서서, 신앙인의 입장을 취한다는 것이 어떤 심각한 함의를 가지는지 충분히 검토해야 한다. 즉, 신앙인의 입장이란 확신과 안정을 얻는 위치가 아니라 불확실하고 위험한 위치임을 인식해야 한다는 말이다.

신앙의 위험성

신이 우리를 위해 인생에 의미 또는 목적이 있도록 보증해준다는 신앙은 두 가지 이유로 불안을 야기한다. 첫째, 그런 신앙은 본질적으로 비이성적이다. 둘째, 그런 신앙을 갖는다고 해도 자신이 내린 윤리적, 실존적 결정에 관한 책임에서 결코 벗어날 수 없다.

나는 신앙이 '반이성적'이라기보다는 '비이성적'이라고 말하고 싶다. 신앙이 본질적으로 이성의 명령에 반대하는 것은 아닐지라도(종종 그러기도 하지만), 이성이 요구하는 증명과 증거라는 통상의 기준을 무시하기 때문이다. 즉, 신앙은 의도적으로 이성에 반하여 행동하려는 시도가 아니라 합리적인 정당화의 요구를 '피하려는'

태도이다.

　이렇게 말하는 것이 꼭 종교를 비판하는 것은 아니다. 신앙과 이성을 대비할 필요가 있다고 말해온, 많은 위대한 종교 사상가들과 종교 문헌들의 이야기를 되풀이한 것뿐이다. 예를 들어 요한복음에 나오는 신앙에 대한 이야기 하나를 생각해보자. 사도 도마는 눈으로 직접 보기 전까지는 예수가 죽음에서 부활했다는 것을 믿으려 들지 않았다. 이 이야기는 흥미로우며 시사하는 바가 크다. 도마는 증거 없이는 그리스도가 부활했다고 믿지 말아야 한다고 생각하는 사람의 본보기로 제시된다. 도마를 본보기로 삼으려면 그의 의심이 틀렸음을 보이는 것으로는 충분하지 않다. 그는 의심을 품었기 때문에 어떤 방식으로든 모욕을 겪어야 한다. 마침내 부활한 예수를 만났을 때에 맞춰 도마는 모욕을 당한다. 그 만남 자체는 도마에게 필요했던 증거가 되지만, 기독교적 관점에서 볼 때 증거를 요구하는 것은 그릇된 일이다. 따라서 이 이야기는 도마가 원했던 증거를 얻는 걸로 결말이 나지 않는다. 대신에 모골이 송연하게도 예수는 도마에게 상처에 손을 대보라고 청한다. 오랫동안 의심해왔던 실체를 직접 대면해야 할 처지에 놓인 도마는 의심을 품었다는 사실에 당혹감과 수치심을 느끼게 된다. 이제 예수는 의심을 숨기고 있을지 모를 다른 사람들에게도 메시지를 전한다. "나를 보지 않고도 믿는 사람은 행복하다."(요한복음 20 : 29)

　평범한 이성의 기준과 신앙의 미덕을 대비시키는 것이 이 우화의 가장 큰 핵심인 것은 분명하다. 도마는 문제가 있는 인물로 묘사된다. 하지만 그는 이성적 믿음에 통상적으로 요구되는, 참이라고 주장되는 것이 정말 참인지에 대한 타당한 근거, 즉 합리적 논거 또는 증거를 제시하라고 주장했을 뿐이다. 그런 근거가 제시되지 않는 이상 도마는 예수가 죽은 자 가운데서 살아났다고 믿을 이성적 기반이 없다. 실제로 이성은 그에게 의심을 품으라고 요구한다. 어쨌거나 우리는 경험상 사람이 죽었다가 살아나지는 않는다는 사실을 알고 있다. 또 누군가가 경험에 반하는 무엇인가를 목격했다고 아무리 강하게 주장하더라도, 우리는 회의를 품어야 한다는 사실도 알고 있다.

그러므로 도마가 증거를 요구한 것이 잘못이라면, 믿음에 대한 합리적 정당화라는 일반적 기준을 주장한 것이 잘못이라는 이야기다. 이 대립은 부활한 예수와 만나는 데서 명백해진다. 갈망하던 증거를 손에 넣자마자 도마는 신앙의 시험에서 낙제한다. 보지 않고도 믿은 사람이 신앙을 지닌 사람이고 축복받은 사람이다. 도마는 눈으로 직접 보기 전까지는 믿지 않음으로써 다른 사람들보다 신앙이 약함을 스스로 드러낸 셈이다. 믿을 수 있는 이성적 기반이 있다면 신앙은 이미 필요하지 않기 때문이다.

이상은 우리가 신앙에 대해 흔히 이야기하는 방식과 일치한다. 우리는 논거와 증거가 갖춰진 어떤 일을 행하거나 믿는 데 신앙이 필요하다고 생각하지는 않는다. 안전한 교통수단을 타는 일, 1+1=2라고 믿는 일, 건강을 위해 잘 먹으려 애쓰는 일, 우리는 이러한 일들에 신앙이 필요하다고는 전혀 생각하지 않는다. 그러나 모르는 사람에게 자신을 맡기는 일, 그리스도가 죽었다 살아났음을 믿는 일, 치명적인 질병을 극복하기 위해 검증받지 않은 치료법을 택하는 일, 이러한 일들에는 엄청난 신앙이 필요하다고 우리는 생각한다. 이런 일들은 우리의 믿음과 행동을 정당화해주는 증거와 합당한 논거가 없다는 바로 그 사실 때문에 신앙을 필요로 한다. 증거와 논거가 있다면 더 이상 신앙의 행위가 아니다.

키르케고르는 아브라함의 이야기로 이 점을 강조한 바 있다. 마지막 순간에 천사가 멈추라고 명령하긴 했지만, 아브라함은 신의 명령에 따라 친아들을 제물로 바치려고 했다(창세기 22장). 이것이 저 유명한 아브라함에 대한 신앙의 시험이다.

아브라함의 신앙은 두 가지 층위에서 시험받는다. 첫째 그는 이삭을 희생시키라고 명령하는 것이 정말 신인지, 악령이나 착란이 아닌지 가려내야 한다. 둘째로 그는 이 목소리에 복종할지 말지 결정해야 한다. 두 층위에서 모두, 이성은 아들을 제물을 바치지 말 것을 그에게 요구한다. 어떤 선한 신도 그런 살인을 명령할 리 없다는 것은 자명하지 않은가? 그런 명령에 따라 행동하는 것이 옳지 않다는 것도 자명하지 않은가? 그럼에도 아브라함은 행동에 나섬으로써 신앙이 이성과는 별개로 때로는 이성에 반하여 작용한다는 것을 다시 한번 보여준다.

이것이 바로 무신론이 신앙의 입장을 취하지 않는 이유이다. 신앙이란 이성적인 믿음과 틀림없는 사실 사이의 간극을 메워주는 것이 아니라, 이성을 완전히 회피하는 것이다. '신은 존재하지 않는다'라는 부정문을 비롯해 참인지 거짓인지 확실히 알 수 없는 것을 믿기 위해서는 신앙이 꼭 필요하다고 반박할지도 모른다. 그러나 이런 경우가 진정 신앙에 해당한다면, 도도새가 더는 존재하지 않는다는 사실이나 화성인이 존재하지 않는다는 사실을 믿는 데에도 신앙이 필요한 셈이다. 이것은 '신앙'이라는 단어를 오용하는 것이며, 진정한 신앙을 지닌 사람들은 그것이 함의하는 바에 응당 감정이 상할 것이다. 신앙이란 그 이상을 의미해야 한다. 그렇지 않으면 소소한 많은 일마저 신앙의 문제가 될 것이다. 또한 많은 사람들에게 신앙의 전형으로 여겨지는 아브라함의 빛나는 예와 도마의 수치스러운 예도 그 지위를 잃게 될 것이다.

신앙은 이성과 대조되는 것으로 봐야 한다. 그렇지 않으면 그 고유한 성격을 잃게 되고 만다. 그래서 신앙이 위험한 것이다. 이성을 포기한다는 것은 무엇이 진리이고 유익한지 판단할 때 우리가 사용하는 가장 신뢰할 수 있는 방법을 포기하고, 자신의 개인적 신념이나 타인의 증언을 믿겠다는 뜻이다. 그러나 우리도 알다시피 자신의 개인적 신념이나 타인의 증언은 믿음의 근거로 삼기에는 극히 신뢰도가 낮다. 종교의 경우, 사람들의 개인적 신념은 일신교, 다신교, 또는 초자연적 존재 등 완전히 상이한 신앙으로 이어진다는 것도 알고 있다.

이런 차이는 심지어 같은 교파 안에서도 발생한다. 예를 들어 성공회는 동성애 성직자 문제로 분열하고 있다. 뉴햄프셔주의 공공연한 동성애 주교인 진 로빈슨은 버크셔주 레딩에서 동성애자가 주교로 임명된 것 때문에 소란이 빚어지자 이렇게 말할 수밖에 없었다. "나는 이 문제를 난감하게 여기는 사람들이 최대한 충직하고 신실하게 신의 부름을 따르고 있다고 믿는다. 한편으로 나 또한 신의 부름을 따르고 있다. 우리 교회 안, 성공회 종파 안에 우리 모두를 위한 자리가 있다고 믿는다." 나는 그가 지나치게 낙천적이라고 생각한다. 그리고 사람들이 '신의 부름'이란 것을 너무나 갖가지 모순되는 방식으로 해석할 수 있다는 바로 그 사실이, 그들이 듣고 있는 것은 전혀 신의 부름이 아니라는 증거라는 점도 말하고 싶다.

신앙은 동네 교회의 일요 예배 때면 상냥한 얼굴을 할 수 있으나, 신의 의지를 알고 있다고 진심으로 믿는 사람들을 낳고 이들이 다른 견해와 부딪칠 때는 위험한 모습이 될 수도 있다. 신앙은 성전을 일으키고 다른 사람을 박해하는 광신의 뿌리다. 이것이 바로 키르케고르같이 신앙이 무엇을 의미하는지 고뇌하면서도 계속해서 거기에 믿음의 근거를 두고자 했던 사람들이 '두려움과 떨림'(뒤에 나 오지만 키르케고르 저서의 제목이기도 하다 - 옮긴이)으로 신앙을 가졌던 이유다.

내가 아니야

키르케고르가 풍부하게 개작한 아브라함 이야기는 신앙이 요구하는 것에 관해 한층 더 불편한 진실을 폭로한다. 어렸을 때 나는 성경에 나오는 아브라함 이야기를 이해하지 못했다. 이 이야기는 아브라함의 신앙을 시험하는 것이라고 했다. 그런데 신이 하라고 말하면 당연히 그렇게 해야 한다, 오로지 바보만 신의 말씀을 따르지 않아 지옥불 속에 던져질 거라는 게 이야기의 전부였다.

그러나 키르케고르가 묘사한 아브라함의 고뇌를 보면, 우리는 왜 그의 선택이 정말로 무시무시한 것인지 알게 된다. 아브라함은 몇 가지의 질문을 자신에게 던져야 한다. 정말로 신이 명령하는 것인가, 아니면 악마에게 속고 있는 것인가? 내가 정신이 나간 것일까? 설령 신의 명령이라고 해도 그런 사악한 명령을 따르는 것이 옳은가? 신은 내 생각만큼 선하지는 않은 모양이니 복종해선 안 되는 게 아닐까? 아니면 신은 내가 얼마나 선한지 시험하고 있는 것인가? 만약 신의 명령을 그대로 따르면, 나는 도덕적 양심이 없는 사악한 인간이 되는 것인가? 그것이 신의 시험인가?

아브라함은 마음을 정해야 한다. 아무도 그를 대신해서 결정을 내려줄 수 없다. 어떤 선택을 하든 그에 따르는 책임을 모면할 수 없다. 명령에 따라 아들을 희생시켜도 "나를 탓하지 말라. 신께서 내게 그러라고 시키신 것이다"라고 말할 수 없다. 스스로 그 명령이 가짜가 아닌 진짜라고 받아들였고, 명령에 따라 행동하기로 결정했기 때문이다. 신의 명령을 따르지 않는다고 해도 "나를 탓하지 말라. 나는 단지 성스러운 율법을 따랐을 뿐이다"라고 말할 수 없게 된다. 전지전능한 신이 직접 내린 명령보다 십계명을 우선하기로 결정했기 때문이다.

아브라함의 일화는 신앙 전반에 대한 하나의 우화다. 이 우화가 보여주는 것은, 신앙이 인생의 의미를 찾을 책임을 신에게 효과적으로 떠넘기는 수단이 아니라는 점이다. 만약 당신이 신이 다 해결해줄 거라 믿고 인생의 의미 찾기를 단념하기로 선택한다면, 그 결과에 대한 책임은 당신에게 있다.

이는 초월론적 영역을 믿는 것이 인생에 의미를 부여해주지 않는다는 생각을 뒷받침해준다. 우선, 신을 믿는다는 것은 이미 살펴봤듯 의미 탐사를 단념하고 단지 신을 믿기만 하겠다는 것이다. 신앙의 신뢰성은 이성에 의해 뒷받침되는 것이 아니라, 개인적 신념과 타인의 증언 같이 진리 추구에서 신뢰하기 힘든 수단에 의해 뒷받침된다. 또한 신앙은 인생의 의미를 찾을 책임이나 우리가 삶의 의미로 받아들이는 것에 따르는 행위에 대한 책임을 조금도 없애주지 못한다.

그래서 신앙을 지닌 사람은 매우 위태로운 처지에 놓이게 된다. 신이 자기를 돌봐주리라는 안정감이 인생에서 의미와 목적을 탐색하는 작업을 포기하게 이끌 수 있기 때문이다. 이 인생이 우리가 가질 수 있는 유일한 삶일 텐데도 말이다. 만약 내세가 있다면, 적어도 무신론자에게는 기회가 한 번 더 있는 셈이다. 신이 흔히들 생각하듯 자기를 믿지 않는다는 이유만으로 벌을 내리는, 앙심을 품는 옹졸한 존재가 아니라면 말이다. 그러나 내세가 있다는 데 모든 것을 건 종교 신자들은, 그 생각이 틀렸을 경우 두 번째 기회를 얻지 못한다.

사후의 생

만일 사후의 생이 없다면 결국 중요한 건 아무것도 없지 않느냐고 반문하는 사람이 있을 수 있다. 이상하게도 어떤 이들은 이 가정된 사실을 내세가 실재한다는 논거로 사용한다. 만약 죽음이 끝이라면 인생은 무의미하다. 그런데 인생은 무의미할 수가 없다. 그러므로 사후의 생은 있다는 것이다.

이 논증의 결함은 독단에 불과한 전제, 즉 인생은 무의미할 수 없다는 전제에 기초하고 있다는 점이다. 인생이 무의미하다는 것을 믿을 수도 없고, 믿지도 않으려 하는 것도 무리는 아니다. 하지만 앞서 보았듯, 우리가 믿지 않는다고 해서 인생이 무의미할 수는 없다는 믿음에 합리적 근거가 생기는 것은 아니다. 인생이 그저 무의미할 뿐이라면, 우리가 아무리 그 사실을 받아들이기를 거부한다고 해도 인생을 유의미하게 만들 수 없다.

이 때문에 우리는 사후의 생에 관한 두 가지 진지한 질문을 던질 필요가 있다. 첫째는 사후의 생이란 게 있는가 없는가, 둘째는 사후의 생 없이도 인생이 유의미할 수 있는가, 또는 사후의 생이 있다면 정말 인생이 더 유의미해지는가이다.

사후의 생에 대한 믿음의 근거는 오로지 신앙뿐이다. 합리적 논증에 필요한, 내세가 존재한다는 증거와 타당한 근거가 없기 때문이다. 내세에 대한 유일한 증거는 죽은 자를 봤거나 그들과 소통했다고 주장하는 사람들의 증언이다. 이 주장은 분명 법정에서 통하지 않을 것이고, 이성의 법정에서도 그래서는 안 된다. 놀랄 일도 아니지만 이런 주장 중 소수는 반증하기 어렵다. 저승과 소통했다고 주장하는 수천 가지 사례 중에는 불가사의한 우연과 운 좋게 맞아떨어지는 경우가 드물게라도 있기 마련이기 때문이다. 그러나 산 자와 죽은 자 간의 소통이 실제로 있다면, 훨씬 더 많은 정확한 소통이 있어야 할 것이다. 그렇지 않다면 설명할 수 없는 현상일 뿐이다. 그런 일이 너무나 드물다는 사실이 그런 일이 진짜가 아니라 사기, 짐작, 우연임을 시사한다.

죽은 자와 소통했다고 주장하는 몇 안 되는 사례는, 어쨌든 내세는 있다는 식의 증거밖에 제시하지 못한다. 만일 반대되는 가정에 대한 증거가 거의 없다면, 이러한 주장도 문제가 되지 않을 것이다. 그러나 인간에 대해 우리가 아는 모든 사실을 종합해보면, 인간은 필멸하는 동물이며 육신이 죽을 때 존재하기를 멈추는 동물이다. 본질적으로 우리가 한때 육신에 머물다 떠나는 비물질적인 영혼이라는 설명보다는, 육신에 더 밀접하게 매여 있는 존재라는 이론이 훨씬 그럴듯하다. 사고와 두뇌 활동의 필연적 관련성을 생각하면 더없이 명확하다. 두뇌가 기능하지 않으면 사고할 수 없다는 점만으로도 증거는 충분하다. 그러므로 우리가 사후에 어떤 초월론적인 영역에 가서도 사고를 계속할 수 있다는 생각은, 우리가 아는 인간 본성과 일치하지 않는다.

나아가 사후의 생이 있는지에 대한 제대로 된 증거가 없을 뿐만 아니라, 사후의 생이라는 생각 자체가 이치에 맞지 않는다고 말할 수 있다. 우리가 제기해야 할 질문은 내세란 과연 어떤 종류의 존재일 것인가이다. 생각해볼 수 있는 모든 가능성에 문제가 있다.

흔히들 영혼이 육신을 떠나 독립적으로 계속 살아간다는 견지에서 사후의 생을 생각한다. 이 관점의 주된 문제는 비물질적인 영혼이 존재한다고 가정할 근거가 없다는 점이다. 설령 영혼이 존재한다고 해도 어떻게 이런 초인간적인 형태의 생명이, 무엇보다 인간적인 우리 자신이 지속되기 위한 수단이 될 수 있는지가 수수께끼로 남는다. 언어를 사용하고 읽고 듣고 사람들과 상호작용하는, 육체를 가진 유성 생물인 우리 존재가 지니고 있을 특징 같지 않다는 말이다. 육체가 없는 영혼으로서의 생명은 우리가 지금 갖고 있는 생명과는 매우 다른 존재이며, 어떻게 내세가 현세의 지속일 수 있는지도 불분명하다. 오히려 죽은 뒤에 매우 다른 종류의 개체가 존재하게 된다는 점에서, 급격한 단절 같아 보인다. 우리가 죽은 뒤에 어떤 존재가 산다고 해도, 그것이 우리라고 확신할 수는 없다.

　이에 대해 일부 기독교인들의 주장대로 내세가 육체의 완전한 부활을 암시한다고 대응한다면, 우리는 단지 노화, 약함, 필멸성을 수반하는 속세의 삶을 지속하는 셈일 뿐이다. 이때 내세는 삶의 의미에 대한 질문을 일시적으로 연장해줄 뿐인데, 그런 종류의 삶이 어떻게 의미가 있을 수 있는가 하는 문제는 여전히 남는다.

　내세가 어떤 형태를 갖출 수 있는가 하는 문제는 무시하고 넘어간다고 해도, 다른 곤란한 점들이 있다. 우리의 자의식은 본질적으로 사고, 성격, 기억 속에 뿌리박고 있다. 이 사고, 성격, 기억은 시간이 지나며 과거와의 연결고리가 부식된다. 20년 전의 나라는 사람과 지금의 나라는 사람은 매우 다르다. 단 이런 변화는 점진적이고 인생은 짧기 때문에, 적어도 우리는 자신의 성년의 삶을 단 한 사람의 이야기로 볼 수 있는 것이다. 그러나 만약 우리가 70년보다 훨씬 더 오래 산다면, 하나로 인식되는 삶을 산 한 사람의 인격이 아니라 여러 인격이 연속해서 겹쳐진 다중인격체가 되지 않겠는가? 나를 둘러싼 많은 것이 변할 테고 현재의 나에 대한 기억은 거의 남아 있지 않을 텐데, 어떻게 지금의 나와 200년 후의 '나 자신'을 같은 사람으로 볼 수 있겠는가?

　이 모든 문제는 결국 한 가지 핵심적인 난제로 귀결된다. 우리가 어떤 존재인지를 생각할 때, 육체가 있고 죽을 운명이며 인간적 동물이라는 것 외에 다른 어떤 것으로도 자신을 상상하기 어렵다는 문제다. 이것만으로는 결정적인 요점이 아니지만, 내세에 대한 증거는 부족한 데 비해 인간이 죽는다는 증거는 풍부하다는 점을 생각하면, 죽음에서 살아날 가능성은 매우 희박하다. 따라서 나중에 올 인생에서 의미를 찾을 수 있으리라는 희망은 소용없어 보인다.

그렇다면 이것은 인생이 무의미하다는 의미일까? 어떤 의미에서 이 책은 그런 주장에 대한 논박이라 할 수 있다. 내세에 대한 가정 없이도 인생이 유의미할 수 있는 다양한 길을 곧 살펴볼 것이다.

그럼에도 내세가 존재해야만 인생에 의미가 있을 수 있다는 직관은 자세히 살펴볼 가치가 있다. 이런 직관을 경계해야 할 여러 가지 이유가 있기 때문이다. 한 가지 이유는, 어떤 의미에서 내세를 믿는 것은 인생이 어떻게 의미가 있을 수 있는가라는 질문을 단지 연기해줄 뿐이 아닌가 하는 점이다. 앞 장에서 살펴봤듯, 어떤 지점에서 인생은 그 자체로 살 가치가 있는 것이 되어야 한다. 이 문제가 이번 생에서는 수수께끼지만 다음 생에서는 명확해질 것이라고 가정한다면 이상한 일이다. 죽고 나서 또 다른 세상에서 태어나는 것을 상상해보자. 그것이 어떤 면에서 삶의 의미에 관한 질문을 해결해준단 말인가? 당신은 "마침내, 풀어냈어! 지난 생의 의미란 이번 생이 뒤따라온다는 데 있는 거야!"라고 외칠지도 모른다. 하지만 이것은 또 다른 질문을 불러온다. 그렇다면 이 두 번째 생의 의미는 대체 무엇이란 말인가?

또 다른 이유는 인생의 유의미함이 왜 기간에 영향을 받는지가 분명하지 않다는 점이다. 많은 가치 있는 것들이 시간이 흐를수록 더 가치 있어지기도 한다. 하지만 어떤 것이 애초부터 가치가 없다면 그 분량을 늘린다고 어떻게 그것을 더 가치가 있는 것으로 바꿔 놓을 수 있단 말인가? 영원한 삶이 가장 무의미하다고 밝혀질지도 모른다. 어떤 일을 내일 해도 오늘만큼 쉽게 해치울 수 있는 일이라면 오늘 해봐야 무슨 소용이 있겠는가? 알베르 카뮈가 《페스트》에서 표현했듯이 "세계의 질서는 죽음에 의해 만들어진다." 결국 언젠가는 인생에 마지막이 올 것이라는 바로 그 사실이 우리를 행동하게 만드는 동력이다.

영원한 삶의 가능성만큼이나 영원한 삶의 바람직함에도 질문을 던져야 한다. 버나드 윌리엄스는 〈마크로풀로스 사건〉에서 너무 오랫동안 사는 것은 '지루함, 무관심, 냉담함'을 자아낼 것이라고 썼다. 그는 카렐 차페크의 동명 희곡을 출발점으로 삼는다. 불사의 묘약을 마시고 342세까지 산 여자 주인공은 결국 연장하고 연장하는 인생을 저주로 생각하게 되고, 더는 묘약을 먹지 않기로 마음먹는다. 그녀의 진실을 알게 된 사람들은 그 뜻에 동조해 묘약의 제조법을 불에 던져 태운다. 윌리엄스는 이 희곡의 통찰을 철학적으로 정교화한다. 그 통찰은 바로 인간의 삶이 불멸과 조화되지 않는다는 점이다.

따라서 내세가 의미가 없었을 삶에 의미를 부여해준다는 생각은 틀렸다고 할 수 있다. 인생은 의미를 지니기 위해서는 반드시 유한해야 하며, 유한한 인생이 의미를 가질 수 있다면 이번 생 또한 의미를 가질 수 있다.

고난스러운 초월론의 길

이제 우리는 신과 내세에 대한 논의를 통합할 지점에 와 있다. 이들 초월론적 실재 가운데 하나, 또는 둘 다를 믿거나 믿지 않는 것이 인생의 의미에 대한 관점에 어떻게 영향을 미치는지 살펴보자.

만약 신은 존재하지만 내세가 없다면, 신의 존재는 인생의 의미와 아무런 관련이 없다. 신의 의도와 설계가 무엇이든, 우리 삶의 의미를 구축하는 일은 우리에게 달렸고, 신이 제시한 모델이 무엇인지 알 수 있다면 그것을 받아들이거나 거부할 선택도 우리 몫이다.

만약 신이 존재하고 내세도 있다면, 우리는 신앙의 도약을 이룰 수 있으며 적당한 때가 되면 신이 우리에게 인생의 의미를 분명히 드러내줄 것이라고 믿을 수 있다. 이 경우 문제는, 신앙에는 위험성이 있으며 내세가 있다고 생각할 근거가 전혀 없다는 점이다. 따라서 신이 우리 인생의 의미를 정리해줄 것이라고 믿을 때 우리는 한 번밖에 없을지도 모를 이번 생의 의미를 찾는 탐사를 포기하는 것이다. 합리적인 근거가 없는 믿음에 기반을 둔 약속 때문에 말이다.

만약 신은 존재하지 않지만 내세가 있다면? 이것이 참임을 우리가 알 길이 없다는 사실을 고려하면, 우리는 신도 내세도 없을 때와 똑같은 상황에 처한다. 둘 중 어느 경우든 삶의 의미는 삶을 사는 것 그 자체에서 찾아야 한다. 언젠가는 죽는다는 확실한 약속이 모든 행위를 가치 있게 만들어주는 것이다. 불확실한 것은 인생의 지속 기간뿐이다. 우리가 알고 있는 것을 감안할 때 육신의 죽음 너머로 연장되는 인생에 운을 맡기는 것은 경솔한 짓이다.

이는 우리가 근본적인 선택을 해야 한다는 사실을 보여준다. 초월론적 실재가 삶의 의미에 해결책을 주리라는 희망을 계속 가지려면, 우리는 어중간한 입장이어서는 안 된다. 신과 내세 둘 다 믿어야 한다. 인간에게 지극한 관심을 품은 어느 신성한 존재가, 종교가 가르쳐주지 않는 인생의 의미를 적절한 때에 밝혀줄 것이라는 희망을 유지하려면 말이다. 그렇게 하려면 많은 면에서 이성과 반대되는 비이성적인 신앙을 받아들여야 한다. 이는 우리 삶에 의미를 안겨주는 대신, 아직 밝혀지지 않은 의미에 대한 희망을 붙들고 있게 만든다. 그래서 키르케고르가 통찰력 있게 지적했듯, 신앙의 길은 편하고 안정감을 주는 것이 아니라, 고되고 불안하다. 이것이 키르케고르가 신앙에 대한 자신의 위대한 명상을 《두려움과 떨림》이라 부른 이유다.

신앙이 없는 사람들이 신앙을 모색해야 할 어떤 이유라도 있는가? 신앙에 반대하는 합리적 논거들이 계속 쌓여 오직 한 번뿐인 이번 삶에서 의미를 발견해야 한다고 시사하고 있다. 그렇다고 우리가 합리적 논거에 의지해서만 살아가는 것은 아니다. 이번 장 초입에 언급한 영화감독 루카스 무디슨처럼, 많은 사람이 비참하게 살아가는 사람들의 삶을 구원해줄 초월론적인 것이 아무것도 없다는 생각을 견딜 수 없어 한다. 이런 생각 자체가 신앙에 대한 욕구를 불러일으키기에 충분하다. 하지만 무신론자에게 신앙은 단지 인간적 나약함, 세상의 불쾌한 진실에 대면하지 못하는 무능, 환상 속에서 피난처를 찾으려는 욕망의 표시일 뿐이다.

어떤 견해를 취하든, 인간의 삶이 유한하기 때문에 의미를 갖는 것이 불가능하다는 가정을 뒷받침하는 증거는 전혀 없다는 점은 분명하다. 그러므로 사후의 생에 대한 희망을 고수하든 아니든, 이 필멸의 삶을 살펴보면서 그 자체에 의미를 부여할 수 있는지 알아보는 것은 여전히 가치가 있는 일이다. 그리고 현세의 의미의 가능성에 관해 우리가 내리는 결론은, 내세를 비롯한 다른 삶에도 적용될 수 있을 것이다.

지금까지 인생의 의미에 대한 우리의 논의는 내용보다 틀에 집중했다. 의미가 무엇인지보다는 의미가 어디에서 비롯되는지가 주된 질문이었던 것이다. 우리는 인간의 기원과 미래 목적, 초월론적 영역을 살펴보았다. 그중 어느 하나라도 신뢰할 수 있는 삶의 가치의 원천이 될 수 있는지 알아보기 위해서였다.

이 세 가지를 살피는 의미 탐색은 지금 여기가 아닌 다른 곳들, 즉 과거, 미래, 초월론적 영역에서 시작했다. 그러나 모든 경우에 서 도달한 결론은, 어느 시점인가 우리는 그 자체로 가치 있는 형태의 삶을 발견해야 한다는 점이었다. 그리고 우리의 필멸하는 삶은 다른 어떤 형태의 삶 못지않게 그 기준을 만족하는 후보라는 점이었다.

　이러한 고찰은 무엇이 삶을 유의미하게 만들 수 있는지 구체화할 수 있도록 틀을 마련해주었다. 이 역할을 맡을 후보들은 단순히 미래 목적을 위한 수단이 아니라 그 자체로 가치가 있어야 한다. 또한 이 후보들은 각각의 인간 삶을 단순히 저 너머의 어떤 목적에 쓰일 즉자 존재가 아니라, 자율적인 대자 존재로 취급하는 것이어야 한다. 이 후보들은 우리의 심미적 요구와 윤리적 요구도 충족해야 하는데, 인간은 현재 순간에 매여 있는 동시에 시간을 가로질러 존재하는 까닭이다. 그리고 삶의 의미가 미래에 온다고 가정된 생애뿐 아니라 이번 생애에서도 발견되지 못할 이유는 없었다.

　다음 여섯 장에서는 그러한 의미를 제공하는 가장 유력한 후보들에 초점을 맞추려고 한다. 인생이란 도대체 무엇인가를 생각할 때 사람들은 타인을 돕고, 인류에 헌신하고, 행복을 누리고, 성공을 거두고, 인생의 마지막 날을 살듯 하루하루를 즐기고, 마음을 자유롭게 하는 것 등등을 떠올린다. 각 주장이 제시하는 해답에 부분적 진실이 담겨 있긴 하지만, 나는 그것들이 완전한 진리는 아님을 논증할 것이다.

04
도우러 왔습니다

다른 사람들이 원하는 것을 얻도록 도와주기만 한다면,
당신은 인생에서 원하는 모든 것을 얻을 수 있을 것이다.
/
동기부여 연설가 지그 지글러, 《클로징》

도우러 왔다고?
처음 런던에 왔을 때 나는 이 도시의 노숙자들을 돕는 일을 하고 싶었다. 하지만 이 목표에 전념하는 한 학생단체와의 첫 만남이 곧 마지막 만남이 되고 말았다. 이 프로젝트는 두 가지 면에서 마음에 걸렸다. 첫째는 이 단체의 활동이 더 일관되고 실질적인 도움을 주는 다른 기관들의 업무와 연계되어 있지 않다는 점이었다. 정해진 날에 워털루 경기장 근처에 나와 음식을 나눠주고 한데서 자는 노숙자들과 잡담을 나누는 게 고작이었다. 둘째로, 남을 돕는 일에 관한 대화도 많긴 했지만, 자원봉사자들은 그 일이 자신들에게 어떤 의미가 있는지에 대해 말이 많았다. 그들을 도움으로써 좋은 기분을 갖게 되며 '노숙자도 우리와 똑같은 사람'이라는 깨달음을 받는다며 말이다. 그런 것도 모르고 대학에 들어가는 사람도 있다는 사실에 나는 심기가 불편했다. 나는 이 단체가 실제로 누군가를 돕고 있기나 한 것인지, 돕고 있다면 진짜 수혜자는 누구인지 의심하고 있었다.

유의미한 인생에서 이타주의가 차지하는 의미에 대해 더 전반적으로 생각할 때도 이런 의심이 생길 수 있다. 인생의 목적이 무엇이냐는 질문을 받았을 때, 많은 사람들이 본래 인간은 남을 돕기 위해 이 세상에 온 것이라고 대답한다. 그래야 살기 위해 먹고, 먹기 위해 일하고, 일하기 위해 사는 무가치한 순환에서 벗어날 수 있다는 것이다. 남을 도움으로써 자기 개인의 존재에 대한 좁고 제한적인 관심에서 벗어나, 자기 존재 바깥에 있는 사람들에게 보탬이 되는 더 커다란 선善에 참여하게 된다는 것이다. 그러나 남을 돕는 것이 우리 자신의 삶을 위한 의미의 원천이 된다면, 남을 돕는 것은 그저 우리 자신을 돕는 수단이 되어버리지 않겠는가?

많은 사람이 남을 도우며 인생의 의미와 목적을 얻게 되었다고 느낀다. 테레사 수녀는 "잠에 들어 나는 온통 기쁨인 삶을 꿈꾸었다. 잠에서 깨어, 나는 삶이 온통 봉사할 일이라는 것을 알았다. 나는 봉사했고 봉사가 기쁨임을 알게 되었다"라고 말했다(물론 테레사 수녀가 누구에게, 무슨 봉사를 했는지에 대해서는 논쟁이 있다). 남을 돕는 것이 인생의 의미의 원천이 될 수 있는지에 대해서는, 테레사 수녀를 비롯한 수많은 사람들의 증언에 의해 긍정적이라는 답이 나왔다고 봐도 좋을 것이다. 그러나 세 가지 이유로 그 답은 결정적인 결론이 되지 못한다. 첫째, 만약 남을 돕는 것이 인생에 의미를 줄 수 있다면, 이타주의적인 활동에 많은 시간을 바치지 않는 사람들은 어떻게, 왜 이타주의가 삶에 의미를 줄 수 있는지 알 필요가 있다. 둘째, 선행이 유의미한 인생의 본질적 요소인지 아니면 만족에 이르는 여러 가능한 길 가운데 하나일 뿐인지 알아야 한다. 셋째, 사람들이 자기 삶에 대해 주장하는 것을 전적으로 받아들이는 것은 어리석은 일이다. 사람들은 마약을 팔고, 포르노 스타가 되고, 수녀원에서 생활하고, 종이 공장을 운영하고, 낙오자가 되거나, TV를 보는 등등 온갖 종류의 일을 하면서 자기가 완전하게 만족한다고 주장하기 때문이다. 우리는 그런 사람들의 권유를 다 따를 수가 없으므로 그들의 삶의 방식이 정말로 의미가 있는지 따져봐야 한다.

이 다양한 문제들을 헤치고 나갈 길을 찾기에 가장 좋은 시작은, 앞에서 언급한 학생들과의 경험을 통해 얻은 단순한 질문을 떠올리는 일일 것이다. 즉 이타주의가 돕는 것은 누구이며, 왜 돕는가?

자기를 돕기 위해 남을 돕기

철학은 종종 평범한 정신을 가진 사람이라면 물을 필요조차 없어 보이는 질문을 던짐으로써 진보한다. 가장 화나는 질문 중 하나가 "…으로 의미하는 바가 무엇이죠?"이다. 철학자가 아닌 사람들은 단어의 의미를 완벽하게 알고 있다고 생각하는 경향이 있다. 그러다 보니 이들은 철학자들이 토의에 등장하는 용어들을 명확히 하기 위해 단어의 명확한 정의를 내려달라고 요구하면 짜증을 내기도 한다. 그렇지만 토의가 성과를 얻으려면 이런 개념의 명료화는 필수적인 일이다. 가령 '자유'라는 말을 당신은 '정부에 의한 속박이 없음'이라는 뜻으로 사용하고, 나는 '굶주림과 질병 없이 살 수 있음'이라는 뜻으로 사용한다면, 이 차이점을 인식하지 않는 한 '자유'에 관한 우리의 토의는 동문서답이 될 것이다.

이것은 당연해 보이는 일에 의문을 제기하는 것의 유용함을 보여 주는 하나의 예일 뿐이다. 남을 돕는 것이 선한 일이라는 것도 자명해 보인다. 필리파 풋이 연구한 사례를 살펴보자. 나치를 피해

프라하에서 온 유대인 아이를 받아들인 노르웨이 부부가 있다. 만약 당신이 "그게 어째서 선한 일인가?"하고 자문한다면, 그것은 매우 이상한 일이 될 것이다. 어떻게 대답해야 할지 **전혀** 알 수 없기 때문이다. 그러나 이 질문은 다른 동기에서도 나올 수 있다. 아마 당신은 선함의 일반적인 속성에 관해 생각해보려는 것일 수도 있다. 즉 무엇이 어떤 것은 선한 것으로, 어떤 것은 악한 것으로 구분하는 일을 정당화하는지 알고 싶을 수도 있다. 이 질문은 중요한데, 왜냐하면 모든 경우가 유대인 아이의 예만큼 자로 잰 듯 명확한 것은 아니기 때문이다. 예를 들어 미군과 영국군이 2003년에 이라크에서 사담 후세인 정권을 쓰러뜨렸을 때, 어떤 사람들은 선한 행위라고 생각했고 어떤 사람들은 끔찍하게 사악한 짓이라고 생각했다. 누가 옳은가? 이 질문에 대답하는 한 가지 방법은, 무엇이 어떤 것을 선한 것으로 또는 나쁜 것으로 만드는지를 철저하게 살펴보는 것이다. 아이를 구해준 일같이 명백하게 선한 행위를 놓고 무엇이 그것을 선한 행위로 만들어주는지 묻고, 거기서부터 일반화를 시작하는 게 좋겠다.

이러한 이유로 우리는 "이타주의가 돕는 것은 누구이며, 왜 돕는가?" 같은 질문을 한다고 놀라지 말아야 한다. 보면 알겠지만 이 두 질문에 대한 답변은 매우 도움이 된다.

이타주의가 돕는 사람은 누구인가 하는 첫 번째 질문부터 생각해보자. 이타주의는 도움을 받는 사람을 돕는다. 이 말은 기본적으로 동어반복이다. 하지만 많은 사람이 이타주의가 도움을 주는 사람 자신에게도 유익하다고 생각한다. 실제로 자선 단체와 자원봉사 조직들은 회원을 모집하고 홍보할 때 이 점을 크게 강조한다. 선한 일을 하는 것은 도움을 받는 사람뿐만 아니라 도움을 주는 사람도 돕는다고 강조하면서 말이다. 나는 봉사자를 모집하는 광고 전단지

한 장에서 이런 구절들을 발견했다. "남을 위해 일하면서 실제적인 기술도 얻을 수 있는 일을 하시겠습니까?", "전 세계 사람과 함께 하세요(그리고 실컷 웃으세요)", "당신은 다른 사람을 위해 진정한 변화를 이루어낼 수 있습니다. 그리고 당신 자신에 대해서도 진정한 변화를 이루어낼 수 있습니다", "사람들의 삶에 진정한 변화를 일구어내는 동안 구직 능력도 향상될 겁니다."

어떤 사람은 이런 이유로 선한 행위에 대해 냉소적이 된다고 생각한다. 왜 남을 돕는 일은 이렇게 자주 자기 자신을 돕는 것과 연결될까? 선하게 산다는 것은 정확히, 자기 자신의 안녕은 염두에 두지 **않는** 것 아닌가? 이번 장을 열며 인용한, 남을 도우라고 설득하는 그 사람이 인생에서 성공하는 방법에 대해 연설하는 일로 돈을 버는 것은 우연의 일치일까?

18세기 독일의 위대한 철학자 이마누엘 칸트가 이 의심을 어느 정도 뒷받침해준다. 칸트는 사람이 순수하게 도덕률에 대한 의무감으로 행동할 때만 도덕적으로 행동을 하는 것이라고 주장했는데, 사람은 옳은 일을 할 책임이 있다는 것을 알기 때문이다. 반면에, 단지 선한 경향이 있거나 기분이 좋아지기 때문에 옳은 일을 하는 사람은 도덕적으로 행동하는 것이 아니다. 도덕적 의무를 동기로 한 것이 아니기 때문이다. 그런 사람들이 하는 행동은 아무리 선한 것이라 해도 근본적으로 운의 문제다. 즉 어떤 일을 했는데, 우연히 옳은 일이었던 것이다. 도덕적 의무감이 동기가 되어 움직인 것이 아니므로 도덕적이라고 칭찬받을 자격이 없다.

도덕적 계율을 기꺼이, 의식적으로 따르는 것이 도덕의 본질이라고 생각하면, 그런 추론 방식도 설득력이 있다. 그러나 이타주의가 돕는 것은 누구이며 왜인가라는 질문으로 되돌아오면, 그런 도덕 관념이 약간 기이해 보일 수 있다. 이타주의의 핵심은 분명 이타주의는 사람들을 돕는 것이고, 그렇기 때문에 선하다는 점이다. 도덕적 계율을 따르기 때문에 이타주의가 선한 것이 아니다.

이제 노르웨이인 부부와 유대인 아이의 사례가 섬뜩하면서도 교훈적인 모습을 보여줄 차례다. 그들의 자비로운 행위가 왜 선하냐고 물을 때 "한 생명을 구했기 때문에" 같은 대답은 타당해 보인다. 그러나 "도덕규범을 지켰기 때문에 선한 행위이다"라는 대답은 엉뚱한 대답으로 보인다. 만일 그 부부가 아이를 거두기 전에 어떻게 해야 도덕적으로 옳을지를 장고했다고 밝혀진다면 그 부부를 더 좋게 생각해야 하는가? 아니면 단지 아이를 구하려는 연민으로 움직인 것일 때? 이야기의 결말이 밝혀지며 이 질문은 더 절박해진다. 독일이 마침내 노르웨이까지 침공해 왔을 때, 게슈타포는 유대인을 한 명도 남김없이 다 내놓으라고 명령한다. 부부는 자신들의 도덕적 의무가 무엇인지 장고에 장고를 거듭한 끝에 당국에 복종해야 한다고 결론을 내린다. 그래서 그들은 사랑하는 것처럼 보였던 아이를 넘기고, 아이는 후에 아우슈비츠에서 죽는다. 우리는 그 부부가 그릇된 결론에 도달했다고 주저하지 않고 말할 것이다. 그러나 그들이 감정에 좌우되지 않고 의무를 다하기 위해 노력했다는 점은 부정할 수가 없다. 여기에서 과오란, 그 노력이 연민과 사랑 같은 다른 도덕적 미덕을 압도했다는 점일 것이다.

남을 돕는 것이 어떻게 우리를 기분 좋게 해주는지에 대해 냉소적인 사람들이 생각해봐야 할 점이 있다. 냉철하게 도덕규범을 따라야 한다는 대안이 지나치게 엄격한 도덕관념일 수 있다는 점과 그 규범이 무엇인지를 결정하는 합의된 절차가 없기 때문에 누구나 실수할 위험이 있다는 점이다. 또한 그런 생각은 규범 자체를 위해 규범을 따르는 행위가 도덕의 전부이자 궁극인 양 생각하게 만든다. 분명 선한 행동이 낳는 효과도 참작해야 함에도 말이다. 선한 행동들을 할 것인가 말 것인가를 결정하는 과정뿐만 아니라 그 행동들이 가져올 결과에도 주의를 기울여야 한다. 결과가 중요하다면 선하게 행동해서 기분이 좋은가 하는 것은 문제가 되지 않을 것이다. 아마 이것이 선한 일을 가치 있는 것으로 만들어주는 중요성 중 하나일 것이다.

따라서 우리는 이타적으로 행동하는 사람에게 이득이 있는지 하는 문제에 신경 쓰지 않고 이타주의가 돕는 것은 누구이며 왜인가하는 질문에 접근할 수 있다. 그러나 이 질문에 답하기 전에 누가 도움을 **받아야** 하는지를 생각해봐야 한다. 명백한 답은 '도움이 필요한 사람들'이다. 그러나 누가 됐든 간에 왜 도움이 필요하다는 말인가? 우리는 두 가지 이유로 다른 사람을 돕는다. 하나는 사람들이 기본 생존 수준보다 못한 상태의 빈곤에 시달리고 있기 때문이다. 이것은 병들거나 굶주리거나 빈곤하게 사는 사람들을 돕는 경우이다. 두 번째로 우리는 먹고살 능력이 있는 사람들이 더 풍요롭게 살 수 있도록 돕고 싶어 한다는 점이다. 우리가 필요한 것보다 많이 가졌고, 우리가 가진 약간의 재산이나 우정, 전문지식이 우리보다 다른 사람에게 훨씬 더 쓸모 있다는 사실을 알기 때문이다. 필요한 사람에게 하루에 1달러씩 줘도 우리 재산에 티가 나지는 않는다. 하지만 그 돈을 받는 사람의 삶의 질에는 거대한 차이가 생길 수도 있다.

둘 중 하나라도 남을 돕는 타당한 이유가 될 수 있는가? 이 질문에 대한 대답은 다음 원칙의 적어도 한 변형일 것이다. 다른 조건이 모두 같을 때, 한 사람의 삶은 다른 사람의 삶만큼 가치 있다. 만일 굶주림에 시달리는 것이 나에게 나쁘다면, 굶주림에 시달리는 그 어느 누구에게도 나쁜 것이다. 또 생계유지 이상의 더 좋은 삶의 질이 나와 우리 가족에게 선이라면, 그것은 다른 가족에게도 선이다. 도덕적 욕구는 우리와 타인 사이의 이러한 등가 원칙을 인식하는 것에 달려 있다. 철학자이자 사회개혁가였던 제러미 벤담이 "모든 사람은 하나로 간주되며, 어느 누구도 하나 이상으로 간주되지 않는다"라고 표현했듯이 말이다.

이것은 '보편화 가능성'이라는 일반 윤리 원칙과 밀접한 관련이 있다. 즉 어떤 것이 어떤 상황에서 옳다면(잘못이라면), 그것은 적절히 유사한 어떤 상황에서도 옳다는(잘못이라는) 것이다. 내가 당신이 배우자를 두고 바람피우는 게 잘못이라고 생각한다면, 나는 내가 배우자를 두고 바람피우는 것도 잘못임을 받아들여야 한다는 말이다. 적어도 같은 종류의 상황에서는 그렇다. 만일 기아에 시달리는 우리의 고통을 다른 나라들이 외면하는 것이 잘못이라고 생각한다면, 우리가 기아에 시달리는 다른 나라들을 외면하는 것도 잘못이라고 생각해야만 한다. 칸트의 표현을 빌리자면 다음과 같은 일반원칙을 뜻한다. "네 의지의 준칙이 보편적 법칙이 될 수 있도록 행동하라."

이타주의가 돕는 것은 누구이며 왜인지 질문할 때 이 모든 것은 매우 중요하다. 기본적으로 이타주의는 도움이 필요한 사람을 돕는다. 그들을 끔찍한 처지에서 벗어나게 해주거나 더 나은 삶을 갖게 해줄 수 있기 때문이다. 이런 것들은 어려운 사람뿐만 아니라 모든 사람에게 선이다. 그러므로 삶의 질이 좋아지는 것은 도움을 받는 사람뿐만 아니라 도움을 주는 사람에게도 선이다. 도움을 받는 사람이 극빈 상태에서 벗어나는 것뿐만 아니라 도움을 주는 사람이 빈곤하게 살지 않는 것도 선이다.

이로써 남을 돕는 것은 인생의 목적이 될 수 없다는 것이 분명해진다. 왜냐하면 남을 돕는 것은 목적을 위한 수단에 지나지 않기 때문이다. 우리는 돕는 행동 자체가 선이기 때문이 아니라 사람들을 끔찍한 처지에서 건져내거나 그들에게 더 나은 삶을 주는 것이 선이기 때문에 남을 돕는다.

돕는 행위 자체가 선이고 인생에 의미를 제공한다고 가정할 경우 어떻게 될지 생각해보면, 문제가 분명히 드러난다. 이 가정을 견지하면 최소한 다음과 같은 세 가지 문제를 일으킨다.

첫째, 선행이 이타주의자에게 가장 많은 혜택이 돌아간다면 우리는 매우 난처한 상황에 봉착하게 된다. 만일 인생의 의미가 남들을 돕는 것이라면, 남을 돕는 사람만이 유의미한 삶을 살 수 있다. 도움을 받는 사람은 이타주의자들의 베푸는 목적을 위한 수단에 지나지 않게 된다. 이렇게 되면 이타주의는 본말이 전도된 셈이다. 남을 돕는 것이 **어쩌다 보니** 선행을 하는 사람도 돕게 되는 것이 아니라, **전적으로** 선행을 베푸는 사람 자신을 돕는 것이 되어버리기 때문이다. 많은 감상적인 영화들이 '이타주의'가 이타주의자를 구원하는 방식을 긍정적으로 칭송한다. 도움을 받는 인물에게는 거의 눈길도 주지 않는 채 말이다. 예를 들어 배리 레빈슨 감독의 영화 〈레인맨〉은 주인공 찰리(톰 크루즈 분)가 유아독존의 이기주의자에서 인정 많고 섬세한 사람으로 변화하는 과정을 보여준다. 찰리는 자폐증형 레이먼드(더스틴 호프먼 분)를 돌보는 법을 배우고, 그렇게 함으로써 도덕적 구원에 이른다. 이 영화에서 레이먼드는 동생은 물론 어느 누구와도 감정적으로 교류할 수 없기 때문에, 찰리는 돌봄을 배움으로써 오로지 자기 자신만을 도울 **수 있을** 뿐 이다. 이 영화는 도움을 받는 사람이, 돕는 사람의 인생의 의미를 찾는 데 필요한 단순한 수단으로 전락하는 모습을 보여주는 극단적인 예다.

이렇게 이타주의를 근본적으로 자기 잇속을 차리는 것으로 보려면 몹시 기이한 세계상, 곧 도움받는 사람들의 존엄을 박탈하는 세계상을 가져야 한다. 그런 관점은 도움을 받는 사람에게서 삶의 의미를 빼앗기 때문이다. 그러니까 모두에게 삶이 유의미해질 수 있는 유일한 길은 모두가 서로 돕는 데 참여하는 것, 이타주의가 끝도 없이 순환하는 것뿐이다. 그러나 이는 이타주의의 본질을 흐리는 일로 보인다. 이타주의의 목적은 그저 돕는다는 활동 자체가 아니라 진정한 도움을 주는 데 있다. 그렇지 않다면 길을 건널 필요가 없는 노인이 길을 건너도록 '돕는' 꼴이 되고 말 것이다. 도움은 바람직한 결과를 낳을 때만 도움이다.

이타주의를 삶의 목적으로 볼 때 생기는 두 번째 곤란함은, 이타주의가 성공을 거두는 순간 이타주의는 불필요해진다는 것이다. 남을 돕는 것은 상대의 필요를 충족시키는 일이므로 그 필요를 충족시키고 나면 이타주의 행위는 이제 필요 없어진다. 그런 필요를 채워주는 일이 궁극적 목표라면 그렇다 해도 문제될 게 없다. 그러나 남을 돕는 과정 자체가 주된 목적이라면, 우리는 기묘한 입장에 놓인다. 남을 너무 잘 도우면 목적 없는 채로 삶을 마칠 위험에 처하기 때문이다. 성공적인 이타주의는 자신의 목적을 좌절시키게 된다.

이 패러독스는 심리학에서 종종 '의존 문화'라고 부르는 것과 비슷하다. 의존 문화는 도움을 주는 자와 도움을 받는 자 사이에 관계가 형성되고, 그 관계가 진행됨에 따라 한쪽 또는 양쪽 모두 관계 자체의 지속에 의존하게 되는 상황을 말한다. 이는 사람들이 자원봉사나 국가 보조에 의지하는 상황에서 가장 명백하게 드러나지만, 반대 방향으로도 나타난다. 즉 돌보는 사람이 자신이 중요하고 가치 있는 일을 하고 있다는 느낌을 얻기 위해 피보호자를 필요로 하게 될 수도 있다. 이렇게 되면 베푸는 사람은 자신의 명백한 의도와 모순되게도 실제로는 자기가 돌보는 사람이 독립적인 상태가 되는 것을 원하지 않게 된다. 이는 분명히 병적인 상태이다. 과장해선 안 되겠지만, 드문 일도 아니다. 이것은 이타주의를 삶의 의미의 원천으로 보았을 때, 인생이 무엇이어야 하는지에 대한 우리의 시각이 어떻게 왜곡될 수 있는지 보여준다. 그것은 또한 이타주의가 진정으로 성공하는 것은 도움을 줄 필요가 지속될 때가 아니라 소멸할 때임을 깨닫지 못하도록 한다.

세 번째 문제는, 이타주의가 인간이 동등한 가치를 지닌다는 인식과 사람들을 비참한 상황에서 구제하거나 그들에게 품위 있는 삶의 질을 마련해주는 일이 선한 일이라는 믿음에 의해 동기를 부여받는다는 점을 떠올릴 때 생긴다. 품위 있는 삶의 질을 마련해준다는 생각이 없다면, 딱 먹을 만큼만 갖고 생존에 필요한 최소한을 영위하기만 하면(물론 그것 자체로 명백히 성취가 되기는 하겠지만) 된다는 매우 엄격한 시각만 남는다. 우리가 진정으로 원하는 것은 사람들이 겨우 하루하루 생존해나가는 게 아니라, 인간다운 삶의 질을 누리는 것이다. 그러므로 이타주의적으로 행동할 때 우리는 가능한 한 많은 사람이 그저 생존하는 것이 아니라 활짝 피어나길 바라는 희망에서 동기를 부여받는 것이다.

이처럼 이타주의는 어떤 의미에서는 가치에 대한 주장이다. 즉 세상 모든 사람이 굶주림과 질병이 없는 풍요로운 삶을 살 수 있어야 한다는 주장을 실행에 옮기는 것이다. 하지만 이타주의자가 남을 돕는 행위 **자체**를 인생에서 가장 중요한 것으로 보기 시작하면, 이타주의가 주장하는 가치를 깎아먹는 셈이 된다. 어떻게 모든 사람이 고통에서 벗어나 풍요로운 삶을 살아야 한다고 주장하는 **동시에** 자기 자신은 풍요롭게 사는 것보다 남을 돕는 게 더 중요하다고 주장할 수 있는가? 결국 다른 사람에게는 중요한 것이 자기 자신에게는 중요하지 않다는 이야기다. 자기에게 한 가지 도덕규범을 적용하면서 다른 모든 사람에게는 다른 규범을 적용하는 것은 모순이다. 이것은 자기중심주의에 찬성하는 논증은 아니다. 자신의 이익을 차순위로 놓을 때 항상 완전한 모순이 발생한다는 주장이 아니기 때문이다. 예를 들어 우리는 모든 생명이 똑같이 가치 있다고 보아야 하므로 다른 많은 사람의 안녕을 증진할 수 있을 때 자신의 안녕을 희생하는 것은 완벽하게 일관성이 있다고 할 수 있다. 이것은 자신의 삶이 고통으로부터 자유로워야 한다는 점을 간과한 오류가 아니다. 그것은 타인들 또한 고난에서 구제되어야 하기 때문에, 모두에게 가능한 최선의 결과를 가져오기 위한 가장 효율적인 방법으로 자기희생을 받아들이는 것이다.

이것은 때로 우리가 자기의 이익을 희생하는 것이 왜 옳고 적절한 일인지를 알려준다. 하지만 남을 돕기 위해 자기 자신의 이익을 희생하는 것이 가장 바람직한 일이라는 것을 보여주지는 못한다. 가장 이상적인 상황은 자기 자신을 포함해 모든 사람이 좋은 삶을 누리는 상황이다. 그래서 남을 도울 필요가 없어지는 것이다. 이는 자신의 삶의 질을 희생할 만한 때가 있다는 사실을 부정하려는 것이 아니라, 그것이 문자 그대로 희생일 뿐이라는 말이다. 그와 달리 남을 돕는 것이 삶의 의미의 핵심이라고 생각하는 것은, 이타주의가 증진하고자 헌신하는 가치와 모순된다.

진실의 실마리

남을 돕는 것이 인생의 목적이라는 믿음이 왜 오류일 수밖에 없는지 다양한 경로로 살펴봤다. 타인의 삶을 향상시킨다는 이타주의가 추구하는 목적과 이타주의의 실천을 구별해야 한다. 이타주의 자체를 인생의 목적으로 보는 것은 수단과 목적을 혼동하는 일이다.

그럼에도 남을 돕는 것이 삶의 의미의 일부라는 직관에는 살펴볼 점이 있다. 따라서 논의를 마무리하기 위해 이타주의가 가장 중요한 가치라는 생각의 오류를 곱씹기보다 거기서 몇몇 진실을 뽑아내고자 한다.

첫 번째, 이 논의의 결론은 우리에게 이미 친숙한 관점이다. 많은 사람이 남을 돕는 일이 인생에 목적의식을 불어넣는다고 생각한다는 것도 사실이고, 이타주의의 일관된 유일한 목표가 다른 사람의 삶을 더 좋게 만드는 데 있다는 것도 사실이다. 이 두 가지 사실은 서로 연관이 없지 않다. 이타주의에 의의가 있다고 여기는 이유는 더 나은 삶을 사는 것이 그 자체로 선임을 알기 때문 아닌가? 누군가를 빈곤이나 굶주림에서 건져내고 그들이 혼자서든 친구나 가족과 함께든 '정상적인' 삶을 누리도록 돕는 일이 선한 것인 까닭은, 그런 삶이 선한 것이기 때문이다. 다시 한번, 오직 삶을 충만하게 살아가는 것만이 인생의 궁극적 목적인 듯 보인다. 인생의 의미를 숭고한 이상이나 커다란 비밀 같은 걸로 생각하는 사람에게는 너무 평범해 보일지 모르지만, 우리의 논의는 점차 모든 가능성이 단순히 삶 자체를 살아가는 데 의미가 있다는 결론으로 이어짐을 보여준다.

두 번째 긍정적인 면은, 우리가 이타주의에서 받는 좋은 느낌이 무엇인가를 암시한다는 점이다. 사람마다 다르므로 지나치게 일반화하고 싶지는 않지만, 나는 이것이 사회적 동물이라는 인간의 본성과 관련이 있다고 생각한다. 우리 대다수에게 삶은 자신은 물론 타인의 운명에 관심을 가질 때 더 충만해진다. 버트런드 러셀이 《철학의 문제들》에서 말했듯이, 자기만의 작은 세상에 둘러싸여 있는 사람의 삶은 폐소공포증 같은 면이 있다. 시야가 너무 제한적이면 편히 숨쉬기 어렵다. 인생의 다양한 운명이라는 맥락에서 전체적으로 바라보지 않으면, 사소한 문제도 그 중요성이 부풀려진다. 타인에 대한 적극적인 관심은 어느 정도는 이 편협한 시야로부터 벗어나게 해주며, 우리가 돕는 사람뿐 아니라 우리 자신의 삶도 더 풍요롭게 만든다.

하지만 이타주의는 단순히 유아론의 공포로부터의 탈출만은 아니다. 자신을 타인의 운명에 연루시키는 것은 절대선, 즉 그 자체로서 가치가 있는 일이기도 하다. 그리고 많은 사람에게 타인과의 접촉은 절대적으로 필요불가결한 일이다. 다른 사람들과 교류하지 않으면 사람은 시들고 말 것이다. 민텔 사가 2003년에 영국에서 시행한 설문조사는 이 점을 설명해주는 놀라운 통계 결과를 보여주었다. 이 조사에서 응답자의 47퍼센트가 인생을 매우 행복하게 살고 있다고 주장했는데, 그중 한 명 혹은 그 이상과 함께 살고있는 사람이 62퍼센트였다.

고독한 삶을 더 좋아하는 사람들이 있다는 사실을 부정하거나 그게 뭔가 잘못된 것이라고 말하려는 것은 아니다. 18세기 프랑스의 철학자 디드로가 "악인만이 홀로 산다"라고 쓴 것은 분명 지나친 일이다. 대부분 사람들에게 사교적 측면은 잘 살기 위해 꼭 필요하다. 그러므로 일부 사람들이 남을 돕는 것이 삶의 의미의 원천이라고 생각하는 이유는, 다른 사람을 염려하고 그들과 함께 어울리는 것이 유의미한 인생을 만드는 중요한 요소라는 확실한 진실 때문이다.

세 번째 요소에 대해서는 더욱 진지하게 얘기하고 싶다. 바로 우리가 이타주의에서 발견하는 가치는 유의미한 삶을 추구하는 과정에서 때로는 개인적인 희생이 필요하다는 진실을 반영한다는 점이다. 우리가 살펴본 대로 이타주의의 핵심 전제는 모든 인간의 삶은 동등한 가치가 있으며, 할 수 있는 한 충만하게 살아야 한다는 점이다. 이 사실을 진심으로 믿는다면 더 많은 사람이 잘 살 기회를 갖는 세상을 구현하기 위해 자신의 이해, 심지어 목숨까지 희생할 가치가 있는 경우도 생길 수 있다. 남의 생명과 인생을 가치 있다고 보면서 자기 자신의 인생은 중요하지 않다고 여긴다면 일관성이 없다. 하지만 많은 사람의 안녕이 위태롭다면 자기 한 사람의 이해를 우선하지 않을 수 있다고 생각하는 것은 전혀 모순이 아니다. 다른 많은 사람이 인생을 충만하게 살 기회를 갖도록 자기 한 사람의 삶을 포기하는 것은 희생이다. 자기 자신의 삶이든 다른 누군가의 삶이든 고통 없이 잘 사는 인생은 그 자체로 선이라는 단순한 전제에서 볼 때, 그것은 가치 있는 희생이다.

    이 점은 특히 강조할 필요가 있다. 우리가 거듭 언급하게 되는 반복되는 주장, 곧 인생은 그 자체로 살 가치가 있다는 주장이 자기 중심적이고 얄팍한 것으로 오해될 소지가 있기 때문이다. 오해하지 말아야 한다. 그것은 **내** 삶이 그 자체로 살 가치가 있다는 주장이 아니라 **인간들의 삶**(어쩌면 몇몇 동물들의 삶도)이 살 가치가 있다는 주장이기 때문이다. 이 주장을 받아들이는 순간 우리는 이타주의의 주장 역시 받아들여야 한다. 그러므로 남을 돕는 일은 그 자체로는 인생의 의미가 될 수는 없다. 하지만 유의미한 삶과 본질적으로 연관이 있다. 인생이 그 자체로 선할 수 있다는 개념에 전제를 두기 때문이다. 만일 한 사람에게 진실이라면 모든 사람에게 진실이므로 우리는 남을 도울 이유가 생긴다. 그러므로 이타주의는 삶의 의미의 원천은 아니지만, 유의미한 삶을 살아가기 위해 필요한 것이다. 남을 돕는 목적은 사람들에게 이로움을 주는 것이지, 자선 자체를 위한 자선이 아니라는 사실을 기억해야 한다.

05
더 커다란 이익

한 인간에게는 작은 발걸음, 인류에게는 거대한 도약.
/
닐 암스트롱, 1969년 7월 20일 달에 착륙하며

종의 이익

닐 암스트롱은 이타주의자로 유명한 것은 아니다. 달에 발을 내딛은 최초의 인간이 되었을 때, 그가 그 일로 남에게 도움을 주었다고 말한다면 이상하게 들릴 것이다. 그럼에도 암스트롱이 저 길이 남을 명언에서 말했듯 달 착륙은 "인류에게는 거대한 도약"이었다. 즉 인간이라는 종의 역량과 성취 면에서 대단한 진보였다.

미국은 우주개발 계획에 해마다 약 150억 달러를 쓴다. 한편에는 그 돈으로 병원이나 학교, 사회보장을 위한 기금을 마련할 수 있지 않겠느냐고 비판하는 사람도 있다. 그러나 이 우주 사업을 지지하는 사람들은 암스트롱의 말을 되풀이하며, 인간의 지식과 영역의 한계를 확장하는 것은 전 인류의 진보를 위해 필수적이며 인간의 가장 높은 성취에 기여한다고 말할 것이다. 더 나아가 인간 삶에서 종의 진보에 기여하는 것보다 더 높은 목적과 더 큰 의미는 없다고 말할 수 있을까?

이 관점은 4장에서 논의한, 유의미한 인생에 대한 이타주의적 인식과 공통점이 있다. 두 가지 관점 다 자기 이익을 차선으로 제쳐둔다는 점에서 같다. 그러나 중요한 차이가 있다. 이타주의는 개개인을 일대일 혹은 대규모로 돕는 일이다. 반면 '종의 이익' 관점에서는 도움을 받아야 하는 것은 개인이 아니라 전적으로 다른 종류의 실체인 '종'이다.

대단한 차이가 아니라고 볼 수도 있다. 결국 종이란 개개 구성원들을 모아놓은 것 아닌가? 그러나 사실 엄청난 차이가 있다. 어느 쪽이냐에 따라 기본적인 '가치의 척도'에 대해 근본적으로 다른 관점을 취하기 때문이다. 이타주의자에게 가치의 기본 단위는 개개인의 생명과 삶이다. 따라서 선행은 곧 개인들을 돕는 것이다. 종의 이익이라는 관점에서 가치의 기본 단위는 전체 종이며, 개개인을 돕지 않고서도 종의 이익에 기여할 수 있다. 예를 들어 달 착륙이 종의 진보에 기여했다는 생각은 말이 되지만, 그 덕분에 개개인이 혜택을 얻었다는 생각은 거의 혹은 전혀 말이 되지 않는다. 인류는 암스트롱이 달 착륙선에서 내려섰을 때 거대한 도약을 이루었다. 그러나 그 결과 덕분에 더 나은 삶을 누리게 된 개인은 지구에 잘해야 몇몇밖에 되지 않는다.

개인이 아닌 종을 가치의 근본 단위로 삼으면, 삶의 목적을 개인의 이해와 분명히 구분되는 것으로 볼 수 있게 된다. 이는 이타주의 관점에서는 불가능한 일이다. 앞 장에서 논증했듯, 이타주의가 진정으로 남을 돕는 일이려면 개인의 안녕이 궁극적 목표여야 한다. 다시 말해 이타주의자 자신의 이익도 도움받는 사람의 이익만큼 가치 있다는 의미이다. 이로써 돕는 사람과 도움받는 사람 사이에 가치의 등가관계가 형성되고, 따라서 충족된 '더 커다란 이익'은 실제로 개인적 이익의 집적체가 되는 것이지, 그것과 구별되는 어떤 것이 되는 게 아니다.

그러나 종이 가치의 근본 단위라면, 제공받는 이익과 이익을 제공하는 사람들 사이에 비대칭이 생긴다. 인류에 기여하는 것은 자기 자신을 포함해 단순히 개개인에게 봉사하는 문제가 아니다. 종의 이익에 헌신한다고 개인의 안녕에 헌신하는 것은 아니다. 종의 이익은 진정 더 커다란 이익이 될 수도 있겠지만, 동료 인간들의 이익은 우리 자신의 삶에서 찾을 수 있는 것보다 더 클 것 없는 이익들을 합산한 것에 불과하다.

이제 종에 기여해야 한다고 보는 관점이 개인에게 봉사해야 한다고 보는 관점과 어떻게 다른지 알 수 있을 것이다. 그렇다면 종에 기여하는 것이 인생에 의미를 부여할 수 있을까?

인류 같은 것은 없다?

전 영국 총리 마거릿 대처는 "사회 같은 것은 없다. 개별 남녀와 가족이 있을 뿐이다"라고 말한 것으로 유명하다. 그녀가 철학자로 알려지지는 않았음을 감안하면, 그 말은 어떤 것이 존재한다는 것이 무엇을 의미하는지를 연구하는, 존재론이라는 골치 아픈 분야로 진출하려는 확신에 찬 시도였다.

대처의 존재론적 주장은 명확한 이론적 틀이 없다. 아마 대처는 존재하는 유일한 것은 구체적인 개별자들(이 경우 개개인의 사람들)이고, 이 개인들로 구성된 그 밖의 다른 것들은 '실제로'는 존재하지 않는 '복합 개념'에 불과하다고 생각했을 것이다. 그러나 그렇게 생각했다면 가족이 존재한다는 말은 왜 했을까? 가족도 결국은 '단순히'

개인들의 집합이다. 가족 같은 것이 존재한다면, 사회 같은 것이 존재하라는 법은 왜 없겠는가? 둘 다 개인들의 조합일 뿐인데 말이다.

가족은 차치하더라도, 그녀의 논리를 따르면 인류 같은 것도 없다고 말하고 싶어질 것이다. 결국 인류라는 것 역시 결국에는 그저 개개인의 총합 아닌가?

안타깝지만, 존재론은 그보다는 좀 더 복잡하다. 사실 여기에서 깊게 다루기 어려울 정도로 복잡하다. 그럼에도 종과 같은 것을 희한한 비물질적인 것으로 간주하지 않고도 어떻게 그 개개 구성원과 존재론적으로 다른 것으로 생각할 수 있는지 개략적 스케치를 해볼 수는 있다. 우리가 따를 만한 모형으로 데릭 파핏의 국가 존재론이 있다. 현대의 고전 《이성과 인간》에서 파핏은 국가 같은 실체의 존재에 관한 시각을 세 가지로 구분했다.

1. 국가의 존재는 단지 영토 안에서 특정 방식으로 함께 살아가는 시민의 존재를 포함한다.
2. 국가는 단지 시민과 영토**이다**.
3. 국가는 시민과 영토와 구별되는 실체이다.

파핏은 1번과 3번이 동시에 참일 수 있다고 주장한다. 다시 말해 국가가 존재하는 데 필요한 것은 같은 영토 안에서 특정 방식으로 함께 살아가는 시민이 전부다(1). 그런 국가라는 것은 그 국가의 시민이나 영토와는 구별된다(3). 이렇게 주장하는 주된 이유는 국가에게 참인 것이 그 시민이나 영토에게는 참이 아닐 수도 있기 때문이다. 예를 들어 어떤 국가는 식민지로 삼으려는 외세 때문에 멸망할 위기에 처할 수 있다. 그러나 그 위협이 시민이나 영토에는 전혀 미치지 않을 수 있다. 이를테면 완전하게 평화로운 합방을 모색할 수도 있다는 말이다. 그러므로 국가에게 참인 사실이 그 시민과 영토에게는 참이 아닐 수도 있다. 그러나 이는 국가가 존재하기 위해 같은 영토 안에서 특정 방식으로 함께 살아가는 시민 외에 더 필요한 것이 있기 때문이 아니다. 국가는 시민과 영토 '위에' 있는 분리된 실체는 아니지만, 그래도 시민과 영토와 구별되는 것이긴 하다. 따라서 두 번째 주장처럼 "국가란 곧 시민과 영토**이다**"라고 말하는 것은 지나치게 단순하다.

같은 모델이 종에도 적용될 수 있다.

1. 종의 존재는 단지 개개 구성원들의 존재를 포함한다.
2. 종이란 곧 개개 구성원들**이다**.
3. 종은 개개 구성원들과는 구별되는 실체이다.

이번에도 2번은 너무 단순하지만, 1번과 3번은 동시에 참일 수 있다. 하나의 종이 존재하는 데 필요한 것은 개개 구성원들이 전부이다. 그러나 이 종이란 것을 개개 구성원들과 구별해서 생각해야 하는데, 그 종에 관해 참인 것이 개개 구성원들에게는 참이 아닐 수도 있기 때문이다. 예를 들어 인간이라는 종은 그 수가 많고 이 행성의 많은 부분을 지배하고 있으며 진보하고 있다는 점에서 번영할 것이다. 설령 인류의 태반이 불행하다고 해도, 이 말은 참일 수 있다. 그러므로 인류가 번영하고 있다는 말은 참일 수 있지만, 개개인이 번영했다는 것은 참이 아니다. 한 종이 번영한다는 것과 한 개인이 번영한다는 것은 그 의미가 전혀 다르기 때문이다.

이런 간단한 스케치로는 존재론의 수많은 심오한 철학적 문제들의 표면을 그리기도 힘들다. 그러나 적어도 우리가 종이라고 말할 때 의미하는 것이 무엇인지, 종이 어떻게 신비스럽고 이상한 존재가 되지 않고도 개개인이 모인 총합과 결정적으로 다를 수 있는지에 관해 잠정적인 견해를 가질 수는 있게 된다. 그런데 왜 이 실체, 곧 종에 기여하는 것이 인생에 의미를 줄 수 있다고 생각해야 하는가? 이것이 다음 질문이다.

인간 상위에 있는 인류

인생의 의미가 이 종의 이익을 촉진하는 것이라는 생각은 때로 진화론에 호소해 정당화된다. 하지만 진화론은 이 관점을 뒷받침하는 데 적절하지 않은 방법이다. 2장에서 살펴봤듯 진화된 생명체인 인간의 기원을 알아보는 일은, 우리가 현재 어떻게 살아야 하는지 그리고 우리 삶이 어떤 의미를 가질 수 있는지에 대해 아무것도 알려주지 않는다.

진화론에 우리가 어떻게 살아야 할지 알려주는 처방전이 있다고 생각하는 실수는 무시한다 해도, 진화가 종의 진보라는 주장은 그저 사이비 과학이다. 오늘날 많은 진화 이론가들이 "선택의 기본 단위, 즉 이기성의 기본 단위는 종도, 집단도, 심지어 개체도 아니다. 유전의 단위인 유전자다"라는 리처드 도킨스의 견해에 동의한다. 도킨스와 생각을 달리하는 사람들은 종이나 유전자가 아니라, 개체가 선택의 기본 단위라고 생각한다. 이것이 의미하는 바를 대강 얘기하자면 '진화의 목적'은 우리의 유전자나 개인의 생존이지, 종의 생존이나 진보는 아니라는 이야기다.

그러므로 인간의 목적이 종의 진보에 있다는 믿음을 진화론이 정당화한다는 생각은 두 가지 실수를 저지르고 있다. 도덕과는 관계없는 이론(진화론)에서 도덕적인 지침을 가져온다는 점 그리고 실제로는 유전자나 개인에 적용되는 이론을 종에 적용한다는 점이다.

진화론을 사회에 적용할 수 있다는 관점은 19세기 말 한동안 유행했다. 허버트 스펜서나 앤드루 카네기가 이 관점을 이끈 대표적인 사람들이었다. 이들은 '적자생존'을 사회가 건강해지기 위해 약자를 숨아내고 강자가 번성하게 하는 것이라고 생각했다. 현대 진화심리학자들을 이들의 직계 후계자로 보려는 일부 시도가 있기는 하지만, 스펜서와 카네기의 견해는 지난 100년 동안 신빙성을 잃었으며 더 이상 진지하게 받아들여서는 안 된다.

따라서 인생의 목적이 종의 진보에 있다는 생각에 과학적인 근거는 전혀 없다. 그렇다면 다른 무엇이 그 견해를 뒷받침할 수 있을까? 우리는 종의 진보가 실현할 미래의 어떤 가능성을 근거로 종이 진보하도록 기여해야 한다는 주장 또한 반박할 수 있다. 이 주장을 따르면, 우리는 과거에 축적한 성과를 기반으로 인류를 더 나은 미래로 이끌어야 한다. 이것은 지식과 성취의 한계를 넓히는 것에서부터 사회의 미래를 보장하기 위해 단순히 아이를 기르는 것에 이르기까지 무수한 방식으로 실행할 수 있다.

이 추론 방식은 2장에서 살펴본 '왜/왜냐하면'의 연속에서 나타나는 문제 상황에 빠지게 된다. 이 추론을 따르자면 왜 어떤 일을 해야만 하는지 물을 때 대답은 언제나 종의 진보에 기여하기 위해서가 된다. 인류 미래의 궁극적 목적을 향한 작은 일보든 거대한 도약이든 말이다. 그러나 우리가 살펴봤듯 그런 정당화의 연속은 어느 지점에선가는 끝나야 한다. 그렇지 않다면 궁극적으로는 아무런 목적이 없다. 결국 문제는, 인류의 더 나은 미래라는 것이 그 자체로 가치가 있는가 하는 점이다. 수백만 년에 걸친 인간의 진화와 진보가 단지 미래 인류의 유토피아적 상태라는 목적을 향해 가는 수단에 불과하다고 보는 시각을 정당화할 만큼 그 미래 상태가 가치 있을까?

미래의 유토피아에서 인간의 완전한 만족이 실현된다는 생각에는, 천국 또는 우리 자신의 미래에서 그것이 실현된다는 생각과 거의 똑같은 문제가 있다. 이 경우 이상적인 미래는 인간 삶이 번영할 수 있는 환경을 마련해준다. 그러나 이것이 가치가 있는 목표라면, 사람들이 충만하고 융성한 삶을 살게 해주는 일이 그 자체로 선이라고 말하는 것과 같다. 따라서 우리의 추론은 다시 인생은 현재로서도 의미를 지닐 수 있다는 결론으로 이어진다. 충만하고 융성한 삶은 현재에도 가능한 것이기 때문이다.

천국과 유토피아가 약속하는 것은 현실의 삶이 보장해주지 못하는 종류의 것이다. 인생은 잘못될 수도 있고 만사가 안 좋게 틀어질 수도 있다. 우리는 충만하고 가치 있는 삶을 이끌기 위해 분투할 수 있지만, 이런저런 일이 우리를 무너뜨릴 수도 있다. 하지만 유토피아에서는 그 무엇도 잘못될 일이 없다. 그렇다고 가치 있는 삶이 **오로지** 유토피아에서만 가능하다는 의미는 아니다. 단지 그런 삶이 지금 여기서는 **보장되지 않는다**는 뜻이다. 그러므로 지금 여기에서 충만하고 의미 있는 삶의 가능성과 대면하려면 용기가 필요하다. 여기에는 만사가 잘못될 위험도 있다. 인생이 잘못되어버릴 경우, 죽은 뒤에 또 다른 기회를 가질 수는 없기 때문이다. 이것이 초래하는, 인생을 바로잡아야 하는 책임은 감수하기 어려운 것이다. 우리가 삶의 의미가 지금 여기에 있는 우리를 넘어선 곳에 있다고 생각하고 싶어 하는 것은 이 때문인지도 모른다. 사르트르가 말한 자기기만의 또 다른 예로서, 인간은 스스로 결정권이 있음을 수용하기보다는 세계의 현사실성의 한계에 굴복한 채 자신에게는 통제권이 없다고 생각하고 싶어 한다는 것이다.

우리가 어떤 미래 유토피아가 현실이 되기를 기대한다면, 틀림없이 실망하고 말 것이다. 유토피아는 이루기 불가능할 뿐 아니라,

유토피아가 가능하다고 생각하는 것은 재앙과 같은 결과를 낳을 수도 있다. 예를 들어 스탈린의 공포정치가 가능했던 까닭은 부분적으로 수많은 개인이 자기의 이해를 머릿속에 그려진 '사회의 이익' 혹은 '사회의 진보'에 종속시킬 준비가 되어 있었기 때문이다. 조너선 글로버는 20세기 도덕사를 다룬 자신의 명저(2008년 국내에 번역된 《휴머니티》를 일컫는다 - 옮긴이)에서 러시아 작가이자 인권운동가인 레프 코펠레프가 회상한 내용을 인용했다. "우리 세대의 다른 사람들과 마찬가지로 나는 목적이 수단을 정당화해준다고 굳게 믿었다. 우리의 가장 위대한 목표는 공산주의가 보편적 승리를 거두는 것이었고, 그 목표를 위해서는 모든 것을 눈 감고 넘어갈 수 있었다. 거짓말하고 훔치고 수백, 수천, 심지어는 수백만 명의 삶을 파괴하는 것도 허용될 수 있었다…." 이런 생각은 개인의 삶보다 '공산주의'나 '종' 같은 추상 개념에 훨씬 더 큰 가치를 둘 때 비로소 가능해진다.

무엇이 어떤 것을 가치 있게 만들어주는지를 먼저 검토해보면 이런 추상 개념에 지나치게 큰 가치를 두는 것이 왜 그릇된 일인지 알 수 있다. 우리는 보통 느낌이나 지성, 의식을 통해서만 가능해지거나 이해할 수 있는 현실의 측면들에 큰 가치를 둔다. 예를 들어 아름다움은 높이 평가된다. 그러나 눈으로 보든 안 보든 간에, 아름다움이란 그것을 알아볼 능력이 있는 사람만이 평가할 수 있는 것이다. 사랑 역시 나무막대기나 돌들은 느끼지 못하는 무엇이다. 사상은 그것을 창조할 지성과 검토할 사람이 필요하다.

이것이 바로 동물의 복지에 관한 개념은 명료하지만 채소의 안녕에 관한 개념은 그렇지 않은 이유이다. 어떤 개의 삶이 개 입장에서 잘 풀렸다거나 꼬였다고 말하는 것은 말이 된다. 하지만 당근의 삶이 **당근 입장에서** 잘 풀렸다거나 꼬여버렸다고 말하는 것은 말이 되지 않는다. 우리의 작황이 좋지 않다면 채소의 삶은 실패한 것이다. 그러나 그런 표현은 잘되고 못되는 것이 우리 인간처럼 지각력 있는 생명체들의 이해와 관계될 때에만 말이 된다.

하지만 종은 지각력이 없다. 종은 느낌도 의식도 지력도 없다. 물론 종의 개개 구성원들에게는 있지만, 전체로서의 종에는 없다. 종과 생태계 같은 것에도 집단의식이 있다고 생각하는 사람이 있지만, 그런 생각은 추측, 그것도 매우 거친 추측일 뿐이다. 그러므로 반드시 던져야 할 질문이 있다. 왜 우리는 '종의 이익'이 그 자체로 가치 있다고, 종의 이익에 기여하는 것이 인생에 의미를 부여해줄 만큼 가치가 있다고 생각해야 하는가? 종 그 자체는 지각이 없으므로 자기의 안녕에 무심하겠지만, 우리는 종의 안녕에 신경을 쓸 수 있다. 그러나 왜 개개 구성원보다 종에 더 신경 써야 하는지는 알 수 없다. 만일 우리가 종의 이익에 더 신경을 쓴다면, 조지 오웰이《동물농장》에서 "어찌된 셈인지 동물은 더 풍요로워지지 않는데 농장만 배를 불려가는 것 같았다"라고 풍자한 것과 비슷한 상황을 유발할 위험을 무릅쓰는 셈이다.

이것보다 더

미래의 유토피아라는 약속, 사회진화론 같은 사이비 과학, 혹은 추상적인 '종'의 가치를 그 구성원의 가치 위에 두는 오류에 근거를 두는 한, 종의 진보가 우리가 존재하는 목적이라는 주장은 설득력이 없다. 그렇다면 이러한 관점에 끌리는 이유를 어떻게 설명할 것인가? 아마도 이 관점이 초월론적인 것 없이도 초월을 약속해주기 때문일 것이다. 여기서 '초월론적인 것'이 뜻하는 것은 물리적 세계 밖이나 저 너머의 영역이다. 반면 '초월'이라는 말은 이보다는 약간 덜 허황된 것을 뜻한다. 초월이란 단순히 자신의 개인적, 주관적 실존의 한계에서 벗어나 더 커다란 무엇에 참여하는 일이다. 유한한 개별자로서의 우리 본성을 말 그대로 초월하는(뛰어넘는) 것이다. 이런 의미에서 키르케고르의 윤리적 영역은 그 자체로 심미적 개인의 주관성과 즉시성이라는 속박을 초월하려는 제한된 시도의 예다.

초월이 초월론적인 것에 의존한다는 생각은 자연스러워 보인다. 내세에서 불멸성을 성취함으로써 우리는 필멸을 넘어선다. 즉 비물질적인 천상의 세계에 들어감으로써 물질적 세계를 벗어나는 것이다. 하지만 그런 초월론적 영역이 존재한다고 생각할 타당한 이유가 없다고 생각하는 사람이 점점 늘고 있다. 그럼에도 여전히 초월을 향한 인간적 욕구가 존재한다.

어떤 사람들은 이러한 욕구가 충족될 필요가 있다고 말한다. 예를 들어 데이비드 쿠퍼는 조야한 혹은 무조건적 인본주의란 문자 그대로 견딜 수가 없는 것이라고 주장했다. 조야한 인본주의란 인생이 '아무것에도 의존하지 않는다'는 관점이다. 지식과 가치는 인간의 생각과 실천에서 나온 것 말고는 어떤 근거도 없다는 것이다. 쿠퍼는 이러한 믿음이 유지될 수 없다고 주장한다. 우리 삶과 믿음이 우리 외부의 어떤 것에 비추어 판단될 수밖에 없음을 인정해야만 우리의 실존을 견딜 수 있다는 것이다. 이것이 내가 설명했던 종류의 초월을 향한 욕구다. 그것은 반드시 초월론적 영역이나 존재일 필요는 없으나 우리보다 커다란 무엇인가로서, 우리의 믿음과 행동은 그것에 비추어 판단될 수 있어야 한다.

쿠퍼의 주장은 길고 세세해서 여기서 요약할 수는 없다. 다만 쿠퍼가 묘사하는 전면적으로 '조야한 인본주의'란, 모든 면에서 '인간을 만물의 척도로 삼는' 극단적인 입장이라는 점만 말해두겠다. 사르트르 같은 인본주의의 태두조차 어떤 의미에서는 인간이 자기보다 더 커다란 무엇인가에 비추어 판단될 수 있다는 데 동의하리라고 주장해도 과언은 아니다. 가령 자기기만을 극복하고 살아가려면 우리의 믿음은 세계의 현사실성에 얼마나 잘 조응되는지에 따라 판단되어야 할 것이다. 그러나 설령 조야한 인본주의가 견딜 수 없다는 쿠퍼의 주장이 옳다고 해도(물론 나는 그렇게 생각하지 않지만), 우리가 그것을 피해 어느 정도 초월을 확보하려 할 때 필요한 것은 그저 우리가 자신 외에 무엇인가에 비추어 판단될 수 있다는 믿음뿐이다. 그 다른 무엇인가란 지식 주장의 평가가 가능한 객관적 세계에 불과할 수도 있다.

많은 사람들이 우리가 어떤 의미로는 초월을 욕구한다는 점에 대해 쿠퍼에게 동의한다. 하지만 나는 이 욕구가 존재한다는 전제로부터(그런 전제가 정말 존재한다 해도) 어떻게 그 욕구의 충족이 가능하다는 결론이 도출될 수 있는지 모르겠다. 초월을 향한 인간적 욕망은 불가능한 것에 대한 갈망일 수도 있다. 설령 가능하다고 해도 자연 밖의 초월론적 실재를 필요로 한다고 생각해서는 안 된다.

이것은 인류에 기여하는 것이 인생에 의미를 부여해줄 수 있다는 생각과 어떤 연관이 있을까? 종의 이익을 위해 일하는 것은 초월론적 세계를 가정하지 않고도 일종의 초월을 성취할 수 있는 기회를 제공할 수 있다. 이것은 우리가 살펴봤듯 종이 개체들의 집합과는 다른 어떤 것이기 때문이지, 개체들을 넘어 그 위에 존재하는 실체이기 때문은 아니다. 다른 식으로 표현하면 종은 개체성을 초월하긴 하지만, 무슨 영혼 같은 초월론적 영역에 속하지는 않는다. 그러므로 자기 인생의 목적을 종의 목적과 관련짓는 일은, 유한한 개체로서의 인간 본성을 초월하는 하나의 방법이라고 볼 수 있다. 종의 운명을 수행한다는 명분으로 우리는 자신의 개인적 성취에 대한 권리를 포기하는 것이다.

삶의 의미가 우리에게 자신의 개별성을 포기하라고 요구한다는 생각은 흥미롭다. 이에 관해서는 나중에 9장에서 다시 살펴보겠다. 다만, 초월의 심리적 매력에 대해서는 알 수 있어도, 왜 종이 우리의 모든 것을 바쳐야 할 정도로 대단한 가치가 있는지는 매우 알기 어렵다. 종이 우리를 초월하는 무엇인가일지도 모르지만, 그렇다고 해서 반드시 우리보다 더 가치 있는 것은 아니다. 따라서 종을 우리에게 중요한 대상으로 두는 것은 잘못된 일이다. 왜냐하면 종에게 가치 있는 것은 종 자체의 수준에서는 발견되지 않으며, 개별 구성원의 수준에서 발견되기 때문이다. 우리가 돌봐야 할 대상은 인간 개개인이지 추상적인 '인류'가 아니다.

개미로 존재하는 기쁨

지금까지 내가 펼친 반론에도 불구하고, 종의 진보가 그 자체로 선이라는 생각이 일리가 있다고 가정해보자. 내가 명확하게 논증한 대로, 어떤 것들은 결국 그 자체로 선이어야 한다. 인간이라는 종은 지구에서 유일하게 복잡한 언어와 의식, 놀라운 수준으로 환경을 조작하는 능력, 자연의 근본적인 작동에 대한 깊은 이해를 비롯해 많은 성취를 이뤘다. 이 훌륭한 종이 이룬 큰 진보는 그 자체로 선한 것이 아니겠는가?

그러나 종 자체의 관점에서는 선한 것이 될 수 없다. 종은 관점을 가질 수 없기 때문이다. 또 중립적인 '신의 눈'으로 인류를 봐도 우리가 이룬 진보가 절대적인 선일 이유가 없을 것이다. 공정한 관찰자라면 기술적, 지적 진보와 더불어 인류가 야기한 고통과 파괴도 볼 것이다. 어떻게 종의 진보가, 그것을 성취하기 위해 살았던 모든 삶에게 의미를 부여해줄 만큼 선한 것으로 여겨질 수 있는지 이해하기 어렵다.

따라서 문제는 종의 진보가 그 자체로 선이라는 생각이 모순이라는 것이 아니다. 그 생각이 참이라고 가정할 만한 타당한 근거를 찾기 위해 사람들이 애쓰고 있다는 점이 문제다. 일단은, 아직 증명되지는 않았지만, 종의 이익이 진정한 선이라고 가정해보자. 종의 이익은 그에 기여하는 모든 개개인에게 의미를 부여해줄 수 있을 만큼 선한 것인가?

여기서 흥미로운 것은, 더 커다란 이익을 위해 일하는 것이 삶에 충분한 만족을 줄 수 있는지 없는지에 관한 문제는 참과 거짓을 따질 수 있는 문제가 아닌 것 같다는 점이다. 영화 〈개미〉를 생각해보자. 다른 개미들은 솔선수범 나서서 일을 하는 것이 꽤나 행복한데, Z(우디 앨런)는 "집단을 위해 모든 일을 해야만 해. 하지만 내 욕구는 어쩌고?"라고 투덜거린다. 이 개미는 더 커다란 이익이 진정한 선이라고 믿는다 해도 그런 기분을 느낄 수 있다. 개미 Z는 집단의 진보를 전적으로 지지하면서도, 자신의 삶은 무의미하다고 생각할 수 있는 것이다. 그 더 커다란 이익은 그를 필요로 하지 않는다. 반면, 자신의 역할과 집단의 이익을 동일시하는 다른 개미들은 자기 삶에 꽤 만족할 수 있다.

어떤 종류의 기여가 개미 같은 존재에게 의미를 부여해주는지를 판별하는 엄격한 절차는 없다. 개인적인 느낌이 중요한 영역으로 보인다. 예를 들어 어떤 사람은 자신들이 믿는 무엇을 위해서, 또는 누군가를 위해서 하찮은 일을 하는 것조차 행복해한다. 그러나 스승을 위해 변기를 닦는 일도 마다하지 않는 사람들이 있는 반면, 기계의 작은 톱니 같은 삶이 몹시 불만족스럽다고 생각하는 사람들도 있다. 결국 종은 우리 중 그 어떤 개인도 정말로 필요로 하지는 않는다. 내가 오늘 오후에 살아 있든 죽든 인류의 진보는 계속될 것이고, 당신이 그렇다 해도 마찬가지일 것이다. 극소수 개인만이 인간 역사의 흐름을 바꿀 힘이 있다.

나비 한 마리의 날갯짓이 세상 반대편에 태풍을 몰고 온다는 카오스이론의 오래된 이야기도 위안이 될 수 없다. 어떤 사람은 이 이야기가 개인의 중요성을 쉽게 일축하면 안 된다는 것을 보여준다고 생각한다. 사소한 행동이 커다란 결과를 불러올 수도 있으므로 우리 모두에게는 잠재적으로 해야 할 중요한 역할이 있다는 것이다. 그러나 이 나비는 아무런 위로도 주지 못한다. 그런 카오스 효과는 좋을 수도 있고 나쁠 수도 있으며, 가령 쥐의 행동도 사람의 행동과 마찬가지 결과를 가져올 수 있기 때문이다. 여기에서 핵심은 그런 결과는 의도되지 않은 것이고 예견할 수도 없는 것이므로 행동의 동기가 될 수 없다는 점이다. 카오스 효과가 보여주는 것은, 우리의 행동이 우연히 좋은 결과나 재앙 같은 결과를 낳을 수 있으며, 따라서 우리는 인류의 향상뿐만 아니라 쇠퇴에도 기여할 수 있다는 점이다. 결국 그런 무작위적인 효과들은 서로 상쇄되어, 우리는 다시 우리가 철저하게 없어도 그만인 존재라는 결론에 이르게 된다.

만일 종의 진보를 인생의 궁극적 목적으로 여긴다면, 우리는 군집 안의 개미들과 같아진다. 우리는 집단적 목적은 가지지만, 개인적으로는 우리 가운데 극소수인 여왕벌만 중요하다. 몇 명을 깔아뭉개도 집단은 상관없이 제 갈 길을 계속 간다. 개인으로서 자신의 중요성을 포기하는 대가로 집단적 목적을 얻는다.

진실의 더 많은 실마리

남을 돕는 것이 삶의 의미의 원천이 된다는 생각과 마찬가지로, 인류를 돕는 것이 우리에게 목적을 제공한다는 생각은 기억해둘 만한 가치가 있는 진실의 실마리를 품고 있다.

첫 번째 실마리는, 앞의 사례에서는 종의 이익이 너무 모호하고 미심쩍은 목표여서 그에 기여하는 '일개미들'에게 의미를 부여해주지는 못하지만, 개인적으로 혜택을 받지 못해도 더 커다란 이익에서 의미를 발견할 수 있다는 생각에는 전혀 모순이 없다는 점이다. 결국 이것이 사람들이 목숨마저 걸게 하는 동기다. 유럽에서 나치즘 청산은 많은 사람이 목숨을 바쳐도 아깝지 않다고 생각한 대의명분이었다.

내 논증에서 개인을 강조하는 측면이 자칫 이기주의로 잘못 해석될 수 있으므로 개인에 대해서 다시 한번 말해두는 게 좋겠다. 개인은 두 가지 면에서 중요하다. 첫째, 개인은 무엇이 인생에 의미를 부여해주는지, 또는 의미를 부여해줄 수 있는 원천을 인식할 수 있어야 한다. 둘째, 개인은 삶의 의미를 받아들이거나 거부할 때 개인적인 선택을 내려야 한다. 이 두 가지 단계, 곧 인식과 수용은 오로지 개인만이 할 수 있는 일이다. 그러므로 아주 중요한 측면에서, 삶의 의미는 개인을 만족시켜야 한다. 하지만 이로부터, 의미를 부여해준다는 특수한 면을 제외하면 삶의 의미가 개인 자신의 이익에 기여해야 한다는 결론이 도출되는 것은 아니다. 사람은 자기 자신이 아닌 다른 어떤 것에서 가치를 발견하는 삶의 의미나 목적을 인식하고 수용할 수도 있기 때문이다. 또한 본인이 유의미하게 사는 방법을 찾았다고 생각한다고 해서 그 사람이 반드시 옳다는 결론이 도출되는 것도 아니다.

진실의 두 번째 실마리는, 보편적까지는 아니지만 널리 퍼져 있는, 초월에 대한 인간의 욕구이다. 우리의 개인적인 존재에만 국한되어 있을 때 삶은 불만족스러워 보인다. 이 초월에 대한 욕구는 반드시 인식되어야 하고, 만약 이 욕구가 어떤 결핍을 나타낸다면 그 결핍은 어떻게든 처리되어야 한다. 그러나 욕구는 또한 우리를 길 잃고 헤매게 만들 수도 있다. 우리는 욕구를 느낀다는 이유만으로 그 욕구가 충족될 수 있다고 가정해서는 안 된다. 설령 충족될 수 있다고 해도, 그러한 충족을 줄 것 같다는 이유만으로 어떤 삶의 방식이나 종교 단체를 수용해서는 안 된다. 왜냐하면 나중에 면밀히 검토해보니 그 선택이 실수였음이 드러나게 될 수도 있기 때문이다. 사실 나는 '뉴에이지' 사상의 매력이 대부분 뭔가 초월론적인 것을 약속하는 데 있다고 말하고 싶다. 그 사상 자체는 대체로 헛소리이기 때문이다.

두 가지 정당한 가능성, 곧 개인을 초월하는 것과 자신의 안위보다 더 커다란 이익에 기여하는 것이 4장에서 논의한 이타주의의 두 원천이다. 우리가 실수하는 지점은 일종의 추상 개념인 종의 안녕을 종에 속한 구성원들의 안녕보다 우위에 둘 때다. 사람은 고통, 기쁨, 사랑, 쾌락을 느낄 수 있다. 인류는 그럴 수 없다. 인간은 배우고 생각하고 지적으로 발전할 수 있다. 인류는 오직 비유적으로만 그런 일을 할 수 있다.

그러므로 인간 종의 진보에 기여하는 것은 인생의 의미가 될 수 없다. 그렇지만 그 가능성에 대한 조사를 통해 의미가 요구하는 것이 무엇인지, 의미 추구가 우리를 어디로 이끄는지에 관한 흥미로운 진실이 드러났다.

06
행복하기만 하다면

행복의 추구라는 말은 매우 우스꽝스럽다.
행복을 추구한다면 당신은 결코 행복을 찾을 수 없을 것이다.
/
C. P. 스노 Snow

모두가 조금은 원해

서구 문명에서 가장 흔한 거짓말 중 하나는 부모들 입에서 나온다. "행복하기만 하다면 아이가 커서 무슨 일을 하든 상관없다." 이 말은 보통 진심이지만, 자식의 결정을 받아들이는 것은 어려운 일이 되기도 한다. 하지만 다 자란 아이가 행복해하는 일이 탐탁찮은 부모는 항상 "그런데 그 일이 **정말로** 아이를 행복하게 해줄 것 같지는 않다"라며 거짓말을 했다는 비난을 부인한다. 물론 그들은 자기주장을 뒷받침할 증거를 내놓을 수도 있을 것이다. 과연 어느 누가 틀림없이, 끊임없이 행복하겠는가? 대체로 인생이 잘 풀리는 사람도 불평불만의 기색을 숨길 수 없다.

이 예는 행복의 모순과 복잡성을 보여준다. 이것은 우리 대다수에게 행복이 인생의 전부이고 가장 중요한 것이라는 암묵적인 이해("행복하기만 하다면 무슨 일을 하든 상관없다")가 있다는 사실을 반영한다. 그러나 또한 행복은 규정하기 어렵고, 어쩌면 가장 중요한 게 아니라는 것도 보여준다. 아이가 그저 행복하기만 하면 된다는 부모라도 아이의 행복이 스트리퍼나 마약상, 사채업자로 일하는 데서 온다면 불안해한다. 행복은 중요하지만 전부는 아니다. 행복은 가질 가치가 있지만, 소유하기 어렵다. 그래서 행복 추구가 그토록 힘들고, 인생의 의미에서 행복의 역할이 그토록 불분명한 것이다.

우리가 가진 가장 커다란 선물?

쇼펜하우어는 "행복은 쾌락의 반복으로 이루어진다"라고 썼다. 하지만 다른 대부분의 철학자는 일시적인 흥분이나 향락 상태인 쾌락과 더 오래 지속되는 조건인 행복 사이에 일종의 구분을 두었다. 이를테면 훌륭한 음식을 먹는 쾌락은 식사를 하는 동안만 지속되지만, 만족해하는 사람의 행복은 평온한 순간 속에 지속된다는 것이다. 자고 있는 사람을 보면서 "저기 행복한 사람이 누워 있군"이라고 하는 것은 말이 되지만 "저기 쾌락을 누리는 사람이 누워 있군"이라고 하면 대개는 말이 안 된다. 그러므로 쾌락이 전경을 차지한 흘러가는 잠깐 동안의 경험이라면, 행복이란 좀 더 '배경' 같은 상태이다. 쾌락에 관해서는 8장에서 더 살펴볼 것이다. 여기서 우리의 관심은 오직 행복이다.

    행복이 인생의 의미에서 중요한 역할을 한다는 생각에는 그럴듯한 이유들이 있다. 예를 들어 아리스토텔레스는 행복이 인간 행위의 궁극적 목적이라고 생각했다. 그의 사고 과정은 우리가 2장에서 살펴봤던 것과 비슷하다. 어떤 행위에도 목적이 있으며, 그 목적은 그 자체로 선한 무엇이거나, 더 큰 목적을 성취하기 위해 하는 무엇이라는 것이다. 이 목적의 연속은 그 자체로 선한 무엇 또는 아리스토텔레스가 《윤리학》에서 말한 '반드시 그 자체를 위해 선택될 수 있는 것'으로 끝나야 한다.

아리스토텔레스는 행복이란 이 설명을 충족시키는 것이라고 결론 내렸다. 행복이란 언제나 '그 자체를 위해서만 선택되며, 그 밖에 다른 이유로는 결코' 선택되지 않는 것이다. 아리스토텔레스는 이 설명이 다른 덕(이를테면 명예)에는 해당되지 않는다고 말했다. 명예를 왜 원하는지 묻는 것은 합당한 일로서, 명예가 불러오는 자부심 때문에, 남들이 보내는 갈채 때문에, 인생을 더 수월하게 만들어주기 때문에 등으로 대답할 수 있다. 그러나 행복에 대해서는 비슷한 질문들이 이치에 맞지 않는다. 우리는 다른 무언가를 위해서 행복하기를 바라는 것이 아니다. 행복은 그 자체로서 가치가 있다.

행복이 왜 그 자체로 선한 것인지 알 수 없다면 행복하다는 게 무슨 뜻인지 이해할 수 없음이 자명하지만, 행복이 정말로 무엇인지는 그리 명확하지 않다. 행복에 관해 철학자들이 말하는 것 중에는 극단적으로 직관에서 어긋나는 것도 있다. 아리스토텔레스는 행복이 '영혼의 덕스러운 활동'이라고 했는데, 지적이고 사려 깊은 존재로서 인간의 가장 고결한 본성에 따라 살면 행복해진다는 의미였다. 아리스토텔레스에게 호모 사피엔스는 이성적인 동물이지, 파티광이 아니다.

행복이 인생의 목표라는 주장의 가장 유명한 옹호자 에피쿠로스도 이름에 걸맞은 가장 유명한 쾌락주의자는 아니다. 에피쿠로스주의자들은 진지하게 행복을 추구했지만, 현대인이 보기에는 오히려 절제되고 금욕적인 삶이 행복을 성취하는 최선의 길이라고 생각했다. "사랑의 쾌락은 사람에게 득이 되지 못한다. 사랑의 쾌락 때문에 해를 받지나 않으면 행운이다", "환희에 찬 빈곤은 명예롭다" 같은 것이 에피쿠로스의 전형적인 경구들이다. 그가 말하는 것은 행복이지만, 우리가 아는 그 행복은 아니다. 적어도 텔레비전이나 영화, 무엇보다도 광고의 판타지가 우리에게 제시하는 행복과는 다르다. 에피쿠로스의 행복은 향락 중심이 아니라 불안으로부터의 해방과 평온한 만족이다.

여기에서 뭔가 좀 이상해진다. 한편으로 행복이 가치 있는 삶의 목표라는 것, 그 자체로 가치 있는 무엇이라는 게 분명한 듯 보이지만, 다른 한편 행복에 대해 곰곰이 생각하는 철학자들은 우리에게 익숙하지 않은 방식으로 행복을 정의하는 경향이 있다. 이렇게 자명함과 난해함이 섞이는 이유는 '행복'이란 말이 명확한 의미나 지시 대상을 가진 단어가 아니라 일종의 모호한 지칭어이기 때문인 듯하다. 칸트가 말했듯이 "행복이란 개념은 너무 막연한 개념이어서, 인간은 그것을 얻고자 하면서도 자기가 정말로 무엇을 바라고 의도하는지 결코 명확하고 일관되게 말할 수 없다." 행복이란 인간에게 지속적인 만족을 주는 상태이고, 그 자체로 선한 것이다. 행복은 그 정의상 본질적으로 선이지만, 동시에 정의상 불특정적이기도 하다. 우리는 어떤 상태가 행복한 상태인지, 행복을 어떻게 달성할 수 있는지 조사해야 한다.

더 복잡한 문제는 행복이 비교적 피상적인 것에서부터 심오한 것까지 스펙트럼이 넓다는 점이다. "행복은 햄릿이라는 이름의 시가이다"라는 오래된 유명 광고가 있다. 어떤 면에서 이 말은 터무니없다. 인생이 그렇게 단순하기만 하다면! 그래도 일부 진실을 담고 있기 때문에 광고 문구로서는 효과가 있다. 자리에 앉아 느긋하게 긴장을 풀고 햄릿의 연기를 뿜으면, 세상사에 편안한 기분이 들 것이고 그 자체로 선한 마음 상태를 경험할 수 있다. 이 고요한 만족의 형태는, 쾌락이 섞여 있을 수도 있지만, 우리가 행복이라고 생각하는 것에 가까운 듯 싶다. 물론 이 만족은 오래가지는 않으므로 우리가 추구하는 뿌리 깊은 그런 행복은 아니다. 그러나 시가를 쥐고 있는 그 몇 분이 진정한 행복에 충분히 근접한 경험을 제공하며, 적어도 행복이 어떤 것인지 맛을 보게 해준다.

따라서 인생의 의미에서 행복의 자리는 비교적 분명하다고 볼 수 있다. 행복은 그것이 인간 삶에서 가치 있는 목표인지 묻는 시험에 통과했다. 이제 행복이 무엇인지, 어떻게 찾을 것인지 알면 된다. 하지만 철학적인 문제는 여기서 그치지 않는다.

만족한 돼지

한 가지 곤란한 점은 우리가 행복의 양과 더불어 질을 다르게 인식한다는 점이다. 19세기의 철학자 존 스튜어트 밀은 쾌락에 관해 "만족한 돼지보다 불만족한 인간이 낫다. 만족한 바보보다 불만족한 소크라테스가 낫다"라고 했는데, 이 말은 행복에도 적용될 수 있다.

우리는 인간이 될지 돼지가 될지, 소크라테스가 될지 우리 자신이 될지 선택할 수 없으므로 이 비교는 부적절해 보이기도 한다. 그러나 밀의 말을 풀어보면 그의 통찰이 우리에게 어떻게 적용되는지 알 수 있다. 바로 돼지의 만족보다는 인간의 만족을 얻는 게 낫다는 말이다. 다시 말해 진탕 먹고 노는 데서 얻는 만족과 생각하고 말하고 지능을 사용하는 좀 더 인간적인 능력을 통해 찾는 만족 사이에서 선택해야 한다면, 후자 형태의 행복이 바람직하다는 뜻이다.

단순화하긴 했지만 밀이 제시한 선택은 행복에는 다양한 유형이 있으며 그중 일부는 한층 정교하다는 사실을 반영한다. 그런 행복은 인간과 동물 모두에게 있는 먹고, 섹스하고, 들판을 뛰어다니는 등의 '저급한' 능력이 아니라 인간의 '고등한' 능력을 행사하는 일에 기반을 둔다. '고등'과 '저급'이라는 단어가 선입관을 주는 듯 보이지만, 나는 저급한 것보다 고등한 것이 더 우월하다고 전제하는 것이 아니라 단지 관습으로서 이 구분을 계속 사용하겠다.

여기서 왜 경멸적으로 부르는 행복의 '저급한' 형태보다 이른바 '고등한' 형태를 더 선호해야 하는가 하는 반론이 당연히 나올 것이다(이 질문은 행복보다는 밀이 본래 구별했던 고등, 저급 **쾌락** 사이에 적용되었을 때 가장 문제가 될 것이다). 우리의 고등 능력을 행사하지 않으면 진정으로 행복해지기가 불가능하다는 것이 한 가지 답이 될 수 있다. 인간은 더 낮은 욕구만을 추구하면서도 만족하며 살 수 있지만, 전적으로 그렇게만 사는 삶은 진정으로 행복한 삶은 될 수 없다. 인간 본성의 단지 한 부분에만 초점을 맞추기 때문이다.

나는 저급한 행복에도 의미가 있을 것이라고 확신하지만, 우리가 생각하는 만큼은 아닐 것이다. 문제는 행복에 대해 쓰고 이론화하는 사람들은 그들의 본성상 평균적인 사람들보다 더 지적인 관심사를 가진다는 점이다. 이를테면 책을 집필하는 사람은 인간이 지적인 관심사 없이 진정으로 행복할 수 있다는 것은 상상할 수 없는 일이라고 생각할 것이다. 이런 생각은 인간 본성에 대한 깊은 통찰이라기보다 상상력의 한계를 드러낼 뿐이다. 리비도가 넘치는 사람들은 어떤 사람이 몇 주, 몇 달, 심지어는 몇 년간 섹스를 하지 않고 살면서도 만족할 수 있다는 생각에 당황한다. 축구광들은 스포츠를 즐기지 않는 사람들을 두고 영문을 모르겠다고 생각한다. 이 모든 경우에서, 사람들이 믿지 못하겠다고 말하는 것이 얼마나 개인적인 열정을 반영하는지 볼 수 있다. 그렇다면 지적 자극 없는 행복은 믿을 수 없다는 지식인들도 의심해야 하는 것 아닌가?

실제로 행복에 대한 심리학 연구를 보면 만족의 열쇠는 안정되고 애정이 있는 관계, 심신의 건강, 그리고 일정 수준의 재정적 안

정성에 있음이 나타난다. 이것은 가장 지적인 관심사가 《부자 아빠 가난한 아빠》를 읽는 일인 사람도 프루스트나 비트겐슈타인을 탐독하는 사람만큼(그 이상은 아니더라도) 쉽게 즐길 수 있는 행복이다.

　이는 행복의 고등한 형태가 저급한 형태보다 우월하다는 가정을 무너뜨리는 게 아니라 그 가정에 대한 이해를 바꿀 뿐이다. 인간의 가장 고등한 능력은 이성이 아니라 타인과 의미 있는 관계나 사랑을 나누는 관계를 맺을 수 있는 능력이라고 주장할 수도 있다. 영장류 동물학자인 제인 구달은 침팬지와 개코원숭이 외에는 벗이 없이 탄자니아에서 오랜 세월을 살았는데, 흥미롭게도 이 능력을 인간과 다른 영장류의 결정적인 차이라고 본다. 대체로 구달은 보통 인간에게만 고유하다고 여겨지는 능력이 영장류에도 있다는 사실을 밝히는 데 앞선 연구자들보다 훨씬 더 큰 의지를 보였다. 예를 들어 아직 도구를 만드는 능력은 인간에게만 고유하게 있다고 생각하던 시절에, 침팬지가 도구를 만드는 능력이 있다는 증거를 최초로 관찰해 포착한 사람도 구달이었다. 그럼에도 회고록 《인간의 그늘에서》에서 구달은 오랜 세월 영장류를 관찰하는 동안, 이기심 없는 사랑을 할 수 있는 인간의 능력이 다른 영장류에게도 있다는 어떤 증거도 목격하지 못했다고 주장한다. 이는 인간과 영장류의 주요한 차이가 이성적 능력에 있다기보다는 깊고 지속적인 사랑에 대한 욕망과 능력에 있음을 보여준다. 따라서 이성을 인간 본성의 핵심에 두는 철학자들의 '이성 중심적' 편향은 인류의 관심사가 아니라 단순히 그들 자신의 관심사와 우선순위를 반영한 것뿐인지도 모른다.

　인간 본성의 지적인 면을 과대평가하는 것이 잘못된 일이라면, 지나치게 작게 취급하는 것도 잘못된 일이다. 분명 인간의 진보된 지능은 복잡한 언어를 사용하는 것과 더불어 인간의 고유한 특징이다. 그러나 우리는 지능과 언어를 이론화하거나 읽는 것 이상의 일을 하기 위해 사용한다. 사랑이 깃든 관계 또한 다른 사람과 소통하는 능력, 다른 사람을 생각하는 능력, 느끼는 대로 행동하기보다는 옳다고 판단하는 것을 실행하는 능력에 의존하고 있다. 감정적인 삶과 지성적인 삶을 확실하게 구분할 수는 없다. 생각과 감정은 서로 연결된 것이지, 두 개로 떨어진 영역이 아니다.

그러면 생각과 감정이 상호 연결된 것이라는 사실은, 어떤 종류의 행복이 가치 있는 것이냐는 질문에 어떤 영향을 미치는가? 이는 우리가 너무 권위적으로 생각하는 데 대한 경고라고 볼 수 있다. 우리는 돼지의 행복은 인간의 행복과 다르다는 것을 안다. 인간의 행복이 전적으로 지적이기 때문에 혹은 지적이어야 하기 때문은 아니다. 생각과 감정은 상호작용하는 것이므로 어떤 사람도 돼지와 정확하게 똑같은 방식으로 행복하기란 단지 불가능할 뿐이다. 행복하기 위해서 얼마나 많은 지적인 활동이 필요한지는 인간의 보편적인 본성보다는 개인의 성향 문제이다. 그러므로 판단의 기초를 우리의 세계관에 둔 채 어떤 종류의 행복이 다른 것보다 우월하다고 규정하는 것은 위험한 일이다. 어쩌면 행복이란 철학자들은 옆으로 물러나 심리학자들에게 맡겨야 하는 분야이다. 심리학자는 무엇이 사람을 정말로 행복하게 만들어주는지에 관한 증거를 가진 사람들이다.

하지만 이런 생각들은 개인적인 차원에서 해결해야 할 철학적 문제를 남긴다. 행복에 다양한 강도와 다양한 질이 있음을 인식하는 것만으로도 어떻게 살 것인지 선택하는 데 도움이 된다. 사람에게는 성향과 기호가 있지만, 그런 것들이 딱 한 가지 형태의 삶에만 적합한 것은 아니다. 가령 우리가 직면하는 전형적인 선택은 가정을 이루어 그런 삶이 마련해주는 행복을 시험할 것인가, 아니면 아이 없이 지내면서 다른 종류의 성취를 모색할 것인가 하는 것이다. 선택한다는 것은 단순히 잠재 행복의 **총량**을 재는 일이 아니라, 다른 **유형의**

잠재 만족을 선택하는 일임도 깨달아야 한다. 그리고 한 가지 방향을 정하는 것은 필연적으로 다른 방향은 정할 수 없다는 의미다.

행복을 목적으로 삼는다면, 우리는 수없이 어려운 선택을 해야 한다. 그러나 여전히 한 가지 질문이 남는다. 행복은 우리가 어떻게 해서든 애써서 얻어야만 하는 것인가?

가상 행복

이제까지 얘기한 것은 명백하게 참인 것으로 보이는 가정, 곧 행복은 언제나 그 자체로 가질 만한 가치가 있으므로 행복을 추구하는 것이 옳은지는 질문할 필요가 없다는 가정에 전제를 두고 있다. 그러나 위 문장의 결론은 그 전제에서 도출되는 것이 아니다. 예를 들어 행복이 그 자체로 선한 것일지는 모르지만, 마찬가지로 그 자체로 선하거나 혹은 더 선한 다른 것도 있을 수 있다. 또한 그 자체로 선한 것을 좇는 것보다 그 자체로 악한 것을 근절하는 게 더 중요하다고 생각하는 사람도 있을 수 있다. 당신이 행복 탐사를 막 떠나려는 참인데 누군가 물에 빠지는 것을 목격했다면, 먼저 그 사람부터 구하는 것이 더 중요하지 않겠는가? 행복 추구는 가치 있는 일이지만, 그렇다고 해서 다른 모든 것에 반드시 선행해야 한다는 뜻은 아니다.

일단 이 기본 전제를 받아들이면, 행복 외에 우리의 주의를 끄는 다른 선이 있는지에 대답해야 한다. 고통을 없애는 일이 행복과 겨룰 만한 후보가 될 수 있을 것이다. 수많은 사람이 고통받는 세상에서 살고 있음을 감안하면, 그것은 우리가 자신의 행복을 좇는 데 바치는 에너지를 심하게 제한할지도 모른다. 최소한 우리는 로마의 의사였던 갈레노스의 금언을 따라야 한다. 프리뭄 논 노케레primum non nocere, 무엇보다도 해를 끼치지 말라.

그러나 자기만을 위해 그 자체로 선한 것을 이기적으로 추구한다고 해도, 행복이 아닌 다른 요소들이 밀고 들어온다. 이와 관련해 철학자 로버트 노직은 '사고실험'을 통해 주장을 하나 했다. 노직은 경험 기계를 상상해보라고 제안한다. 경험 기계는 영화 〈매트릭스〉에 나오는 동명의 슈퍼컴퓨터와 매우 비슷하게 작동한다. 일단 이 기계에 접속해 들어가면 그 안에서 일상적인 삶과 똑같이 느끼면서 살 수 있다. 돌은 딱딱하고 태양은 밝게 빛나며 커피는 뜨겁다고 느낀다. 요컨대 이 가상의 세계 내부에서 '사는' 것에는 통상적인 세상에서 살면서 겪는 경험과 다르게 느낄 것이 아무것도 없다. 유일한 차이는 당신이 경험하는 모든 것이 실제 세상에서 실제로 벌어지는 일들이 아니라 당신 두뇌에 전기 자극을 주는 컴퓨터가 일으키는 것이라는 점이다.

경험 기계 안에서의 경험과 실제 세상에서 겪는 경험의 중대한 차이가 하나 더 있다. 경험 기계에서는 기계에 들어가기 전에 어떤 경험을 할지 선택할 수 있다는 점이다. 매디슨스퀘어가든에서 록밴드 멤버가 되어 환호하는 팬들 앞에서 연주하고 싶다면 그렇게 설정해두면 된다. 그래도 기계에 있는 동안에는 모든 일이 미리 결정된 시뮬레이션에 지나지 않는다는 사실을 인식하지 못할 것이다. 모든 일은 진짜처럼 느껴진다. 지금 당신이 경험 기계 안에 있다 해도 당신은 그렇다는 사실조차 알지 못한다.

경험 기계가 실제로 존재한다고 상상해보자. 이제 당신은 행복한 삶이 보장되는 기계 안으로 들어갈 수 있다. 기계 바깥에 살며 행복을 운에 맡길지 기계 안에 살며 확실한 행복을 보장받을지, 선택은 당신에게 달렸다. 그리고 당신의 관점에서는 두 가지 삶 모두 똑같이 진짜라는 느낌이 들 것이다. 당신이라면 이 기계 안에서 남은 생애를 살기를 선택할 것인가?

만약 그렇다고 대답했다면, 당신은 소수에 속하는 사람이다. 대부분 사람들은 이 선택문을 거부할 뿐만 아니라 그런 생각 자체에 몸서리를 친다. 사람들에게 문제가 되는 것은 그 기계 안에서는 '진짜' 삶을 살지 못한다는 점이다. 좋은 인생을 경험하는 것만으로는 충분하지 않다. 좋은 인생을 실제로 살기를 원하는 것이다. 기계 안에서 피라미드를 보는 것이 실제 세계에서 보는 것과 똑같은 경험을 안겨줄지 모르지만, 사람들에게는 이집트를 실제로 가보는 게 중요한 일이지, 이집트의 가상현실 시뮬레이션만으로는 부족하다. 게다가 기계 바깥에 있는 사람이 보기에는, 기계 안에 있는 사람이 그것이 가짜임을 모른다는 사실 때문에 상황은 더 나빠질 뿐이다.

물론 사람들의 본능적 반응이 틀린 것이고 경험 기계에 들어가는 편을 선택해야 한다고 주장할 수도 있다. 그러나 경험 기계에 들어갈 가능성에 대해 반사적으로 거부감을 느낀다는 사실은 행복에 관해 매우 중요한 점을 시사한다. 즉 행복이 인생에서 다른 모든 욕구에 우선하는 목표가 아니며, 더 나아가 우리가 이에 대해 의심하지 않는다는 것을 보여준다. 만일 다른 모든 것에 우선해 행복을 추구해야 한다고 생각한다면, 주저 없이 당연히 경험 기계에 들어가지 않겠는가? 하지만 우리는 주저 없이 그러기를 거부한다.

그렇다면 경험 기계 안에서 살 기회를 거부할 때 우리가 행복보다 우위에 놓는 것은 무엇일까? 내가 볼 때 가장 그럴듯한 답은 우리가 '진실성'이라는 말로 요약할 수 있는 가치들을 소중하게 여긴다는 사실이다. 매우 미묘한 개념이긴 하지만, 이것은 참되게 살고자 함이고, 현혹되지 않고 세상을 있는 그대로 보는 일이고, 자기 삶의 저자가 되는 일이고, 자기의 성취가 자신의 진정한 노력과 능력의 결과이길 바라는 일이고, 시뮬라크르 대신 사람과 소통하는 일이다. 여기에서 '참됨', '진정한', '시뮬라크르' 같은 단어를 쓰는 것은 논쟁의 여지가 많다. 그러나 설령 이 단어들의 의미가 우리가 생각하는 의미와 똑같지 않다고 해도, 이 폭넓은 설명은 분명 많은 사람들이 중요하다고 여기는 것을 포착하고 있다.

경험 기계가 너무 이상한 이야기로 들린다면, 좀 더 현실에 가까운 사고실험을 통해 동일한 결론을 도출할 수 있다. 올더스 헉슬리의 《멋진 신세계》에서 사람들은 마약의 일종인 소마를 주기적으로 복용하며 행복을 유지한다. 이곳에서 달성되는 행복은 진실성을 희생한 대가로 얻는 것이기 때문에, 이 책에서 그려진 미래는 디스토피아적이다. 마약은 세상을 있는 그대로 보지 못하게 하고, 대신 장밋빛 색안경에 비친 세상을 보여준다. 이렇게 얻은 행복은 자기의 노력과 능력의 결과가 아니라 생화학 작용의 결과에 지나지 않는다. 또한 마약은 사람들 간의 진정한 관계를 막는다. 모든 사람이 '있는 그대로의 진짜' 자신이 아니라 약에 취한 상태이기 때문이다. 따라서 우리는 소마에 찌든 행복을 뿌리친다. 실상을 알고 진실하게 살고자 하는 우리의 욕망을 위협하기 때문이다.

그렇다고 진실하게 살고자 하는 욕망을 다른 모든 것에 우선하는 인생의 최고의 가치로 보는 실수를 하지 않도록 조심해야 한다. 가령 기계에 들어가지 않는 대신 '진짜' 세계에서 끝없이 고문당해야 한다면, 우리는 경험 기계 안에 사는 삶을 선택할 것이다. 먹을 것도, 잘 곳도 없이 가장 기본적인 필요가 채워지지 못할 때, 진실하게 살고자 하는 욕망은 분명 훨씬 덜 중요해질 것이다. 굶주림에 허덕이는 사람에게는 자기 운명의 저자가 되는 게 우선순위가 아니다. 그 사람은 밥을 원한다.

또한 지나치게 일반화하지 않도록 조심해야 한다. 이를테면 나는 진실하게 살고자 하는 욕망이 얼마만큼 보편적인지 모르겠다. 서구 세계에서 많은(대부분은 아니라도) 사람들이 어느 정도는 그렇게 느끼지만, 실제 혹은 가능한 다른 문화에서는 생소한 생각일 수도 있다. 사실 서구 사회에서도 진실하게 살고자 하는 욕망이 보편적이지는 않다. 나는 《멋진 신세계》에 나오는 소마 복용자들의 삶에 경탄하는 사람과 나눈 이야기를 기억한다. 그는 이 책이 디스토피아적 풍자라는 사실을 알아채지 못한 듯했다. 그러니까 그는 엑스터시와 대마초 같은 마약을 일상의 일부로 받아들이는 소수에 속하는 사람이었다. 많은 사람에게 이런 마약은 쾌락의 원천일 뿐이고, 그들은 자기 표현 욕구나 내가 진실성이라고 말하는 것에 대한 욕구를 다른 어딘가에서 성취한다. 그러나 마약이 삶의 방식을 결정하는 사람들도 있다. 이들에게는 인생에서 좋은 기분을 느끼는 것보다 더 나은 일은 없다. 따라서 만일 인생이 행복을 향한 직항 여행이 될 수 있다면 그들은 그 여행을 선택할 것이다. 그런 사람들은 기꺼이 경험 기계에 올라탈 것이다.

그럼에도 진실성이 수많은 사람들에게 중요한 가치라는 사실은 사람들이 행복만큼, 어떤 면에서는 행복보다 더 큰 가치를 부여하는 무엇이 있음을 입증한다. 그러므로 우리는 인생의 의미를 찾는 일이 그저 행복이 무엇인지, 어떻게 행복해질 것인지를 결정하는 문제라고 가정해서는 안 된다.

구하라, 그리하면 얻지 못하리라

이제까지 우리는 행복의 미덕을 많이 이야기했지만, 행복이 인생에 의미를 주는 최고의 선이라는 생각에는 의심을 품었다. 행복의 양 뿐 아니라 질도 다양하므로 우리는 행복을 얼마나 원하는지와 더불어 어떤 종류의 행복을 원하는지도 생각해봐야 한다. 또한 행복이 그 자체로 선하다고 해도, 행복 말고도 가치 있는 것들이 있는 이유를 살펴봤다.

그럼에도 행복의 중요한 역할은 여전히 남아 있다. 자율성과 진실 같은 인생에서 중요한 다른 가치들을 희생시키지 않고 성취하는 한 그리고 우리가 원하는 종류의 행복을 얻는 한, 행복은 추구할 가치가 있다.

그러나 거듭되는 이야기지만, 이는 너무 손쉬운 결론이다. 어떤 것이 가질 가치가 있다고 해서 꼭 그것을 추구하려 애써야 하는 것은 아니다. 이번 장을 시작하며 C.P.스노의 "행복을 추구한다면 당신은 결코 행복을 찾을 수 없을 것이다"라는 말을 인용했다. 만약 그가 옳고, 행복이 가질 가치가 있는 것이라면, 우리는 행복을 좇지 말라는 권유를 받을 것이다. 행복을 좇는 것이 그것을 얻지 못하게 만드는 유일하게 확실한 방법일 테니 말이다.

스노의 말에는 분명 어떤 진실이 있다. 예컨대 여러 사람이 지적하듯, 우리가 사는 시대만큼 행복에 대한 약속은 대단한 데 반해 현실은 너무나 실망스러운 시대는 없었다. 소비지상주의와 광고 및 미디어 권력은 행복이 우리 손이 미치는 곳에 있다고 생각하도록 조장한다. 남성 잡지들은 단 한 달 안에 식스팩 복근을 만들고 근사한 전자기기를 손에 넣고 환상적인 섹스를 할 수 있다는 식의 행복을 약속한다. 여성 잡지들은 단 한 달 안에 군살 없는 몸매를 만들고 근사한 옷을 손에 넣고 환상적인 섹스를 할 수 있다는 식의 행복을 약속한다. 폭격처럼 퍼붓는 이미지들 속에는 자신감 넘치고 섹시하고 똑똑해 보이고 똑같이 매력적인 친구들에 둘러싸여 샤블리 와인을 마시며 이국적인 음식을 먹는, 모든 것을 다 가진 사람들이 있다.

물론 이런 이미지는 동경의 대상이다. 만일 이런 이미지가 현실을 반영하고 있다면 별로 호소력이 없을 것이다. 이미 근사한 몸, 멋진 섹스 경험, 원하는 모든 소비품을 가지고 있다면 뭐하러 이런 잡지들을 사겠는가? 사람들의 실제 삶이 우리 앞에 펼쳐진 이런 이상에 못 미치는 것은 당연하다. 현실과 우리가 열망하는 것 사이의 불일치는 우리가 더 행복해지는 것을 막는다. 그 격차는 우리 삶에서 불완전한 것들과 우리가 가진 것들에 반해 갖지 못한 것을 부각하는 데에만 일조하기 때문이다. 이것이 심리학자 올리버 제임스가 광고 권력과 그것이 미치는 범위에 단단히 재갈을 물려야 한다고 진지하게 제안한 이유이다. 이런 이미지들은 문자 그대로 우리의 정신 건강을 해치고 있다.

우리는 사회적으로 전에 없이 행복 추구에 매달리고 있지만, 전보다 행복하지는 않다는 사실은 역설적이다. 제임스가 《정신과에 간 영국》에서 세세하게 밝히듯, 설문조사는 1950년대 이래 세계가 발전하면서 부는 막대하게 늘었는데도 우리는 그 이전보다 더 행복해지지는 않았다는 사실을 보여준다. 게다가 우울 증 같은 정신질환은 점점 더 늘고 있다. 행복을 추구하는 것은 부질 없는 일일 뿐 아니라, 오히려 행복의 가능성을 낮추는 불만족을 조장하는 듯하다.

행복 추구가 자기파괴적이라고 해서 행복에 관해서는 잊어버리고 무슨 일을 하든 행복해질 것이라고 희망하는 수밖에 없다는 뜻이 아니다. 행복을 직접적으로 추구할 때만 문제가 생긴다. 핵심은 행복으로 이끌어주는 것이 무엇인지를 발견하고 그 일을 하는 것이다. 그러면 행복이 따라오는 것을 발견하게 될 것이다.

이렇게 해서 우리는 이번 장 초입에 언급한 아리스토텔레스의 이상해 보이는 생각, 즉 행복이란 '영혼의 덕스러운 활동'이라는 생각으로 돌아오게 된다. 그가 진짜 의미하려는 바는 삶을 '덕 있게' 살 때 행복하다는 것이며, 덕 있게 산다는 것은 이성적인 존재로서 우리의 본성에 따른다는 것이다. 여기서 요점은 덕 있게 사는 것을 핵심으로 삼고 제대로 된 삶을 사는 데 성공한다면 행복이 따라오리라는 점이다.

대체로 맞는 생각이라고 할 수 있다. 행복에 대해 지나치게 염려하면 행복해질 수 없다. 자기가 생각하기에 가치 있는 삶을 살면서 거기에서 나오는 행복을 취하는 편이 더 낫다. 그러나 행복이 따라오리라는 보장이 있는 것은 아니라는 점은 인식해야 한다. 이것이 행복에 대한 100% 확실한 처방전은 아니다. 여러 가지 이유가 있는데, 하나는 우리에게는 행복보다 중요한 것들이 많기 때문에 다른 것들이 행복보다 더 중요한 것이 될 수도 있다는 점이다. 또 다른 이유는, 행복은 다양한 색채와 양상으로 다가오기 때문에 우리가 희망했던 완전한 만족을 얻지 못할지도 모른다는 점이다. 여기에는 기질도 한 몫을 차지한다. 어떤 사람들은 다른 사람들보다 명랑하게 태어난다. 운도 작용한다. 사랑하는 이가 죽거나 배신을 안겨준다면 행복해지기 어렵다. 또 가난하고 비참한 환경 속에 살거나 집 없이 거리를 전전해도 행복해지기 어렵다. 이런 일이 우리에게 일어나지 않으리라고 결코 확신할 수 없다. 살다 보면 불운은 찾아오기 마련이고, 우리가 할 수 있는 일은 험난한 시절이 닥쳤을 때 헤쳐나갈 수 있는 태도와 인생관을 갖는 게 전부이다. 결정적으로 우리는 지속되는 행복은 저 너머에 있다는 것을 받아들여야 한다. 조지 버나드 쇼는 "평생 동안의 행복이라니! 아무도 그런 건 견딜 수 없다. 그것은 생지옥일 테니"라고 말했는데, 끊임 없이 지속되는 행복이란 자연스럽지 못하고 건강하지도 않은 상태라는 진실을 과장스럽게 말한 것이다.

그래서 고대 그리스인들의 지혜는 능가하기 어렵다. 많은 그리스인들이 다양한 방식으로 올바른 인생관을 함양해야 인생이 던지는 불운을 견딜 수 있다고 주장했다. 소크라테스는 재판에서 "훌륭한 사람은 살아서도 죽어서도 해를 입을 수 없다"라고 말했다고 하며, 에픽테토스는 "우리를 괴롭히는 것은 어떤 일 자체가 아니라 그에 대한 우리의 판단이다"라고 주장했다. 이 두 철학자는 많은 부분에서 의견을 달리했지만, 어떤 사건이 우리에게 얼마나 큰 해를 끼치는지는 실제 사건 자체뿐만 아니라 사건에 대응하는 우리의 태도에 따라 결정된다는 통찰에서는 일치했다.

 행복의 가장 큰 장애물은 어쩌면 행복에 대한 현대의 신화 자체일 것이다. 행복에 대해 비현실적인 기대를 품으면, 다른 사람들이 타당하게 바라는 것 이상을 가져도 진정한 행복을 느낄 수 없다. 우리는 인생에서 당연하게 여길 수 없는 것들을 거의 당연한 것으로 생각하는 위험에 처해 있다. 구식으로 들리겠지만(실제로 그럴지도 모르고) 우리는 우리가 가진 것에 감사하는 법을 잊었고, 갖지 못한 것을 원망할 줄만 알게 되었다. 행복하기를 바라는 것이, 더 많이 가져야만 만족할 수 있는 갈망과 다름없어졌다. 바로 그 갈망이 문제다.

07
승리자 되기

나는 승리자가 될 수도 있었어. 대단한 사람이 될 수도 있었다고.
지금의 내 모습인 건달 대신에 말이야. 그걸 인정해야 해.
/
버드 슐버그, 〈워터 프론트〉 각본

승리자로 살기

영화 〈워터프론트〉에서 말런 브랜도(테리 멀로이 역)가 한 저 유명한 '승리자' 대사를, 결코 행복하지 못했던 한 남자의 비극에 관한 넋두리로 취급하는 것은 너무 가벼운 해석이다. 멀로이는 자기가 결코 갖지 못했던 행복이 아니라 잃어버린 잠재력을 한탄하고 있는 것이다. 그는 성공할 수도 있었고 무언가를 성취할 수도 있었고 '대단한 사람'이 될 수도 있었다. 그렇지만 그는 별 볼일 없는 사람으로 남았다.

성취욕, 즉 자기의 잠재력을 온전히 실현하려는 욕망은 행복이나 쾌락에 대한 욕망과 구별할 수 있다. 성공이 우리를 행복하게 만들어준다고 생각하기 때문에 성공을 열망할 수 있을지는 모르지만, 이 경우 성공은 단지 목적을 위한 수단에 불과하다. 또는 더 큰 쾌락을 준다고 생각하기 때문에 성공을 열망할 수도 있는데, 이는 다음 8장에서 다룰 것이다.

이번 장에서는 성공이 우리를 얼마나 행복하게 만들어주는지, 성공의 대가로 어떤 쾌락이 주어지는지와 상관없이 성공이나 성취 그 **자체**가 인생을 유의미하게 만드는 것이라는 견해에 집중하려고 한다. 이 견해를 믿을 만한 가설로 세우려면 성공의 진짜 의미가 무엇인지, 성공을 삶의 목적으로 삼아도 되는지 여부를 먼저 숙고해야 한다.

성공의 해부

성공의 유형 중 하나는 일정 수준의 성취를 이루는 것이다. 이는 상대적일 수도, 절대적일 수도 있다. 바이올리니스트로 성공하고 싶어 하는 사람을 생각해보자. 연주 또는 레슨으로 생계를 꾸릴 정도가 되길 바라거나, 국립 오케스트라에서 연주하기를 바라거나, 국립 오케스트라에서 수석 바이올리니스트가 되는 것 등을 원한다면, 이 사람은 상대적 목표를 세운 것이다. 이때 성공은 얼마나 성공한 바이올리니스트인가에 대한 절대적 척도가 아니라, 자신이 할 수 있는 것이 무엇인지 기대하는 바에 따라 상대적으로 정의된다. 반면에, 절대적 의미에서 성공을 추구하는 사람은 세계에서 가장 뛰어난 바이올리니스트에 가능한 한 근접해지려고 할 것이다. 이 사람에게 제한적이거나 상대적인 성공은 진정한 성공이 아니다.

상대적 성공이든 절대적 성공이든, 성공을 보는 두 가지 시각이 있다. 한 시각에서는 어떤 것을 해냈음을 중시한다. 이런 사유 방식은 사르트르에게서 찾아볼 수 있는데, 사르트르는 "(인간은) 자기 행위의 총합이며, 자신의 삶 자체다"라고 말했다. 이것이 멀로이가 대단한 사람, 진정한 승자가 되기 위해 실제로 무언가를 성취해야 하는 이유이다.

다른 시각에서는 어떤 종류의 사람이 되어가는가에 초점을 맞춘다. 우리는 자신이 원하는 사람이 되기 위해서 성취를 이룬다. 이때 겉으로 보이는 성공의 징표는 더 중요한 내면의 변화가 겉으로 드러난 증거에 지나지 않는다. 수석 바이올리니스트가 되어 환희하는 이유는, 자신이 원하던 대로 일류 연주자가 되었다는 증거이기 때문이다. 그러나 정말 중요한 것은 그렇게 되는 과정 자체, 즉 자아의 잠재력을 최대한 펼치고 있다는 점이지, 그에 따르는 직위가 아니다.

이 두 가지 관점이 반드시 대립하지는 않는다. 사실 사르트르의 진술은 이 두 요소를 섞어놓은 듯 보인다. 사르트르를 따르면, 무언가를 해냈다는 것은 그것이 자기 안에 이미 있었다는 것을 깨닫는 유일한 방법이다. 영화의 멀로이와 대조적으로, 사르트르는 "나는 지금까지의 나보다 더 나은 사람이 될 가치가 있었지만 환경이 좋지 못했다"라고 말할 수 없다고 주장한다. 사르트르는 이렇게 말한다. "라신의 천재성은 그가 쓴 비극들에 있으며, 그것말고는 아무것도 아니다. 라신이 아직 쓰지 않은 비극에 관해 왜 라신이 그것을 쓸 역량이 있다고 봐야 하는가?" 사르트르는 이것이 가혹한 원칙으로 들릴 수도 있음을 인정한다. "틀림없이 이런 생각은 인생에서 성공하지 못한 사람들에게 불편하게 들릴 것이다."

이 관점은 실행과 실현, 이 둘의 의미를 이어준다. 실행만이 중요한 것도 아니며, 특정 종류의 사람이 되는 것만이 중요한 것도 아니다. **실행을 통해** 우리가 되고자 하는 사람이 되는 것이 중요하다.

인생에서 성공한다는 것이 무엇을 의미하는지에 대한 논의를 완성하려면 한 가지 요소를 더 정리해야 한다. 지금까지 살펴본 예는 훌륭한 바이올리니스트가 된다거나 위대한 비극을 쓰는 것처럼 다소 대중적인 성공의 형태였다. 그러나 성공을 그런 좁은 의미로만 정의할 이유는 없다. 아주 수수한 방식으로도 성공을 이룰 수 있다. 다소 감상적으로 묘사되긴 해도, 영화 〈멋진 인생〉의 조지 베일리라는 인물이 그 좋은 예다. 영화 도입부에서 조지 베일리는 〈워터프론트〉의 멀로이와 비슷하게 느끼는 상태에서 자살을 고민한다. 그는 꿈이 있었고 승리자가 될 수도 있었다. 하지만 상황은 그의 야망을 좌절시키는 쪽으로 흘렀고, 그는 미국의 작은 마을에서 매우 평범한 삶을 살아가게 된다. 그러나 운 좋게도 조지에게 수호천사가 내려왔는데, 다행히도 이 천사는 사르트르와는 달랐다. 천사는 그의 삶이 다른 사람들을 어떻게 감동시켰는지 보여 주었고, 마지막에 조지는 자기 삶이 결국 성공한 것이었음을 깨닫는다. 그는 훌륭한 사람이 되는 데 성공했고, 소중한 사람들이 자기 가치를 알아주고 높이 평가해주는 남부럽지 않은 삶을 사는 데 성공했다. 이러한 종류의 성공 역시 매우 귀중한 성공이다. 그러므로 성공이 예술적 성공이나 직업적 성공만을 말하는 것이라고 여겨서는 안 된다.

성공을 분석해보면 여러 유형으로 구분할 수 있다. 상대적 성공과 절대적 성공 사이에는, 자신에게 맞는 기준을 설정하느냐, 아니면 무엇을 하든 최고가 되기 위해 분투하느냐 하는 차이가 있다. 어떤 일을 해냄으로써 달성되는 성공과 어떤 종류의 사람이 됨으로써 달성되는 성공이 다르고, 양쪽 요소를 결합한 관점도 있다. 그리고 성공의 유형이 전문적, 예술적, 개인적으로 다양하다는 견해도 있다. 이제 우리가 해야 할 질문은 그중 어떤 형태의 성공이라도 인생에 의미를 부여할 수 있는가 하는 것이다.

성공적인 실패

성공과 그에 대한 열망이라는 주제는 체호프의 희곡 《갈매기》에서 깊이 있게 탐구되었다. 체호프는 상대적 성공에 만족하지 못할 때 어떻게 절망에 이르게 되는지를 충격적으로 그렸다. 등장인물 중 트리고린이라는 유명 작가는 성공을 거뒀으면서도 자신의 글쓰기에 만족하지 못한다. 자기가 죽은 뒤 사람들이 자신의 무덤 앞에서 "트리고린이라는 총명했던 작가가 여기 누워 있어. 하지만 투르게네프만큼 훌륭하지는 않았지"라고 말하는 장면을 상상하기 때문이다.

한편 성공의 사다리에서 트리고린보다 한 계단 아래 있던 이상주의자 콘스탄틴은 마침내 작가로서 수수한 성공을 거두게 된다. 그러나 그는 자기 작품이 트리고린의 작품에 미치지 못한다면서 불만족스러워한다. "트리고린은 자신만의 글쓰기 기법을 찾아냈다. 그에게 묘사란 식은 죽 먹기다. 그는 달빛을 받아 빛나는 둑 위에 놓인 깨진 병의 목, 물레방아 아래로 검게 드리운 그림자들에 대해 쓴다. 그걸 읽으면 눈앞에 달이 빛나는 밤이 생생하게 보이는 듯하다. 그러나 나는 어른거리는 불빛, 반짝이는 별들, 고요하고 향기로운 공기 속으로 섞여 들어가는 먼 곳의 피아노 소리에 대해 쓰지만, 그 결과는 형편없다."

콘스탄틴의 삼촌 표트르는 콘스탄틴의 수수한 성공을 반기기는 하면서도 "젊었을 적에 나도 작가가 되기를 소망했지만, 실패했다"라고 한탄을 늘어놓는다. 그는 공직자로서 거둔 성공에서는 아무런 위안도 얻지 못하고, 눈앞에 닥친 죽음을 담담하게 맞이하지 못한다. 그가 보기에 자기가 거둔 성공은 잘못된 성공이다.

이 등장인물들은 모두, 끊임없이 자기의 성공을 자기보다 약간 더 가진 사람과 비교하는 한, 성공을 향한 욕망은 채워질 수 없다는 사실을 보여준다. 이런 방식으로는 가장 크게 성공한 사람만 만족을 얻을 수 있다. 체호프 희곡의 등장인물들은 이를 여실히 보여준다. 심리학자들이 관찰했듯 자존감은 주로 자기를 동료들과 비교하는 데서 생긴다. 그런데 우리는 자기보다 못한 사람은 보지 않고, 자기보다 잘나가는 사람과 자신을 비교하는 경향이 있다. 이런 태도는 불만을 일으킬 수밖에 없다. 대부분의 사람을 감안했을 때 자기가 얼마나 좋은 위치에 있는지는 생각하지 않고, 자신보다 우위에 있는 사람들과의 관계에만 주목하기 때문이다.

물론 《갈매기》의 등장인물들이 끝없이 달라지는 자신의 성공 기준에 도달하지 못해 고통받는다는 사실이, 성공을 위한 분투가 인생의 의미가 될 수 없다는 뜻은 아니다. 결국 여기서 우리는 성공과 행복을 구분한 셈이다. 설령 불행해지더라도 성공하는 것, 더 잘하기를 열망하는 것이 우리 삶의 목적이 될 수는 없을까? 성공이 우리의 목적이라고 생각하는 것의 문제는 그것이 우리를 불행하게 만든다는 게 아니라, 자멸적이라는 점이다. 만약 성공이 가변적인 기준이어서 현재보다 항상 조금 더 높게 설정된다면, 결코 성공을 이룰 수 없다는 사실은 자명하다. 만약 그럴 수 있다고 해도, 우리는 몇몇 천재들만 유의미한 삶을 살았다 말할 수 있을 뿐이다. 그들은 절대적인 성공을 거두었기 때문이다. 이 천재들 말고는 의미 있는 인생이 아니라고 말하는 것은 평범한 삶과 비범한 삶을 혼동하는 것이다. 그리고 우리는 평범한 삶이 의미를 지닐 수 없다는 생각을 뒷받침할 매우 강력한 근거가 없는 한, 계속 평범한 삶이 의미를 지닐 수 있다고 생각해야 한다.

이 딜레마에서 벗어나는 한 가지 방법은, 체호프의 등장인물들이 받아들이지 못했던 생각을 받아들이는 것이다. 즉 성공은 절대적이면서도 상대적이라는 생각을 받아들이는 일이다. 물론 모든 등장인물이 처음에는 수수한 성공을 이룬 것에 만족한다고 말하면서 이를 받아들인다. 그러나 상대적으로 작은 목적에 도달하면 그들은 자기의 성취를 더 높은 성공과 비교하면서, 그게 자기의 성취감을 망친다는 사실을 깨닫는다. 그들은 성공이 상대적이라 말하면서도, 오직 절대적인 성공만이 의미 있다는 듯 살아간다.

하지만 성공이 절대적이면서도 상대적이라는 점을 분명히 한다고 해서, 우리 모두가 상대적인 성공을 거둘 수 있고 그것에 만족할 수 있다고 말하는 것은 아니다. 이런 식의 생각이 교육 분야에서 '모든 사람은 상을 받아야 한다'와 같은 생각을 낳았다. 아이들에게는 제각각 다른 능력이 있으며, 성공이란 단지 아이들이 최선을 다해 그 능력을 개발하는 것이라고 여겨졌다. 심지어 그 성공이 다른 아이들의 성공에 견주면 보잘것없다고 해도.

그러나 이 생각에도 문제는 있다. 철학자 길버트 라일은 다소 다른 주제를 다루며, 위조 동전이라는 개념은 그것과 대조할 진짜 동전이 있어야만 성립한다는 점을 지적하였다. 마찬가지로 성공이라는 개념은 실패로 볼 수 있는 무언가가 있을 때만 의미가 성립된다. 이것은 실패가 반드시 실제로 있어야 한다는 뜻이 아니다. 예를 들어 반만 맞히면 합격하는 시험에서는 모든 응시자가 합격할 수도 있다. 관건은 실패할 가능성이 정말로 있어야 한다는 것이다. 그렇지 않다면 성공은 전혀 성공이 아닌 것이다.

그러므로 성공을 모든 사람이 성취하기 마련인 것이라는 식으로 정의하면, 성공은 무의미해진다. 자신의 '성공'이 아무것도 아니라고 생각하는 사람에게 성공했다고 말해봤자 깔보는 일밖에 되지 않는다. 《갈매기》에서 무기력한 의사 예브게니는 "당신은 국무위원이 되기를 원했고 지금 국무위원이 되지 않았습니까!"라고 말하며 불만투성이 노인 표트르를 안심시키려고 애쓴다. 그러자 표트르는 "그 자리를 얻기 위해 내가 애쓴 것은 없소. 저절로 그리 된 거지"라고 대답한다. 이때 표트르의 성공은 성공으로 볼 수 없다. 그 자리를 얻으려고 분투한 것이 아니며, 국무위원이 되지 않았다고 해도 표트르 자신은 실패로 여기지 않았을 것이기 때문이다.

따라서 상대적인 성공이 인생에 의미를 준다고 간주할 수 있다 해도, 그런 생각이 많은 사람을 여전히 의미 없이 살도록 운명 지운다는 문제가 여전히 남는다.

더 큰 문제점도 있는데, 2장에서 살펴본 내용이다. 만약 성공이 미래에 무언가를 성취하는 것이라면, 일단 성공을 거두고 나면 우리는 어떻게 되는가? 일단 원하는 것을 손에 넣고 나면 인생에 어떤 의미가 남을 것인가? 만약 성공이 인생의 목표라면, 역설적이게도 한번 성공을 얻고 나면 더는 살아야 할 이유가 없다. 하지만 인생을 살 가치가 없게 만드는 것이 어떻게 인생의 의미가 될 수 있다는 말인가? 이에 관해서는 조금 뒤에 살펴보겠다.

이 난관을 빠져나갈 길은 있는가?《갈매기》는 희망 없이 끝나지는 않는다. 포부가 넘치는 배우 니나는 극의 말미에 다가갈 무렵 말한다. "이제는 알아요. 마침내 이해하게 되었어요, 콘스탄틴. 우리에게는 말이에요, 글을 쓰든 연기를 하든지 간에 중요한 것은 내가 꿈꾸었던 명예와 영광이 아니에요. 중요한 건 견뎌내는 힘이에요." 니나의 연기 경력은 그저 그렇다. 고군분투하다 보니 태평하고 즐거움에 넘치던 이 젊은 여인은 어둡고 걱정 많고 세파에 지친 사람이 되고 말았다. 행복과 직업적 성공은 그녀를 비껴갔지만 연기는 그녀에게 '소명'을 주었으며, 그 소명은 니나에게 계획과 꿈을 심어 주고 삶에 의미와 방향을 주었다.

니나의 상황은 우리가 구분했던 실행으로서의 성공과 실현으로서의 성공 사이의 차이를 반영하고 있다. 위대한 배우로 인정받지 못하고 비중 없는 배역을 맡으면서도 연기로 먹고살기 위해 투쟁하는 중이라는 면에서, 그녀는 아직 성공을 거두지 못했다. 그러나 표트르가 작가가 되는데 성공하지 못해 꿈을 이루지 못한 반면에, 적어도 니나는 늘 꿈꾸던 배우가 **되는 데 성공했다**. 성공은 그녀의 연기가 얼마나 큰 명성을 얻을 수 있는가에 달린 것이 아니다. 배우가 되는 데 성공했다는 사실은 그녀가 실행하는 한, 즉 연기를 하는 한 결코 앗아갈 수 없는 것이다. 그래서 그녀는 '투쟁'을 말한다. 중요한 것은 '명예와 영광'이 아니라, 실행을 통해 자신이 원하는 모습, 즉 배우로서 존재한다는 사실이다.

니나는 과거의 영광을 우려먹으며 대단치 않았던 성과를 부풀려 떠벌리는 연상 여배우 이리나와 대조된다. 이리나는 이제는 연기를 하지 않으며 그런 의미에서 배우가 '되기' 위한 투쟁을 단념한 셈이다. 그녀는 한때 배우가 되어 어느 정도 명성을 누렸지만, 진정으로 훌륭한 배우는 아니었고 그녀의 승리는 전부 과거 일이다. 이리나는 영화 〈선셋 대로〉의 글로리아 스완슨처럼 불행하거나 냉소적이거나 꼬여 있지는 않다. 그러나 그녀는 다른 인물들에 비해 얄팍하고 그녀의 삶은 공허해 보인다.

만약 성공이 실행을 통한 실현이라면, 이는 단지 한때 성공을 이루었다는 것과 다를 뿐만 아니라, 한때 어떤 무엇인가를 실현했다는 사실과도 매우 다르다. 조너선 레가 키르케고르에 관한 통찰력 있는 논의에서 설명했듯, 이런 종류의 실현은 결코 끝날 수가 없는 과정이다. 우리가 추구하는 존재가 되기 위해서는 그 실현 과정이 계속되어야 한다. 그렇지 않으면 우리는 한때 실현했던 존재의 모습에서 멈출 것이다.

어째서 이런 식의 실현 과정이 인생에 의미를 부여해줄 정도로 바람직한 것이라고 생각해야 할까? 그것이 앞 장에서 살펴본, 인생의 의미에 대한 행복의 경쟁자들과 매우 유사한 면이 있기 때문이다. 우리는 '진실하게' 살기를 원하고 '자아실현'을 하고 싶어 한다. 인생이 단지 좋은 여정이기를 바라는 것이 아니라, 삶을 정직하게 마주하고 우리의 잠재력을 실현하고자 한다는 의미이다. 예를 들어 만약 배우가 되고 싶다고 한다면, 우리는 단순히 배우 체험이 아니라 정말로 배우가 **되고** 싶어 하는 것이다. 이런 선택을 생각해보자. 확실하게 배우로서 성공이 보장된 경험 기계에 들어갈 수도 있고, 아니면 성공한다는 보장 없이 연기 현장에서 최선을 다하면서 실제 세상에서 기회를 잡을 수도 있다. 많은 사람, 아마 대부분의 사람이 실제 세상에서 살기를 선택할 것이다. 자신의 결의와 노력으로 무언가가 된다는 것이 중요하기 때문이다. 이러한 자기발전의 욕망은 우리가 그 자체로 가치 있다고 생각하는 욕망이지, 단지 우리를 행복하게 해주리라고 생각하기 때문에 가치가 있는 것은 아니다. 니나와 마찬가지로 우리는 투쟁 자체가 인생에서 의미를 찾는 작업의 일부라고 생각한다.

앞에서 언급한 브랜도의 '승리자' 대사를 떠올려보면 이 말이 절실하게 들릴 것이다. 전직 복서 멀로이는 비극적인 인물이다. 권투 선수로서 실패해서가 아니라 뭔가가 되려는 생각을 사실상 포기했기 때문이다. 그는 욕먹지 않을 정도로 꼭 해야 할 일만 하면서 근근이 먹고산다. 그러다 마침내 그는 구원받는다. 항만 일꾼들에 대한 노조의 전횡을 깨뜨리는 데 성공했을 뿐 아니라, 투쟁하겠다는 용기를 내면서 잃어버렸던 자기 안의 존엄과 목적을 발견했기 때문이다. 할리우드 영화답게 결국 멀로이가 가시적인 성공을 거두면서 이야기는 끝이 난다. 하지만 멀로이의 관점에서는 구원은 그런 성공에 달린 것이 아니다. 대단한 사람, 즉 승리자가 되려는 투쟁이 재개된 것에 전적으로 달려 있다. 그래서 마지막 장면에서 승리가 공개되기에 앞서 멀로이는 자기를 재평가할 수 있게 된다. "사람들은 늘 나를 건달이라고 했지. 흠, 난 건달이 아니야, 에디." 그는 한 때 건달이 되었으나 더 이상 건달이 아니다. 실현이란 진행 중인 과정이며, 뒤집힐 수도 있는 과정이다.

진정한 성공

몇몇 종류의 성공은 그 자체로는 인생에 의미를 줄 수 없다. 만약 절대적인 성공만이 인생을 유의미하게 만들어준다고 생각하면, 거의 모든 사람에게 인생이 무의미하다는 것을 받아들여야 한다. 상대적 성공이 인생을 유의미하게 만들어준다고 인정하더라도, 실제로는 실패의 가능성이 있을 때만 성공이 중요해지므로 여전히 많은 사람들은 무의미한 삶을 살고 있다는 선고를 받을 수밖에 없다. 정말 어쩔 수 없는 경우가 아니라면 이 비관적인 경로를 취해서는 안 된다.

상대적 성공이든 절대적 성공이든, 일정 수준의 성공을 이루기 위해 단순히 어떤 행동을 했다는 것만으로는, 일반적으로 인생에 의미를 주기에 충분하지 않다. 성취는 이루고 나면 지나가는 것인데, 만약 우리가 사는 목적이 성취를 이루는 것이라면 그걸 달성하고 난 다음에는 무엇이 남겠는가?

늘 그렇듯 너무 까다롭고 빡빡한 규칙을 세우는 것은 어리석은 짓이다. 물론 유의미한 인생에 기여할 만큼 충분히 오래 지속되는 만족을 줄 수 있는 성취들도 있다. 가령 축구 월드컵에서 우승을 차지하거나 노벨상을 타는 것은 크나큰 성공이므로 우승자와 수상자는 남은 인생 동안 다른 성취가 없다 해도 이미 삶을 가치 있게 만든 셈이다. 그런 중대한 성공이 더 오래 가는 성취감을 주는 한 가지 이유는, 그것이 비가역적 형태의 실현이기 때문이다. 정상에 도달했다는 것은 그 사람이 역사상 위인이 됐다는 의미다. 한번 월드컵 우승자는 영원히 월드컵 우승자이고, 한번 노벨상 수상자는 영원히 노벨상 수상자이다. 그러므로 단 하나의 중대한 성취가 인생 전체에 의미를 부여해주는 때가 있다. 그것은 자신이 언제나 그 모습으로 존재하길 바라는 무엇이될수 있게 해주기 때문이다. 그렇지만 모든 사람이 이런 성취에서 오는 오래 지속되는 효과를 얻는 것도 아니고, 그러한 성공을 이룬 사람들 대부분이 그 후 일선에서 물러나 은퇴하는 것도 아니다. 사람들은 여전히 하루하루 목적 있게 살기 위해 무언가 할 필요를 느낀다.

인생에 의미를 줄 수 있는 성공에 대한 가장 타당한 인식은, 우리는 되고자 하는 사람이 되는 데 성공할 수 있으며, 실행을 통해서만 이를 이룰 수 있다는 인식이다. 이런 종류의 성공은 성취의 결과라기보다는 과정이다. 이것이 바로 체호프의 니나가 '투쟁'이라고 부르는 것이다. 이 생각은 삶의 의미를 모든 이의 손이 미치는 곳에 가져다놓는다. 우리가 실현하고자 추구하는 것에는 제한이 없기 때문이다. 좋은 부모, 교사, 예술가, 소방관 혹은 그저 괜찮은 사람 등등 무엇이 되고 싶든, 그런 사람이 되는 데 필요한 행위를 함으로써 원하는 사람이 되려고 애쓴다면 인생은 의미를 가질 수 있다. 여기에서 핵심은 우리 자신이 '자기 존재의 저자'이며 자신의 정체성을 만들어간다는 점이다.

이는 성공에 대한 통상적인 생각과 거리가 멀어 보이지만, 실제로 그렇게 먼 것은 아니다. 가망 없는 알코올중독 오스카상 수상자와 자기 삶에 만족하는 가정적인 남자를 놓고 누가 인생에서 더 큰 성공을 거두었는지 생각해보면 납득이 갈 것이다. '성공'에 관한 우리의 일상적인 관념은, 일과 예술은 물론이고 인생과 사랑에까지 적용 못 할 정도로 제한적이지는 않다. 또 알다시피 각자가 자기 삶에 내리는 판단은, 무엇을 해냈는가에 못지않게, 궁극적으로는 어떤 사람인가에도 달려 있다. 멀로이가 자신에게 건달이라는 선고를 내렸다가 더는 건달이 아니게 되었을 때, 그의 관심사는 그 순간의 자신에게 있었다. 자신이 했거나 하지 않은 행위는 오직 간접적인 관심사일 뿐이다. 인생에서의 성공이 어떤 종류의 사람이 되는 것이라는 생각은 성공의 통상적인 의미를 왜곡하는 것이 아니다. 한 사람의 가시적 성취만을 보는 것보다는 덜 얄팍한 이해일 뿐이다.

내면적 성공과 외면적 성공이 연결되는 또 다른 중요한 측면이 있다. 살펴봤듯이, 우리는 오직 실행을 통해서만 실현하며, 이때 어떤 실행은 눈에 보이는 성취로 이어진다. 어떤 분야든 간에 잘하기를 바라고 인정과 보상을 받길 원할 때, 사람은 자신이 바라는 존재가 되기 위해서 투쟁하게 된다. 노력 없이도 소 뒷걸음치다 쥐 잡듯 성공을 얻는 예외적인 소수의 사람들이 어딘가 늘 있기는 하다. 그러나 대부분은 자신이 추구하는 사람이 되기 위해 스스로 공을 들여야 한다. 이 투쟁은 반드시 그 자체로 가치가 있는 것이어야 한다. 그렇지 않다면 그 어떤 성취감도 사라지고 말 것이다. 세간의 인정은 가시적 성공의 필요조건이지만, 그것이 성공을 가치 있게 해주는 것은 아니다. 그럼에도 외부적인 성과를 이뤘다면 매우 큰만족을 느낄 수 있다. 부분적으로는, 자신의 실현이 외부의 검증과 인정을 받았다는 의미이기 때문이다. 이것은 사람들에게 극히 중요할 수도 있다. 많은 사람은 다른 사람들에게 검증받을 때까지는 자기의 성취가 진짜임을 실감하지 못한다. 이런 감정을 물리치고, 다른 사람들에게 인정받을 필요 없이 우리가 무엇인지 스스로 소중하게 여기는 법을 배우는 게 현명하다. 그러나 남들의 평가에 의존하지 않으려고 얼마나 애쓰든 간에, 대부분은 여전히 다른 사람들에게 인정을 받아야 만족을 느낀다. 그 자체가 우리가 분투하는 목표여서가 아니라,

그것이 우리가 되고 싶어 하던 존재가 되었다는 외적 증거이기 때문이다.

당신은 자유로운가?

이쯤에서 나는 잠깐 샛길로 빠져 일부 독자들이 성가시게 느낄 수도 있는 관심사에 대해 말했으면 한다. 나는 '우리 스스로 선택하기', '자율적인 선택을 내리기', '진실하게 살기' 같은 생각들에 대해 말했다. 우리 스스로 결정을 내리는 일과 우리 삶에 스스로 책임 지는 일의 불가피성은 이 책에서 하고 있는 논증의 핵심이다. 이는 우리에게 자유의지가 있다고 상정하는 것 같다. 그런데 만약 우리에게 자유의지가 없다면? 지금까지 내가 했던 모든 말이 위태로워지지 않을까?

우리에게 자유의지(적어도 흔히 생각하는 것으로서의)가 없을 가능성은 기이한 주제도 아니다. 자유의지는 보통 행동하는 능력이라기보다는 선택을 하는 능력이라고 생각된다. 이를테면 홍차나 커피를 권유받았을 때, 자유의지를 가졌다는 것은 둘 중 하나를 선택할 수 있다는 의미로 여겨진다. 만약 홍차를 택하더라도, 그와 마찬가지로 커피를 선택할 수도 있다는 것도 확실하다.

그러나 문제는 우리가 모든 물리적 사건에는 물리적 원인이 있는 우주에 살고 있다는 점이다. 더구나 '물리 영역의 인과적 폐쇄성'이라고 알려진 원칙이 있다. 이는 물리 세계 안에 있는 만물은 오로지 물리적 사건만을 원인으로 일어난다는 뜻이다. 여기에 우리의 모든 행위는 물리 활동과 관련된다는 사실도 덧붙여보자. 심지어 혼자서 하는 생각도 두뇌의 물리 활동과 관련이 있다. 이 사실들을 한데 모으면 놀라운 결론이 도출된다. 우리의 모든 행위는 그 원인이 전적으로 물리 세계에서 일어나는 사건들에 있어야만 한다는 것이다. 그리고 물리적인 인과관계는 결정론(원인은 일정한 방식으로 필연적으로 결과를 불러온다)적이기 때문에, 자유의지를 위한 자리는 없다.

양자론의 비결정론적인 인과관계의 형태에 의지해봐도 이 문제를 피할 수는 없다. 양자론을 따른다 해도 원인은 결과가 일어날 확률을 더 높이거나 더 낮추는 데 불과하다. 첫째, 이런 종류의 인과 관계는 소립자 수준에서만 발견된다. 그러므로 우리같이 축소되지 않은 크기의 인간에게 일어나는 일에 대해서는 아무것도 말해주지 못한다. 둘째, 양자론은 자유의지를 감안하지 않는다. 자유 선택이란 무작위 선택도 아니고, 원인과 결과 사이에 우연이 개입할 여지가 있는 선택도 아니기 때문이다. 셋째, 심지어 양자물리학자들조차 자기들이 연구하는 현상 안에 어떤 일이 벌어지고 있는지 완전히 이해하지 못하기 때문에, 비전문가들이 그들의 작업에서 진지하게 형이상학적인 결론을 이끌어내는 작업은 많은 부분이 추측에 근거한다.

이제 우리는 내키지 않는 결론에 꼼짝없이 붙잡히고 만 듯하다. 우리의 행위는 우리 자신의 자유의지를 행사한 결과가 아니라 그에 앞선 물리적인 사건에 필연적으로 결정된 것이 된다. 우리는 판구조론에 따라 오랜 세월에 걸쳐 조금씩 움직여온 산맥보다 자유로울 것도 없다. 즉 자유의지란 환상에 불과하다.

자유의지를 둘러싼 논쟁은 철학사에서 매우 오래되고 까다로운 주제이다. 말할 것도 없지만, 내가 여기에서 그 문제를 해결할 수는 없다. 다만 모든 사건이 선행하는 원인에 수반된다는 형이상학적 주장으로부터 인간의 통상적 자유의지가 환상이라는 결론으로 비약해서는 안 된다는 점만은 지적해야겠다. 많은 철학자, 특히 데이비드 흄은 양립가능론이라고 알려진 입장을 주장했다. 양립가능론자는 자유의지가 외부의 강제나 방해 없이 자기 자신의 선택을 내릴 수 있는 능력이기 때문에, 필연성에 관한 형이상학적 주장이 설령 옳다고 해도 우리에게는 여전히 자유의지가 있다고 주장한다. 그러므로 예를 들어 당신이 내게 홍차나 커피를 권할 때, 최면에 걸리거나 총구가 눈앞에 있어 강제로 하나를 택해야 하지 않는 한, 내 선택은 자유롭다. 어떤 깊은 수준에서 내 선택이 필연적이라 해도 상관없다. 자유의지는 의사결정 과정이 방해받지 않고 작동하는 것이지, 이 과정 자체가 정상적 인과 법칙으로부터 벗어나 있다는 관점은 아니다. A. J. 에이어가 썼듯이 "자유와 반대되는 것은 인과율이 아니라 속박이다."

인과적 결정론의 형이상학적 논지가 그렇게 쉽게 자유의지에 대한 우리의 통상적 관념과 분리될 수 있다는 데에 모든 사람이 동의하는 것은 아니다. 그들은 양립가능론자들의 탈출구를 거부한다. 그러나 결정론이 참이라고 받아들였을 때, 그것이 자유의지에 대한 우리의 일상적 인식에 어떻게 영향을 줄 수 있는지 혹은 주어야만 하는지 분명치 않다는 데는 모든 철학자가 동의한다고 할 수 있다. 그것은 자유의지를 원래 모습대로 두지 않을지 모르지만, 그렇다고 완전히 파괴하지도 않을 것이다.

위에서 말한 이유로 우리는 이쯤에서 자유의지 문제를 제쳐놓을 수 있게 된다. 필연성에 관한 형이상학 논증이, 이 책에서 이어질 논증의 전반을 받아들이는 데 필요한 자유의지에 대한 일상적 인식을 침해할 가능성을 배제하는 것은 아니다. 하지만 그 가능성은 미미하다고 생각한다. 내가 이야기하려는 자유와 선택은 이론뿐만이 아니라 경험에서 마주치는 것이기 때문이다. 인생의 의미에 대해 생각할 때 우리는 행위, 곧 우리가 내린 실질적인 결정과 선택의 국면에 관해 생각하는 것이다. 형이상학자들이 자유의지에 관해 뭐라고 말하든, 우리는 세상을 선택과 딜레마가 있는 곳으로 경험해야 하며, 곰곰이 생각하고 결정을 내릴 수 있는 존재로서 선택하고 딜레마를 해결해야 한다. 칸트가 말했듯 **"사변이성**은 자연적 필연성의 길이 자유의 길보다 훨씬 잘 다져진 적합한 길이라고 생각하지만, **실천이성**은 자유의 오솔길이 우리의 행위에서 이성을 사용할 수 있게 해주는 유일한 길이라고 생각한다."

당신 자신을 향상하라

이번 장에서 성공에 관해 내가 말한 것은, 서점의 자기계발 코너 서가를 가득 채운 책들과 어떻게 해서든 자기 자신을 향상하라는 현대의 집착에 위험할 만큼 가깝다. 이런 집착은 우리에게 말한다. 성공하는 사람들의 일곱 가지 습관을 배움으로써, 내면의 아이를 놓아줌으로써, 단 28일 만에 새로운 자신을 창조함으로써, 혹은 영혼을 위해 닭고기 수프를 목구멍에 흘려 넣음으로써 자신을 향상하라고 말이다.

이런 책들이 범람하는 것은 이들이 자아실현에 관한 진정한, 거의 보편적인 인간 욕망을 이용하기 때문인 듯하다. 이 책들과 내가 이야기한 내용의 연결고리는 사람들은 대체로 성공하고 싶어 하며, 성공하는 것이 그들의 삶에 의미를 준다는 점이다. 그러나 내가 우려하는 바는 자기계발류의 책들이 사람들의 그러한 욕망을 비생산적인 방향으로 돌린다는 점이다.

이런 책들은 당신을 행복하게 만들어주겠다고 약속한다. 참으로 좋은 일이기는 하나 6장에서 우리가 살펴봤듯 행복이 전부는 아니며, 행복을 주요 관심사로 좇으면 행복을 얻을 가능성은 별로 없다. 또 이 책들은 당신에게 성공을 약속하지만, 진정한 성공은 내면적인 발전인 반면에 이 책들은 눈에 보이는 성공에만 초점을 맞춘다. 이 책들은 너무 많은 것을 너무 쉽게 약속하며, 실현이 일종의 투쟁이라는 사실을 간과한다(투쟁이 반드시 언제나 불편한 것은 아닌데도 말이다). 이 책들은 인정, 추종자, 환한 미소 같은 목표를 이루는 수단으로 자기향상을 제시하곤 하지만, 자기향상이란 진정 그 자체로서 목표가 되어야 한다. 또한 이 책들은 당신이 모든 것을 가질 수 있다고 약속하지만, 인생은 필연적으로 어려운 결정과 타협을 요구한다. 사람들은 위대한 탐험가인 동시에 이상적인 부모가 될 수는 없다. 모험을 떠나면서 아이들을 남의 손에 남겨놓는 사람들을 비난하려는 것은 아니다. 모든 것을 고려했을 때 그것이 가능한 최선의 선택일 것이기 때문이다. 단지 그런 선택을 하는 것은 양육을 상당 부분 포기한다는 의미이고, 따라서 좋은 부모가 되겠다는 목적과 분명히 양립할 수 없다는 점을 지적하려는 것뿐이다.

그러나 가장 큰 위험은 자기계발 문화가 도달할 수 없는 이상에 대한 희망과 결핍감을 조장하는 방식에 있다. 이런 책들은 너무나 많은 것을 약속하며 그것을 쉽게 획득할 수 있다는 인상을 준다. 인생은 단순히 X, Y, Z라는 일을 하는 문제가 된다. 그러나 인생이란 그렇게 녹록하지 않다. 우리는 성취와 유의미한 인생을 위한 완벽한 처방을 기대해서는 안 된다.

동시에 이 책들의 다양한 메뉴, 온갖 종류의 방식으로 성공을 얻을 수 있다는 약속 때문에, 우리가 누리고 있는 진정한 성공이 불충분하다고 느낄 수도 있다. 예를 들어 오래된 연인 간에 느낄 수 있는 걱정을 생각해보자. 그들은 아마도 훌륭한 인생의 동반자일지도 모른다. 그러나 섹스를 굉장히 잘하거나, 세계 최고의 의사소통 전문가이거나, 멋진 몸매를 가지고 있거나, 아주 가정적인 사람은 아닐 수도 있다. 그런데 자기계발 서적들은 이 모든 것을 할 수 있으며 또 해야 한다고 말한다. 이 책들은 결핍감을 조장하며, 더 나쁜 점은 파트너가 이미 충분히 훌륭한데도 조금 더 괜찮아질 수 있지 않을까 하고 생각하게 만든다는 것이다. 어쨌거나 "당신은 소중하니까요."(화장품 브랜드 로레알에서 사용했던 광고 슬로건 - 옮긴이)

이 문제점들은 자기계발 문화가 만들어낸 통제 환상 때문에 더 심각해진다. 이 느낌은 자기 자신 말고는 이 모든 근사한 것을 얻는데 방해가 되는 것은 아무도 없다고 부추긴다. 그러나 인생을 설계할 때 우리는 끊임없이 현실에 부닥친다. 전 영국 총리였던 해럴드 맥밀런도 말했듯 우리가 착수하려는 일을 막는 것은 종종 "사건들, 아, 사건들!"이다. 물론 올바른 태도는 도움이 될 수도 있고, 무슨 일이 일어나느냐가 아니라 어떻게 반응하느냐가 중요하다는 금언에는 진실이 담겨 있다. 에피쿠로스가 말했듯 "현자는 운명 때문에 불편을 겪지 않는다. 중요한 일들은 그 자신의 판단과 이성의 통제 아래 있기 때문이다." 하지만 이것은 전적으로 진실은 아니다. 삶의 통제권을 완전히 쥐고 있다고 생각한다면, 자기 자신을 속이고 있는 것이 분명하기 때문이다. 건강과 경력과 인간관계에서 실패하는 것은 우리가 자기계발 책들의 조언을 따르지 않는 형편없는 인간이어서가 아니다. 그런 일들은 대개 그냥 일어날 뿐이다. 오래된 농담처럼, 신을 웃기고 싶다면 당신의 계획을 털어놓기만 하면 된다.

이와 같이 자신을 향상하고 자기 존재의 저자가 되고 싶다는 진심 어리고도 잠재적으로 유익한 욕망은, 자기계발 문화에 이용당해 왜곡되었다. 이제 그 욕망은 불안과 자기불신, 건강과 부와 행복을 완벽하게 통제하는 다재다능하고 근사한 인간이 되려는 무익한 추구의 원천이 되고 만다. 이제 욕망하는 바를 실현하려는 노력만으로는 충분하지 않게 된다. 무엇인가 더 실현해야 하고 무엇인가 더 성취해야만 한다. 행복한 가정을 가꾸든, 자신의 열정을 좇으며 살든,

어떤 종류의 인정을 받든 상관없이, 성공한 사람으로 보여야 한다.

자기 존재의 저자로서 성공적으로 살고 싶다면, 3주 안에 군살을 빼야 한다거나 6개월 안에 승진해야 한다는 유혹에 저항해야 한다. 그것이 당신 자신이 진정으로 원하는 것이 아니라면 말이다. 이룰 수 없는 이상을 광적으로 좇는 것은 자신이 되고자 선택한 모습을 실현하려는 일상적 투쟁과 아무 관련도 없다. 우리는 남에게 배우기도 하므로 '자기계발'로 해석될 수 있는 충고를 무조건 거부할 일은 아니다. 그러나 우리는 스스로 의제를 설정해야 하고, 자신에게 성공이 정말로 무엇을 의미하는지를 깨달아야 한다. 모든 경쟁자를 무너뜨려야만 성공하는 무한 경쟁에 휘말려서는 안 된다.

08
카르페 디엠

인생은 짧다. 희망을 크게 가지지 말라.
우리가 이야기하고 있는 순간에도 시샘하는 시간은 지나가나니.
오늘을 붙잡으라, 내일은 최소한만 믿으라.
/
호라티우스, 《송시》 1권 11장

오늘을 위해 살기

책에서 인생의 의미라는 주제를 다루려 하는 게 순전히 주제 넘는 짓이라고 생각하는 사람도 있을 것이다. 또 어떤 사람들은 내가 이 주제에 바친 비교적 얼마 안 되는 시간과 공간도 낭비라고 생각할 것이다. 호라티우스와 마찬가지로 그들은 "우리가 이야기하고 있는 순간에도 시샘하는 시간은 지나가나니"라고 생각한다. 이들이 인생은 무의미하고 우리는 그저 그 사실을 받아들여야 한다고 생각하기 때문은 아니다(이 관점에 대해서는 10장에서 논의하겠다). 그보다는 이 주제가 그렇게 복잡하지 않다고 생각하기 때문이다. 그들은 삶에 관한 사실은 단순하다고 말한다. 우리는 필멸하며 현재에 발목이 잡혀 있고 어느 순간에든 죽을 수 있다. 우리가 할 수 있는 일이라고는 우리가 가진 순간순간을 최대한 활용하려고 노력하는 것이 전부이다.

오늘을 붙잡으라, 카르페 디엠carpe diem. 그러므로 우리가 둘러앉아 인생의 의미를 고뇌할 때, 그들은 술집에 있거나, 번지점프 줄에 매달려 있거나, 좀 더 고상한 이라면 오페라를 보며 눈물을 흘리고 있을 것이다.

카르페 디엠은 강력한 정서다. 예를 들어 피터 위어의 영화 〈죽은 시인의 사회〉에서는 이 말이 엄청난 파장을 불러온다. 영화의 주인공은 영감 가득한 교사(로빈 윌리엄스 분)인데, 그는 시인이자 철학자였던 헨리 데이비드 소로의 "깊게 살고 삶의 정수를 끝까지 마시라"라는 말로 학생들을 독려한다.

카르페 디엠이라는 말의 핵심에 있는 진실 하나는, 경험과 순간이 최고의 가치이며 소중하게 여겨야 한다는 관념이다. 나는 이러한 통찰이 순수예술에서만큼이나 대중음악에서도 강력하게 표현된다는 것을 발견했다. 아마도 팝이 때로 깊이나 복잡성이 결여될 때 즉시성을 얻는, 본질적으로 순간의 음악이기 때문일 것이다. 그러니 어느 쪽이 스쳐 지나가는 순간의 특성과 중요성을 더 잘 표현하겠는가?

두 가지 노래가 특히 두드러진다. 하나는 케이트 부시의 노래 〈기쁨의 순간들〉이다. 밀려드는 피아노와 현의 선율 위로 후렴구가 울려퍼진다.

> 살아 있다는 것
> 그것만으로도 진정 상처일 수 있네
> 그리고 이 주어진 순간들은
> 시간이 준 선물.

노래 가사가 대부분 그렇듯, 이 가사도 음악 없이 읽기만 하면 대단한 시 같지는 않다. 그러나 노래로 들으면 특별한 순간과 기쁨의 경험은 모두 잡을 수 없고 소중한 것, 우리가 향유하고 소중하게 여겨야 하는 것이라는 느낌이 감동적으로 전해진다. 그런 순간들은 시간의 흐름 속에서 결코 붙잡아둘 수 없으며, 가장 강렬한 순간도 빛이 바래기 시작한다.

다른 예는 러시의 〈시간이여 멈추라〉이다. 러시는 보통은 내게 감동을 주지 못하는 번드르르한 멜로디 록으로 유명한 밴드다. 하지만 이 노래에서만큼은 순간의 가치에 대한 가슴 저미는 표현을 발견할 수 있다.

이 노래는 시간의 흐름이 멈추지는 않더라도 천천히 가기만이라도 바라는 진심 어리지만 덧없는 탄원을 담고 있다. 모든 순간이 더 오래 지속되고 모든 사람을 더 강렬하게 느끼기를 원하지만, 주변 사람들이 나이를 먹어가는 것만 보인다. 그리고 너무도 갑자기 죽음이 닥쳐 경험이 끝나는 순간까지 시간이 자신의 모든 순간들을 끝없이 소진해나가는 데 배신감을 느낀다.

두 곡 모두 일종의 비극, 즉 가장 멋진 경험조차 우리 손에 머물지 못하고 물처럼 손가락 사이를 빠져나가고 마는 필연성의 비극을 다룬다는 점에서 한탄의 분위기가 묻어난다. 우리는 가장 소중한 시간을 상실할 운명이므로 인생은 궁극적으로 슬픈 것이다. 그럼에도 이 노래들은 지금 여기에서 느끼는 감정을 강렬하게 표현해 이 덧없이 흘러가는 시간이 얼마나 소중한지를 상기시켜준다.

나는 가장 강렬한 심미적 경험은 사실 우리의 필멸성을 상기시켜준다는 바로 그 점 때문에 큰 힘을 띠게 된다고까지 말하고 싶다. 우리가 지금 여기에서 겪는 강렬한 경험에 압도당한다는 사실은 존재의 덧없는 본성을 명확하게 보여주며, 바로 그 경험의 가능성 자체가 사라질 것이라는 점을 절실히 자각시킨다. 독자들이 내가 말로 할 수 없는 것을 인식하든 아니든, 이는 내가 특정한 상황에서 특히 음악을 듣거나 훌륭한 연극을 볼 때 느끼는 바를 확실히 설명 해준다.

위 노래들을 예로 든 것은 "오늘을 붙잡으라"를 단순히 경박한 쾌락주의를 옹호하는 것으로 보는 얄팍한 해석, 그리고 순간의 기쁨과 그 순간이 지나가버리는 고통의 필연적인 연관을 이끌어내는 것으로 보는 한층 심오하고 씁쓸하면서도 달콤한 해석을 대조하기 위해서다. 이 정도 구분이면 카르페 디엠을 뻔하고 단순한 교의라고 보는 관점에 신랄한 의심을 던져보기에 충분하다고 생각한다. 내가 보여주고 싶은 것은 이와 반대로 오늘을 붙잡는다는 생각 전체는 매우 복잡한 문제라는 것이다. 그것의 가장 조악한 형태인 단순 쾌락주의부터 그러하다.

파티를 벌이라

술집 철학자들의 카르페 디엠은 '파티를 벌이라' 식의 단순한 쾌락주의다. 술집 의자에 걸터앉아 그(술집에서 선심 쓰듯 자기 지혜를 떠드는 사람은 대개 남자다)는 이런 말을 하고는 한다. "하루가 끝나고 나면, 할 말도 할 일도 다하고 나면, 서둘러야지, 안 그래? 그 시간을 최대로 뽑는 거야. 웃고 마시고 즐기는 거지. 인생을 두 손에 쥐고 할 수 있을 때 즐기라고. 죽고 나면 잠은 실컷 잘 수 있을 테니까!"(사실 이 마지막 문장은 패트릭 스웨이지 영화에 나오는 대사인데, 여기서는 술집에서 대부분의 시간을 보내는 인물의 입에서 튀어나온 것이다.)

그 서투른 실천 방식을 근거로 이 단순 쾌락주의를 비판하기란 손쉬운 일이다. 저 술집 철학자가 옳다고 해도, 많은 사람이 이 이론을 실천하는 데 어려움을 겪는다는 문제가 종종 나타나는 것이다. 술집에는 분명히 인생을 두 손으로 쥐고 좋은 시간을 보내는 것과는 거리가 먼 단골 무리가 들끓는다. 그들은 단지 술잔을 두 손으로 쥐고는, 넘어지고 비틀거리며 집에 돌아와 먹은 것을 게우고, 다음 날 일어나서는 끔찍한 기분이 된다. 더욱이 술집에 가는 것 말고는 거의 하는 일이 없다 보니 세상이 주는 다양한 쾌락들을 거의 경험하지 못한다.

이것은 쾌락주의적 카르페 디엠의 안 좋은 사례가 아니라, 쾌락 추구에도 일종의 기술이 있다는 의미로 받아들여야 한다. 만약 진정으로 쾌락주의를 믿는다면, 가장 훌륭하고 강렬한 쾌락을 추구할 것이다. 쾌락주의자들은 선호하는 경향이 서로 다르다. 어떤 사람은 성적인 쾌락을, 어떤 사람은 좋은 음식을, 또 어떤 사람은 마약이 주는 감각을 추구한다. 음악이나 여행, 예술처럼 육체적 감각에 덜 의존하는 쾌락을 추구하는 사람들도 있다. 쾌락주의자들이 항상 가장 즉각적이고 육체적인 쾌락만 추구한다고 생각한다면 너무나 조야한 생각이다.

어떤 쾌락을 추구하든 쾌락주의적 삶에는 일반적인 특징이 있다. 이 특징은 키르케고르가 심미적 삶에 대해 설명하면서 예리하게 관찰해낸 것으로 2장에서 검토한 바 있다. 심미적 삶이 반드시 쾌락주의적일 필요는 없지만, 쾌락주의는 심미적인 것의 부분집합이므로 그 둘은 기본 특성들을 공유한다. 심미적 삶의 패러다임은 《인생길의 여러 단계》 중 〈술 속에 진리가 있다〉라는 절에서 설명된다. 이 절은 다채로운 인물들이 갑작스레 초대된 한 향연에 대한 이야기다. 아무도 미리 그 향연에 대해 듣지 못했고, 모든 것이 오직 그 향연을 위해 준비되었으나, 나중에는 순간의 덧없음을 강조하기 위해 주최자 콘스탄티네가 상징적으로 유리잔을 벽에 던지면서 남아 있던 모든 것이 모두 파괴된다.

키르케고르 연구자인 앨러스테어 해네이는 심미적인 삶을 '즉시성에 전념하거나 사로잡힌' 삶이라고 묘사한다. 현재만 이 진정 중요하고 현실성이 있는 유일한 때다. 따라서 이 향연의 모든 것은 순간을 기념하고, 순간의 덧없는 본성을 강조하기 위해 설계되었다. 쾌락주의는 명백히 이 심미적 경험의 범주에 들어간다. 쾌락주의 역시 오로지 현재 속에서만 존재하고, 순간의 즉시성 속에서만 경험할 수 있는 쾌락의 순간에 관심이 있기 때문이다.

쾌락주의자가 미래를 생각하지 않는다거나 아무 계획도 없다는 뜻이 아니다. 현명한 쾌락주의자는 순간을 위해 살려고 애쓰는 가운데, 시간의 모든 순간, 즉 과거, 현재, 미래가 현재를 위한 순간이며, 그러므로 미래가 상관없는 게 아니라는 점을 깨달을 것이다. 그리하여 키르케고르의 《이것이냐 저것이냐》 중 〈유혹자의 일기〉에서는 젊은 여자를 잠자리로 끌어들이려는 계략이 꽤 오랜 시간에 걸쳐 펼쳐진다. 이 계획의 목표는 쾌락의 한순간 말고는 다른 무엇도 아니다. 즉 오로지 즉시성을 욕망하면서도, 그것을 미래 어느 시점에서 얻기 위해 노력하는 일이 전적으로 가능한 것이다.

《인생길의 여러 단계》에서 향연은 재미있어 보이지만, 식사하는 동안 모든 손님이 연설을 한마디씩 한다. 발언자들이 자기도 모르게 심미적 삶의 한계를 폭로하면서 '술 속에 진리가 있다'라는 제목의 아이러니가 드러난다. 바로 한창 심미적인 순간에 있는 그들 자신의 말이 공허함을 폭로하는 것이다.

이미 살펴봤듯 심미적 삶의 문제는, 우리가 어떤 의미로는 현재에 매여 있으나 다른 의미에서 '현재'는 언제나 우리를 벗어난다는 점이다. '현재'를 언급하자마자 그 순간은 서서히 과거로 사라진다. 길버트 라일의 용어로 거칠게 표현하자면 "'현재'의 체계적 회피성"이라고 할 수 있다. 현재의 이런 특성이 콘스탄티네의 향연에 온 손님에게 불만족을 주는 근원이다. 그들은 각자 다양한 방식으로 '즉시성에 전념하거나 사로잡혀' 있고, 이는 그들의 삶이 모두 계속해서 과거로 사라지고 있다는 의미다. 그들은 기억하는 것 외에는 소중하게 여기는 그 어떤 것도 결코 계속 붙들고 있을 수 없다. 그리고 기억 역시 사라지는 것 아닌가.

최근에 이런 논리에 반대하는 흥미로운 의견이 철학자 게일런 스 트로슨에 의해 제시된 바 있다. 스트로슨은 자아와 개인 정체성을 다룬 문학이, 훌륭한 삶이나 완전한 삶을 살기 위해서는 '내러티브' 감각이 필요하다는 전제에 지배되어 왔다고 주장한다. 스트로슨은 이러한 주장이 인간 본성의 가변성을 감안하지 못한다고 믿는다. 그가 '통시적'이라고 부르는 사람들은 인생을 시간이 흐르면서 강한 일관성을 갖는 것으로 경험한다. 이들은 심미적 존재 방식이 만족스럽지 않다고 느낄 가능성이 크다. 그러나 스트로슨이 자신을 포함해 '일회적'이라고 부르는 사람들도 있는데, 이들은 과거와 미래에 상대적으로 무관심하다. 그런 사람들에게는 대체로 또는 전적으로 지금 여기에 사는 것이 자연스러울 뿐만 아니라, 극단적인 경우에는 그와 다른 방식의 삶을 생각하는 일 자체가 이상해 보인다.

스트로슨의 주장에서 실증적인 부분은 평가하기 어렵다. 그런 일회적인 사람들도 있다는 사실은 부정하기 어렵지만, 얼마나 많은지가 불분명하기 때문이다. 그러나 전적으로 심미적 영역에서 사는 삶에 대해 키르케고르가 제기한 문제가 아예 적용되지 않을 사람은 극소수에 불과해 보인다. 그리고 일회적인 사람도 순간을 넘어 살고 싶어 하는 욕망이 있을 듯하다. 예를 들어 스트로슨 자신도 오랜 시간 지속되는 인간관계와 계획들에 관여되어 있을 것이고, 따라서 단지 현재를 사는 것 이상에도 분명히 관계되어 있다.

나는 스트로슨의 관찰을 적절한 경고로 받아들인다. 즉 심미적 존재 방식을 넘어서 사는 것이 중요하다는 일반론을 지나치게 과장하는 것이 위험하다는 경고 말이다. 비록 소수이지만 어떤 이들은 현재 속에서 인생을 더 많이 느끼고 경험한다. 이보다 통시적인 성격을 가진 사람도 지금 여기에서 살고자 하는 욕망이 반드시 철학적 오류가 아니라 인간 본성에 깊이 박혀 있는 성격의 반영일 수도 있음을 인정할 필요는 있다.

그러나 이렇게 인정한다고 해도 심미적 영역, 심지어 일회적 삶에 대해 밝힌 문제들이 사라지지는 않는다. 통시적인 사람과 일회적인 사람 모두 도로시 파커의 시 〈이교주의의 결함〉이 들려주는 경고에 주의를 기울여야 한다. 키르케고르의 〈술 속에 진리가 있다〉의 완벽하고도 간결한 짝인 이 시는, 키르케고르가 보여주려 한 바를 네 행 안에 거의 담아낸다.

> 마시고 춤추고 웃고 거짓말하라,
> 사랑하라, 한밤 내내 춤추며,
> 내일이면 우리 죽으리니!
> (그러나, 슬퍼라, 우리는 결코 죽지 않는다.)

파커의 시에는 영원히 살지 못할 것임을 알기에 카르페 디엠의 금언에 따라 사는 쾌락주의적 향락자들의 이미지가 그려진다. 카르페 디엠의 변형인 다른 말로 하면, 그들은 마치 내일이란 없다는 듯 이 삶을 사는 것이다. 그러나 "슬퍼라", 내일이 왔을 때 그들은 죽지 않았다. 그런데 왜 "슬퍼라"란 말인가? 매일 아침 일어나 자기가 아 직 죽지 않았음을 발견하고 기뻐해야 하는 것 아닌가? 심미적 삶을 사는 사람들에게, 그것은 뒤섞인 축복이다. 왜냐하면 그들은 오직 순간의 즐거움을 위해 삶을 살며, 하루에서 다음 날로 옮길 것은 아무것도 없기 때문이다. 그들은 매일 아침 살아 있음을 깨닫고, 인생을 살 가치가 있도록 만들기 위해 새로운 즉시적 쾌락을 찾아야 한다. 그래서 쾌락의 삶은 일종의 고역이 된다. 마음껏 즐기지 않으면 아무것도 아닌 존재가 되기 때문이다. 순간들은 즐겁지 않으면 무가치해진다. 믹 재거와 마찬가지로, 이들은 즐거운 시간은 보낼 수 있을지라도 '만족은 얻을 수 없다.'(믹 재거가 속한 밴드 롤링 스톤즈의 곡 제목 - 옮긴이) 완전히 일회적인 극소수 사람들은 이런 생활양식을 고수할 수 있을 테지만, 논란의 여지 없이 이들은 분명히 소수이다.

이것은 순수 쾌락주의자, 오로지 쾌락 추구에만 전념하는 사람의 삶이다. 일시적이고 덧없는 쾌락과 오래 지속되는 행복 또는 만족(아리스토텔레스의 에우다이모니아eudaimonia)을 구별하는 철학자들에게는 분명 그런 삶이 궁극적 만족을 주지 못한다. 청교도적 고상함을 넘어선 무엇인가에 근거한 쾌락에 대한 의구심은 통상 존재했다.

이를테면 플라톤은 쾌락과 고통은 모두 균형이 깨져서 생기는 몸의 증상이므로 쾌락을 추구하는 것은 어리석은 짓이라고 생각했다. 어느 한 쪽으로 쏠리면 똑같이 반대쪽으로도 쏠릴 수밖에 없으며, 결국 처음의 쏠림을 상쇄한다는 것이다. 가령 술에 취해 느낀 쾌락은 숙취로 대가를 치르는 셈이고, 병에 걸려 받은 고통은 몸이 회복되면서 쾌락으로 마무리된다.

비록 어떤 쾌락은 대가를 치른다는 점에서 플라톤은 분명히 옳았지만, 일반적인 설명으로서는 엇나간 측면이 있다. 이를테면 음주를 즐기는 능숙한 쾌락주의자는 숙취를 피하는 방법을 알 수도 있기 때문이다. 아리스토텔레스는 훌륭한 삶에서 쾌락의 역할을 기꺼이 인정했다는 점에서 좀 더 빈틈이 없다. 하지만 아리스토텔레스의 주요한 통찰은 쾌락이 우리를 지배하게 두어서는 안 된다는 점이다. 우리가 쾌락을 지배해야 한다. 쾌락이 우리를 끌고 가게 내버려두면 결국 쾌락의 유혹에 저항하지 못하게 되어 자신을 해치는 일을 하고 만다. 중요한 관계를 망치리라는 것을 알면서도 불륜을 저지르는 일이 전형적인 예다(배우자와의 관계가 재앙 수준이거나 개방적인 관계라면 훨씬 복잡한 문제가 된다). 마찬가지로 우리는 어떤 일에 따르는 고통이 너무 큰 나머지, 꼭 해야 하는 일을 회피하기도 한다. 또 다른 흔한 예는, 돌이킬 수 없이 잘못되어 결국 연루된 모든 당사자를 다치게 하고 상처만 주는 관계를 끝내지 못하는 경우다.

아리스토텔레스의 충고는 합당하게 들리지만, 물론 철저한 쾌락주의자에게는 전혀 중요하지 않다. 그들에게 가치 있는 유일한 것은 순간의 쾌락이기 때문이다. 이것은 그들의 세계관이 얼마나 빈곤한지 보여줄 뿐이다. 아리스토텔레스의 주장대로, 쾌락을 좇거나 고통을 회피하려는 현재의 욕망에 자신을 내맡기는 것은 궁극적으로는 자신의 이익에 반하기 때문이다. 이것을 인정하는 것은 곧 우리가 심미적 영역을 넘어서 산다는 사실을 인정하는 일이고, 우리가 순간을 살 뿐 아니라 오래 지속해서 산다는 사실을 인정하는 일이다. 철저한 쾌락주의자는 이 진실에 저항하지만, 이는 진실이므로 이 진실을 인정하지 않으면 만족을 얻지 못한다.

따라서 카르페 디엠을 파티나 즐기자는 천박한 권유로 해석한다면, 즉 오직 오늘만을 위해서 살아야 하고 내일은 개나 줘버리라는 믿음이라고 해석한다면, 그것은 신조로 삼기에는 적당하지 않은 금언이다. 쾌락의 순간은 지나가버리기 **때문에** 귀중하다. 우리는 그 순간을 더 오래 지속시킬 수 없다. 이것이 후회의 원인인지도 모른다. 중요한 것이 쾌락뿐이라면 우리가 할 수 있는 것은 후회뿐이고,

인생은 결국 정말로 소중한 것 하나 소유할 수 없는 슬픈 비극이 되고 만다. 그러나 이는 사태를 지나치게 비관적으로 보는 것이다. 오로지 오늘만을 위해 즐기며 살라는 것이 카르페 디엠이 의미하는 바를 파악하는 유일한 방법은 아니기 때문이다.

쾌락 원칙

"오늘을 붙잡으라"라는 문구는 이번 장을 열며 인용한 호라티우스의 《송시》에 그 기원을 둔다. 이 시를 쾌락주의에의 천박한 권유로 보는 것을 경계한 키르케고르, 아리스토텔레스, 도로시 파커의 교훈을 염두에 두고 시를 다시 읽으면, 미묘한 의미를 통해 시에 담긴 진실을 제대로 파악할 수 있을 것이다.

호라티우스는 "인생은 짧다. 희망을 크게 가지지 말라"라고 썼다. 사르트르는 2천 년 후에 이 주제를 취해 우리는 희망 없이 '절망' 속에서 행동에 나서야 한다고 말했다. 이 말은 언뜻 비관적으로 보이지만, 사르트르의 핵심은 단지 우리는 필멸의 존재이므로 그만큼만을 성취할 수 있으며 나아가 자기의 과업을 완수하는 일을 남에게 의존해서는 안 된다는 점이다. 그러므로 희망을 품지 말고 행동해야 한다는 말은 더 나은 미래를 위해 애쓰면 안 된다는 것이 아니라, 우리가 모색하는 미래가 (우리나 다른 이들의 노력으로) 반드시 실현되리라는 생각에 속아서는 안 된다는 것이다. '희망 없음'과 '절망'이라는 표현은 사르트르식 과장법에 불과하다.

희망에 관한 사르트르의 논의가 호라티우스의 시를 잘 설명해줄 수 있다. 희망이 인생보다 길지 않아야 한다고 말하는 것은, 계획이나 프로젝트를 가지지 말아야 한다는 뜻이 아니다. 자기 역량의 한계와 무엇보다도 자신의 필멸성을 기억하라는 의미이다. 이 생각은 "오늘을 붙잡으라"라는 명령으로 이어지기 때문에 중요하다. 이 명령을 실행하게 하는 것은 우리가 필멸한다는 사실이지, 우리가 오로지 현재에만 존재한다는 극단적인 생각이 아니다.

이 감정은 다음 행 "우리가 이야기하고 있는 순간에도 시샘하는 시간은 지나가나니"에서 확장된다. 시간은 소중하며 낭비해서는 안 된다. 그러나 거듭 말하지만, 이것은 우리가 가진 것은 지금이 전부라는 말과는 다르다. 호라티우스의 사고를 움직이는 것은 인생이 짧다는 생각이지, 현재에서 도망칠 수 없다는 생각이 아니다. 그럼에도 내가 거부하는 일종의 순수 쾌락주의는 은연중에 또는 명시적으로 이 더 강렬한 전제에 바탕을 둔다. 그러나 '인생은 짧다'라는 전제로부터 '중요한 것은 현재뿐이다'라는 결론이 도출되지는 않는다. 이렇게 비약하는 행위는 심리적 차원의 것일 뿐, 논리적인 것은 아니다.

이 시는 핵심 메시지 "오늘을 붙잡으라, 내일은 최소한만 믿으라"에서 절정에 이른다. 두 번째 어구가 결정적이다. 호라티우스는 '내일은 **아예** 믿지 말라'고 말하지 않고, **최소한만**'이라고 말한다. 이 단서는 우리가 내일을 완전히 무시할 수는 없음을 시사한다. 도로시 파커의 짧은 시가 보여주듯, 이것이 현명한 태도이다. 내일을 무시하는 사람들은 매일 아침 "슬퍼라"하며 잠에서 깨는 운명이 될 수밖에 없다. 약속하지 않아도 준비하지 않아도, 내일은 온다.

이렇게 볼 때 호라티우스는 왜 오늘을 붙잡아야 하는지, 오늘을 붙잡는다는 게 어떤 의미인지 술집 철학자나 쾌락주의자보다는 한층 더 잘 알고 있는 듯하다. 오늘을 최대한 활용해야 하는 까닭은, 인생은 짧으며 오늘은 우리가 가진 몇 안 되는 것 중 하나이기 때문이다. 오늘이 우리가 가진 유일한 것이고 내일을 생각하지 말아야 하기 때문이 아니다. 우리는 살아 있는 동안 성취할 수 있는 만큼만 우리의 희망을 제한해야 하고, 수명이 보장되어 있지 않다는 사실을 늘 기억해야 한다. "하루하루를 마치 마지막 날**인 것처럼** 살라"라는 격언은 "하루하루를 마치 마지막 날**이 될 수도 있는 것처럼** 살되 동시에 짧은 인생에서 또 하나의 날이 될 수도 있다는 듯이 살라"로 고쳐야 한다. 또한 우리는 내일이 올 가능성도 기억해야 한다. 따라서 오늘을 최대한 활용하라는 절박함은, 내일이 온다는 사실을 의심하는 데 전제를 두는 것이 아니라, 내일이 오지 않을 수도 있다는 가능성 그리고 적어도 언젠가 하루는 내일이 오지 않을 것이라는 확실성에 전제를 둔다.

카르페 디엠은 이상과 같이 해석할 때 한결 더 잘 이해된다. 그러나 카르페 디엠이 인생에 의미를 부여해줄 방법은 없다는 사실에 주목하자. 카르페 디엠은 우리에게 인생에서 **무엇**을 할지는 말해주지 않고, **어떻게** 하라고만 말한다. 의미를 찾든 못 찾든, 우리는 자신이 가진 시간을 최대한 활용하려고 노력해야 하며, 소중한 나날들을 헛되이 흘려버리지 않아야 한다. 의미를 찾는 문제에 관한 한 카르페 디엠은 침묵할 뿐이다.

따라서 카르페 디엠의 정신을 가장 잘 포괄하는 것이 쾌락 추구라는 생각은, 카르페 디엠에 담긴 내용을 넘어선 생각이다. 쾌락이 인생에서 얻을 수 있는 가장 가치 있는 것이라면 하루하루를 최대한 활용하는 일은 곧 가장 큰 쾌락을 구하는 일이 된다. 그러나 쾌락 말고 다른 무엇을 소중하게 생각하는 누구라도 오늘을 붙잡으라는 것이 오늘의 쾌락을 붙잡으라는 의미라고는 생각하지 않는다. 그건 너무 얄팍하다. 그리고 우리가 살펴봤듯이, 다른 모든 것을 제쳐두고 쾌락 추구에만 전념하는 것은 본질적으로 만족감을 주지 않는다고 볼 타당한 근거들이 많다.

그렇다면 어떻게 순수 쾌락주의자가 되지 않으면서도 오늘을 붙잡을 수 있는가? 인생에 가치 있는 것들이 많은 만큼이나 대답도 많다. 우선 사랑을 생각해보자. 사랑은 중요하다. 어리석은 공상가들이나 사랑이 언제나 쾌락이라고 생각한다. 고전 영화에 자주 등장하는 주제는 사랑에 빠진 사람이 서로 고백하기로 결정하거나, 연인들이 그들의 사랑에 운을 걸어봐야 한다고 믿는 내용이다. 두 경우 모두, 오늘을 붙잡아야 한다고 외친다. 순전한 쾌락 때문이 아니라, 사랑을 금방 포기하거나 사랑에 기회를 주지 않기에는 인생은 너무 짧고 사랑은 중요하기 때문이다.

카르페 디엠이 주제인 영화 〈죽은 시인의 사회〉에서 한 소년은 공부만 하길 바라는 아버지를 거스르고 〈한여름 밤의 꿈〉에서 퍽 역을 연기한다. 이로써 그 소년은 오늘을 붙잡았지만, 아버지가 연극에서 자신을 빼내온 데 절망해 결국 자살한다. 영화는 소년의 죽음을, 그 선택이 현명했는지 진지하게 의문을 제기하는 방식으로 다루지는 않는다. 따라서 그 상황에서 그 선택이 옳은 것이었는지는 명백하지 않다. 그러나 간단한 우화로서 이 영화의 줄거리는, 인생을 최대한 활용하는 일은 그냥 책상에 앉아 일만 하는 것보다는 자기 자신을 창의적으로, 예술적으로 표현하는 일일 수 있다는 점을 보여준다. 우리 개성의 다른 면면을 표현하는 일은 쾌락을 경험하는 것과는 전혀 관계가 없다. 나아가 이것은 오늘 너머의 일을 생각하기를 거부한다는 의미도 아니다. 연극에서 연기를 하려면 연습과 리허설이 필요한데, 물론 개막할 날이 결코 오지 않을 가능성은 언제나 있다. 호라티우스가 말했듯 "내일은 최소한만 믿"어야 한다. 아예 안 믿는 것은 우리가 감당할 수 없는 일이다.

인간관계, 창의성, 배움, 심미적 경험, 음식, 섹스, 여행 등 우리가 인생에서 가치를 두는 것이 무엇이든, 오늘을 붙잡으라는 말은 할 수 있는 동안 그것을 향유하라는 말이지, 언제까지고 옆으로 치

워두라는 뜻이 아니다. 그러나 어떤 일은 노력과 시간을 필요로 한다. 또 죽기 전에 하고 싶은 모든 일을 오늘 다 하려 들지 않는 게 최선의 선택일 때도 있다. 카르페 디엠의 진정한 정신은 공황에 빠져 지금 당장 모든 것을 경험하려 드는 게 아니라, 모든 하루하루가 중요함을 확신하는 데 있다.

나는 카르페 디엠이 우리에게 말해주는 것은 인생에서 무엇을 할 것인가가 아니라 인생을 어떻게 살아야 하는가라고 주장했다. 이 교리가 최소한 하지 말아야 할 것들을 알려준다고 생각할지도 모르겠다. 카르페 디엠은 우리의 일생을 넘어선 것에서 의미를 찾지 말라고 경고하는 것 아닐까? 나는 이 결론이 타당하지 않다고 생각한다. 절망에 관한 사르트르의 발언이, 우리 혼자서는 성취할 수 없는 더 커다란 선을 위해 일하지 말아야 한다는 의미가 아닌 것과 같은 이유다. 한 위대한 인도주의자의 단순한 예를 살펴보면 그 이유를 알 수 있다.

토머스 바르나르도 박사 이야기는 최근까지 영국에서 학교를 다닌 사람이라면 다 아는 이야기이다. 빅토리아 시대의 위대한 인도주의자였던 그는 1870년 런던에서 처음 보육원을 열어 빈민가를 직접 걸으며 도움이 필요한 아이들을 찾아다녔다. 한번은 집이 꽉 차 열한 살짜리 소년을 돌려보냈는데, 이틀 뒤 그 소년은 죽은 채로 발견되었다. 그 사건 이후 바르나르도는 "어떤 극빈 아동도 입소가 거부되지 않습니다"라는 푯말을 문밖에 걸어놓고 이 원칙에 따라 시설을 운영했다.

1905년 세상을 떠날 무렵, 그는 96개의 보육원을 열었고 그곳에서 8,500명이 넘는 아이들을 돌봤다. 그는 선한 목표를 위해 일생을 바쳤다. 그 목표는 필연적으로 그의 일생을 넘어 연장되는 것이다. 우선 그가 도와준 아이들은 그가 죽은 뒤에도 대부분 살아 있을 것이다. 또한 그는 아동 빈곤 근절이라는 야망을 고취하는 데 열의를 다했는데, 이는 자기 생전에 실현되기를 바랄 수 없는 일이었다. 게다가 사르트르가 말했듯, 그는 과업을 이어나가기 위해 남에게 의지할 수도 없었다. 하지만 이 경우 그의 과업은 그의 이름을 단 자선 재단에 의해 계속되었다. 바르나르도는 오늘만이 아니라, 사후의 세월을 포함한 다가올 많은 내일에도 관심이 있었던 것이 분명하다.

그럼에도 바르나르도는 카르페 디엠 정신의 귀감이다. 그를 움직인 것은 커다란 악을 막기 위해 노력하지 않고 매일을 헛되이 보내는 것에 대한 거부였다. 극빈 아동의 입소를 절대로 거부하지 않겠다는 결정은, 곤경에 처한 사람을 돕기 위해 더 큰 능력을 가질 때까지 기다리는 것이 바람직하지 않다는 확신을 보여준다. 오늘 도움이 필요하다면, 그 도움은 오늘 주어져야 한다. 그렇지 않으면 쓸모가 없다. 바르나르도는 두 손으로 오늘을 붙잡았고, 그가 아니면 그러지 못했을 사람들에게도 직접 두 손으로 오늘을 붙잡을 기회를 주었다.

바르나르도의 이타주의는 카르페 디엠에서 흔히 연상되는 자기 중심적 쾌락주의와 뚜렷한 대조를 보여준다. 나는 그의 이타주의가 어떻게 오늘을 잡을 것인지에 대한 고무적인 예라고 주장하고 싶다. 그것은 남을 돕는 것이 유의미한 삶에 어떻게 기여할 수 있는지 보여준다. 바르나르도의 목적이 자신이 구해준 아이들에게 품위 있는 삶을 안겨주고, 그들의 삶을 그 자체로 살 만한 가치가 있도록 만드는 것이었기 때문이다. 이것은 내가 4장에서 살펴본 자선을 위한 자선, 즉 인생의 의미의 원천이 될 수 없는 자선이 아니다. 자선으로 이룰 수 있는 것을 위한 자선, 즉 지금 여기에서 더 나은 삶을 사는 것을 위한 자선이다.

어떻게 오늘을 붙잡을 것인가?

팔에 '카르페 디엠'을 문신으로 새겨 과시하고 다니는 배우 콜린 패럴은 《토론토 스타》지에 이렇게 말했다. "이 문신은 '오늘을 붙잡으라'라는 뜻인데, 순간에 살면서 인생을 즐기자는 뜻이다. 내일을 걱정하지 않으려 노력하고, 어제는 그냥 지나가게 내버려두는 것이다." 만약 카르페 디엠이 정말로 그런 뜻이라면, 나는 패럴이 그 말에 따라 살려고 한 것이 실수라고 주장하겠다. 오로지 순간만을 위해 살고 내일과 어제를 잊는 것은 만족의 비결이 아니다. 쾌락이란 왔다가도 가는 것이고, 결코 오지 않을 거라 상상하는 내일은 거의 언제나 찾아온다. 순수한 쾌락주의는 우리를 공허 속에 남겨두고, 끊임없이 더 많은 쾌락을 갈구하게 만들고, 결코 충분하게 채워지지 못할 운명으로 만든다. 플라톤과 아리스토텔레스에서 키르케고르와 도로시 파커에 이르기까지 한결같이 이를 경고했다.

그것은 이제 광고와 잡지를 지배하고 있는 쾌락 숭배에 맞서야 한다는 메시지이다. 광고와 잡지는 근사한 외식, 짧은 휴식, 휴가, 진미가 차려진 저녁 파티로 삶을 채우면 만족스러운 삶을 살기에 충분한 쾌락을 얻을 수 있다고 약속하는 듯하다. 또 일종의 쾌락주의적 불안, 즉 우리는 즐기지 못하고 남들만 즐기는 엄청난 쾌락이 있다는 두려움을 조장하기도 한다. 배낭여행 문화에 대한 윌리엄 섯클리프의 풍자소설 《경험했는가?》가 제목에서 던지는 질문에 아니라고 대답한다면 그렇게 살지 못했음을 인정하는 셈이 된다.

아리스토텔레스는 쾌락이 선한 삶에서 차지하는 역할을, 다른 철학자들보다 훨씬 더 인정한 바 있다. 그러나 쾌락은 단지 한 부분일 뿐이다. 오늘을 최대한 활용하는 것은 오직 순간 속에만 존재하는 것이 아니며, 고작 쾌락에 한정되는 것도 아니다. 우리는 오늘 할 수 있는 일을 미루지 않고 오늘 할 때 오늘을 붙잡는 것이다. 오직 미래에만 끝마칠 수 있는 일을 미래에 할 기회를 포기한다고 오늘을 붙잡는 것이 아니다.

　오늘을 붙잡아야 한다는 생각은 인생에서 중요한 것이 무엇인지 말해주지 않는다. 우리는 우선 인생에서 무엇이 중요한지 알아야 한다. 그러지 않으면 공허하거나 가치 없는 것을 붙잡게 될지도 모른다. 카르페 디엠의 지혜란, 인생은 짧으며 이것이 우리가 가진 유일한 생이므로 허투루 쓰면 안 된다는 것이다. 우리가 이를 쾌락만이 중요하다는 의미로 받아들여 손에 닿자마자 과거로 사라져가는 순간만을 움켜쥐려 우리의 나날을 허비한다면, 카르페 디엠의 지혜는 어리석음이 되고 만다.

09
너 자신을 버려라

> 마음을 자유롭게 하라, 그리하면 네 엉덩이가 따르리라.
> 천상의 왕국은 네 안에 있으니,
> 너의 펑키한 마음을 열어라, 그리하면 너는 날 수 있으리라…
> /
> 펑커델릭, 〈마음을 자유롭게 하라, 그리하면 네 엉덩이가 따르리라〉

조지 클린턴이 결성한 별난 펑크 밴드의 노래 가사는 지혜를 찾는 이들이 이해하기 쉬운 출발점이 아닐 수도 있다. 그러나 펑커델릭의 가사는 우주에 관한 깊은 진실을 드러내는 것은 아니더라도, 깨달음을 얻는 길은 마음을 자유롭게 하는 것이라는 여러 막연한 생각에 대한 대중적 호소력을 잘 보여주고 있다. 불교 같은 동양철학과도 관련이 있겠지만, 이런 생각이 서구인의 상상력을 장악한 것은 1960년대 및 사이키델릭 문화와 더 연관이 있다. 인생의 의미는 심각하게 생각해서 찾을 수 있는 것이 아니라, 긴장을 풀고 마음을 열어 에고를 내려놓아야 찾을 수 있다. 우주의 리듬에 맞춰 조율하라. 우주의 리듬이 펑키라면 "네 엉덩이가 따르리라."

이 가능성을 검토할 때의 한 가지 문제점이 있다. 이것이 단일한 사상이 아니라 불교, 신비주의, 1960년대의 반문화, 뉴에이지의 장광설 및 자기계발론 등이 뒤죽박죽 섞인 사상이라는 점이다. 그러나 에고를 내려놓는 일, 즉 더 넓은 실체에 몸을 내맡기기 위해 움켜쥔 자의식을 풀어놓는 일이 핵심이라는 주제는 반복된다. 이는 인생의 의미를, **내가** 어떤 목적을 성취할 수 있는지, **내가** 행복하거나 만족할 수 있는지, **내가** 이끄는 삶이 얼마나 좋은지가 아니라, 이 모든 '나'에게 관심을 덜 기울이는 법을 배우는 것으로 봐야 한다는 사고다. 그러므로 우리는 "내가 왜 이 세상에 있는가?"하는 문제를 **해결**한다기보다는, 그런 자기중심적인 질문을 던져서는 안 된다는 점을 배움으로써 그 문제 자체를 **소멸**시키는 것이다. 마음을 자유롭게 함으로써 우리는 '나'가 중요하지 않음을 알게 된다는 식이다.

여기서 내 관심사는 이러한 사고의 주요 변형들을 모두 다루는 것이 아니라, 개괄적으로 접근할 때 제기되는 가장 일반적인 몇몇 문제들을 살펴보는 것이다. 이 방법에는 한계가 있는데, 이에 관해서는 마음 좁힘에 관한 절에서 논의하겠다. 내 전략은 단지 이런 생각이 어떻게 인생의 의미에서 핵심이 될 수 있는지 묻는 것이다. 두 가지 답이 가능하다. 첫째는, 그런 생각이 근본적인 진실을 반영한다는 것이다. 다시 말해 자아는 실제로 존재하지 않으므로 자의식에서 자유로워지는 법을 배움으로써 우리는 존재의 진정한 본질에 리듬을 맞출 수 있게 된다는 답이다. 다른 하나는, 역설적으로 들릴지 몰라도 자아는 실재하지만 자아가 의미를 찾는 길은 자아가 자아 자신에게 신경을 덜 쓰는 것이라는 답이다. 이 두 가지 일반적 가능성을 고려하면서, 이들 관점의 다양한 조합이 인생에 의미를 줄 수 있는지 그 잠재력을 판단해보는 긴 여정을 떠나보겠다.

에고는 없다

의심할 여지가 없는 진리를 찾아 치열하게 사유한 것으로 유명한 데카르트는 결국 단 하나의 진리 즉, 자신이 생각하는 존재라는 것을 발견한다. 《방법서설》에서 그는 이렇게 썼다. "나는 생각한다, 고로 나는 존재한다. 나는 이 진리가 너무나도 확실하여, 회의론자들이 제아무리 터무니없는 의심을 제기하더라도 전혀 흔들리지 않는 증거라는 것을 알았다." 만일 데카르트가 옳다면 자아가 존재한다는 사실은 확실한 정도가 아니라 가장 확실한 것이 된다. 왜냐하면 다른 모든 것은 적어도 의심해볼 수 있기 때문이다. 하지만 자아의 존재는 의심할 수 없다. 왜냐하면 의심한다는 바로 그 행동 속에서 자아가 자신의 존재를 선언하고 있기 때문이다. "나는 내가 존재한다는 것을 의심한다"라는 말은 그 의심을 하는 '나'가 있어야만 성립할 수 있는 것이다.

데카르트가 옳다면, 자아는 일종의 환상이므로 자아에서 벗어나야 한다는 주장은 분명히 거짓이다. 자아는 환상이 아니라 실재의 가장 확실한 속성이기 때문이다. 하지만 데카르트가 틀릴 가능성은 없을까? 많은 사람이 그렇다고 생각했다. 가장 큰 문제는 데카르트가 너무 많은 것을 확신했다는 점이다. 데카르트가 생각을 하고 있을 때, 그가 확신할 수 있는 것은 단지 생각이 계속되고 있다는 사실뿐이다. 그 생각이라는 행위가 실체적 자아 또는 영혼이 존재한다는 표시라고 결론 내릴 수는 없다.

스코틀랜드의 위대한 철학자 데이비드 흄은 데카르트의 이런 견해를 통렬하게 비판한다. 흄은 생각하는 자기 자신을 포착해 데카르트의 확실성을 재현하여 느껴보려 했으나 실패했다고 밝혔다.

나 자신이라고 부르는 것 속으로 가장 깊이 들어갈 때, 나는 언제나 특정한 이런저런 지각, 그러니까 열기 또는 냉기, 빛 또는 그림자, 사랑 또는 증오, 고통 또는 쾌락에 대한 지각에 걸려 넘어진다. 나는 지각이 없이는 어떤 때라도 나 자신을 포착할 수가 없으며 지각 말고는 그 어떤 것도 관찰하지 못하겠다. 잠이 푹 들었거나 해서 내게서 지각이 제거되고, 그래서 나 자신에 대해 느끼지 못할 때, 그때 내가 진정으로 존재하지 않는다고 말할 수 있겠다.(《인간 본성에 관한 논고》, 1권)

흄의 실험은 아무 때나 누구라도 할 수 있다. 한번 자기 내면을 관찰해 자아를 의식해보라. 흄은 당신 또한 실패하리라고 믿었다. 당신은 특정한 생각과 감각은 인식하겠지만, 생각하고 감각을 느끼는 자아는 어디서도 인식할 수 없을 것이다. 그래서 흄의 관점은 자아의 '다발'론으로 알려지게 된다. 자아는 생각과 감각이 있는 단일 실체라기보다는, 생각과 감각 자체가 자기들끼리 서로 연결된 집합체라는 이론이다.

흄은 물론 신비주의자가 아니었기 때문에, 깨달음의 수단으로서의 에고 소멸을 전혀 옹호한 적이 없다. 그럼에도 그의 견해는 불교의 아나타, 즉 '무아無我' 관점과 놀라울 만큼 유사하다. 불교는 개별 존재가 다섯 가지 칸다스, 즉 오온五蘊으로 구성된다고 하는데, 여기서 온蘊은 '집합체', '인자', '모임' 혹은 문자 그대로 '더미' 등으로 다양하게 번역된다. 이들은 루파(육체의 물리적인 형태), 베다나(감각), 산냐(지각), 상카라(사고 과정과 의지 작용을 포함한 '마음의 작용'), 빈냐나(의식)를 뜻한다. 이 관점과 흄의 유사점은, 자아란 이 오온 중 어느 하나가 아니지만 동시에 그 밖의 다른 어떤 '것'도 아니라는 데 있다. 자아는 단지 상호작용하는 오온일 뿐이다.

이 교리를 설명할 때 쓰이는 비유로 자아와 수레 사이의 관계가 있다. 부처와 동시대인이자 아라한(득도의 가장 높은 단계를 성취했다 고 평가받는 사람)인 바지라 비구니는 다음과 같이 썼다.

> 모든 부분이 모여 있을 때
> '수레'라는 명칭이 생기듯,
> 다섯 가지 구성요소가 존재할 때
> '생명 있는 존재'라는 이름도 생기노라.

수레란 수레 부품들이 적절하게 조합된 것일 뿐이다. 수레는 수레를 이루는 부품들보다 '상위에' 있는 대상이 아니다. 같은 식으로, 우리가 자아(개별 인간)라고 부르는 것은 오온이 적절하게 조합된 것에 지나지 않는다.

이것은 자아가 일종의 환상이라는 의미일까? 그건 좀 심한 비약이다. 위 비유에서 수레가 존재하지 않는다고 말하는 것은 어리석다. 수레가 그 부품들의 총합 이상이 아니라는 사실이 이 총합이 환상임을 뜻하지는 않는다. 수레가 부품들의 합이라면, 그 부품들이 존재하는 이상 수레도 **반드시** 존재해야 한다. 유일한 '환상'은 수레가 부품들을 적절하게 조합한 집합과 다른 무엇이라는 이상한 관점을 취할 때 생긴다. 마찬가지로 자아가 자아를 구성하는 구체적인 육체, 사고, 감각과 별도로 존재하는 별개의 독립된 실체라고 생각할 때만 자아가 환상이라는 것이 말이 된다. 이것만이 불교의 가르침이나 데이비드 흄의 주장을 받아들였을 때 도출될 수 있는 유일하게 이치에 닿는 결론으로 보인다.

이 결론은 중요하다. 만약 이것이 자아가 환상이라는 주장에 대한 유일하게 타당한 설명이라면, 진리와 합일하여 조화롭게 살기 위해서는 자아에 대한 집착을 버려야 한다는 믿음이 충분히 정당화될 수 있는가? 다시 말해 흄 학파의 '다발론' 관점이나 불교의 무아 관점을 받아들일 경우, 에고를 소멸시키는 일이 우리에게 허용된 가장 이성적인 행동 원칙이 되는가?

어떤 의미에서는 자아에 대한 집착을 버리는 일이 둘 중 한 관점을 받아들이는 데 대한 합리적인 반응이 될 수 있다. 만약 자아란 것이 그런 집합체에 지나지 않는다면, 육체의 죽음을 이겨낼 희망은 거의 없어지게 된다. 육체의 죽음은 자아를 통합해주는 체계의 일부를 파괴할 것이기 때문이다. 그렇다면 우리는 육체, 사고, 감각의 집합이 우리 존재의 조건이라는 점을 상기해야 한다.

이는 불교의 환생 개념과 맞지 않는다. 환생에 대한 불교의 믿음은 영혼의 윤회라는 힌두교 사상과는 크게 다르지만, 인간의 필멸성과 의식의 뇌 의존성에 대해 우리가 아는 바에 비추어 볼 때 받아들이기 어렵다는 점은 마찬가지다. 아나타라는 교의를 받아들이는 유일한 길은, 받아들일 만한 자체적인 근거가 없는 여러 믿음들을 수용하는 것이다. 예컨대 시타라고 알려진 일련의 정신 작용이 죽음과 동시에 한 생에서 다른 생으로 넘어간다는 생각 따위 말이다. 하지만 이러한 믿음에 대한 근거는 불교 경전을 받아들이는 것 말고는 전혀 없다. 설령 그 믿음을 받아들인다 해도, 그것은 흔히 생각하는 개별적 자아의 연속으로 보이지 않는다. 그보다는 의식의 바통을 한 자아에서 다른 자아로 넘기는 것처럼 보인다.

따라서 불교를 따르든 좀 더 세속적인 흄의 '다발'론을 따르든, 현세의 우리 자아를 위한 진정한 내세가 있기를 기대할 이유는 없어 보인다. 또한 '무아'나 '다발' 관점을 받아들인다고 해도, 자아에 대한 우리의 집착을 버려야 할 합리적 이유는 없는 듯싶다. 두 관점 모두 자의식이 무엇인지 설명하고, 자아가 개별적이고 독립된 실체가 아니라고 생각한다. 그러나 거기에서 집합체로서의 자아를 해체하려 애써야 한다는 생각이 도출되는 것은 아니다. 우리는 차가 그 부품들의 집합에 지나지 않음을 알지만, 그렇다고 차의 진정한 존재 형태가 각 부품들로 해체되었을 때라고 생각하지는 않는다. 여기에서 받아들일 만한 점이 있다면, 그것은 차라고 부를 수 있으려면 부품들이 적절하게 배열된 상태를 유지해야 한다는 생각뿐이다. 마찬가지로 자아란 것이 사고하고 감각하기 위해 정상적으로 일하는 육체와 두뇌가 낳은 산물일 뿐이라면, 자아 소멸을 추구할 때 더욱 진실하게 살 수 있다는 근거는 전혀 없다. 자아의 소멸을 위해 분투해야 한다고 생각하려면, 영원한 자아는 없다는 믿음보다 더 설득력 있는 근거를 제시해야 한다.

이기적인 자아 소멸

다른 가능성이 있다. 존재의 진정한 본성을 숙고하는 방법이기 때문이 아니라, 자아의 건강에 필요하기 때문에 자아에 덜 집착해야 한다는 생각이다. 이는 일종의 반 심리학, 즉 사랑하는 이의 주의를 끌고 싶으면 항상 잘 대해주기보다는 무시해야 한다는 생각과 유사하다. 마찬가지로 자아를 건강하게 만들고 싶다면 자아에 관심을 덜 기울이는 법을 배워야 한다는 것이다. 이 생각에는 역설적인 면이 있는데, 심오하게 들리면서도 공허한 생각이라는 점에서 그렇다.

    어떤 면에서는 자기 자신에게 관심을 덜 갖는 것이 이롭다. 그러나 그것이 좋은 일이라 해도, 인생에 의미 비슷한 것이라도 부여해준다고 보기는 어렵다. 예를 들어 나는 사람들이 자기 자신, 특히 자기 문제에 지나치게 묶여 있으면 행복해지기 어렵고 세상 살기도 어려워진다는 생각이 옳다고 생각한다. 자기 자신에 묶여 있는 사람의 삶을 일컬어 버트런드 러셀은 '과열되고 갇힌' 삶이라고 했다. 그런 사람들은 자기 자신에게 마음을 조금 덜 쓰고 세상을 더 넓은 눈으로 볼 필요가 있다. 그래야 비생산적인 자기중심의 정신적 덫에서 풀려날 수 있다. 그러나 이것은 기껏해야 유의미한 삶을 사는 데 장애가 되는 것을 하나 없애는 일일 뿐, 그 자체가 의미를 부여해주지는 않는다.

또 다른 경우는, 자의식을 완화하기 위해 고안된 다양한 형태의 명상을 하는 사람들에게서 찾을 수 있다. 자아는 일종의 환상이므로 이런 명상이 바람직하다고 생각한다면, 우리가 살펴본 대로 그것은 오류에 기초하고 있는 것이다. 명상이 바람직한 다른 이유를 찾자면, 명상의 기술은 기분을 더 좋게, 이를테면 더 차분해지고 너그러워지게 만들어줄 수 있다는 점이다. 그러나 거듭 말하지만 명상은 이런 이로움을 주기는 해도 인생에 의미를 부여해주지는 않는다. 우리는 자신이 처한 상황에 좀 더 차분해지고 너그러운 느낌을 갖는 것이 어째서 삶에 더 큰 의미를 줄 수 있을지 질문해야 한다. 그런 태도가 삶에 온전히 몸을 던지기보다는 세상사에 대해 체념하도록 조장한다고 주장할 수도 있지 않을까? 이것이야말로 충만한 삶을 위한 투쟁에 등을 돌리게 하고 우리를 달래 보잘것없는 존재로 만들어버리는, 니체가 부정적 삶의 철학이라 일컬었던 태도 아닐까? 이런 질문들에 답할 수 있어야 한다. 자아를 버리는 명상에서 얻는 이점이 있다는 사실로부터, 그런 명상이 인생에 의미를 줄 수 있다는 결론이 도출되지는 않는다.

세 번째 가능한 설명은, 자아감을 버리면 우주와 합일을 이룰 수 있다는 주장이다. 우리는 개별성을 잃는 대신, 존재라는 위대한 전체의 일부로 우리 자신을 느낀다는 것이다.

다시 한번 나는 많은 사람이 진지한 관심을 기울일 만하다고 여기는 생각에 좀 꽉꽉하게 굴어보려고 한다. 이 개념 전체는 그저 모순이라고밖에 할 수 없다. 만약 자의식을 진정으로 잃는다면, 우주와의 합일에 대한 어떠한 느낌도 표현할 수가 없을 것이다. 자다가 깰 때 느끼는 것처럼, 의식하고 있다는 느낌을 잃었다가 명상이 끝날 때 각성이 돌아왔다고 말할 것이다. 그러한 명상을 하는 동안 겪는 희열은 그 사람 **자신**에 의해 경험되어야 한다. 그렇지 않다면 느낌이란 것이 있을 수가 없다.

이 생각의 더 큰 문제는, 한 개인의 삶의 의미는 아예 인생을 살지 않는 것이라고 제안한다는 점이다. 우리가 자아감을 완전히 잃었을 때, 즉 사실상 존재하기를 멈추었을 때 삶의 최고 정점에 도달한다는 것이다. 우리는 결국 인상적으로 보이는 또 다른 역설, 즉 인생의 의미는 인생에 대한 모든 감각을 잃는 것이라는 역설에 봉착한다. 이것을 달리 표현하자면, 바로 죽음이다.

내가 여기서 인정사정없이 구는 까닭은, 자기가 성취하려는 바가 에고와의 집착을 줄이는 일이라고 주장하는 사람들에게서 보이는 지독한 부정직함 때문이다. 이 방식에 만족하는 사람들이 자족하는 삶을 살고 있다는 것은 분명 사실이다. 그들은 '영적 수련'을 좋아하는데, 그들이 시도해본 다른 방법들보다 더 큰 만족과 평화 등등의 무언가를 주기 때문이다. 그러므로 에고를 버리는 것에 관해 온갖 근사한 말을 한다 해도, 사실 그들은 그저 또 다른 형태의 자기만족에 빠져 있을 뿐이다. 이 생각이 물질주의적이거나 사람들에게 해를 끼치는 것은 아니기 때문에, 우리는 이 생각을 상당히 관대하게 보는 편이다. 그러나 이러한 삶의 양식이라고 해서 사리사욕과 무관한 것은 결코 아니다.

사실 어떻게 '영혼'이나 '영성' 같은 낱말을 언급하는 것만으로 이렇게 자기중심적 성격을 가릴 수 있는지가 놀라울 뿐이다. 한번은 마돈나가 말했다. "중요한 것은 오직 우리 영혼의 상태뿐임을 이해하면서 이 세상을 항해하는 것, 이것이 우리가 할 일이다." 매우 '영적인' 말로 들릴지 모르지만, 그녀는 전적으로 자기중심적인 태도를 보이고 있다. "중요한 것은 오직" 우리가 어떤가, 우리 자신이 어떤가, 내면이 어떤가이다.

남을 도우며 고난을 견뎌내는 사람들은 수도원이나 공동체의 평화 속에서 인자하게 미소 짓는 사람들보다 자신의 안녕에 더 무심하다. 어느 모로 보나 후자는 자아에 대한 관심을 줄이는 것이 아니라 자아를 만족시키는 일이다. 그것 역시 가치 있는 삶의 한 형태일 수 있지만, 가감 없이 있는 그대로 볼 필요가 있다.

명상이 말로 표현될 수 없는 형태의 앎을 준다고 말하는 사람들이 있다. 그런 경우에는 비트겐슈타인이 말했듯 "말할 수 없는 것에 관해서는 침묵해야 한다." 나는 내가 회의론자임을 고백하겠다. 내 회의주의는 이 깨달음이 어떤 것인지 언어가 설명해주지 못하므로 믿어야 할지 아닐지를 판단할 근거가 없다는 사실에서 비롯한다. 어쨌거나 수많은 다양한 형태의 영성들이 비슷비슷한 약속들을 한다. 그 약속들은 보통 이런 깨달음을 얻기까지 오랜 세월이 걸린다는 점을 강조한다. 그렇지만 이 길 대신 저 길을 선택해 무엇인지도 모르는 것을 추구하기 위해 오랜 세월을 바쳐야 할 이유는 무엇인가? 그것이 사람들에게 미친 영향에 감화되어 그들처럼 되고 싶고 그들처럼 될 수 있다고 생각할 타당한 이유가 있을 때만 그럴 수 있다. 하지만 그런 사람들의 초연함이 나에게는 거들먹거림, 독선, 남을 소외하는 행위로 보인다.

그럼에도 나는 이러한 영적 수련 이면에 진실이 있을 가능성은 인정한다. 나는 행복, 쾌락, 탁월성의 추구, 사랑 등이 유의미한 삶의 일부를 이룰 수 있다고 생각하는 것과 마찬가지로 명상도 유의미한 삶의 일부를 이룰 수 있다고 생각한다. 이 모든 것은 삶을 그 자체로 살 가치가 있게 만드는 데 도움이 될 수 있다. 단 그런 것들은 이 목표에 기여하는지 혹은 기여하지 못하는지에 따라서만 평가받을 수 있다.

명상을 통해 심오한 평화 혹은 우주와의 합일감을 정말로 느끼는 사람이 있다고 상상해보자. 이 사람은 그런 느낌이 있어야 삶이 가치 있다고 생각할지도 모른다. 따라서 그는 자체로 가치 있는 삶의 방식을 발견했기 때문에 자신에게 유의미한 삶을 살 수 있다. 오로지 이러한 의미에서만 명상의 이로움이 유의미한 삶에 기여했다고 말할 수 있다.

다만 이것은 사실이 아니라 주관적인 느낌이라는 점을 명심해야 한다. 만약 누군가 우주와의 합일을 **느낀다**고 말한다고 해서, 그 사람이 정말로 **그렇다**는 뜻은 아니다. 누가 신의 목소리를 들었다고 해서 실제로 들은 건 아니라는 사실과 같은 이야기다. 그런 느낌은 진리에 이르는 길잡이가 아니다. 그리고 우리가 살펴봤듯 대부분이 인생에서 가장 원하는 것 중 하나는 인생을 참되게 사는 것이다. 사람들은 존재의 본성에 관해서 속고 싶어 하지 않는다. 사람들이 명상이 삶을 유의미하게 만들어준다고 느끼는 것은, 명상이 좋은 경험이어서만이 아니라 진리를 알게 해준다고 생각하기 때문이기도 한 것 같다. 앞에서 밝힌 명백한 모순에도 불구하고, 그들은 이른바 자의식의 소멸이 자아에 관한 진실을 드러낸다고 생각한다.

이에 대해서는 할 말이 없다. 그런 주장은 설명될 수 있는 근거가 아니라 주관적 경험에 근거한 개인적 신념을 근거로 이루어진다. 그런 주장을 하는 사람은 신앙에 근거해 종교를 믿는 사람과 같은 입장이다. 그리고 3장에서 내가 주장했듯이, 그런 신앙은 대체로 신뢰할 수 없는 형태의 정당화에 기대기 때문에 위험하다. 게다가 이 경우는 그들이 주장하는 진리가 말로는 표현될 수 없다고 명시되어 있어, 믿음의 대상에 관해 분명히 말할 수 있는 것이 아무것도 없다. 말할 수 있는 것은 다음과 같은 내용이다. 그런 주장을 하는 사람들은 자신의 개인적 신념이 얼마나 강하든 간에, 타인이 자기를 따를 만한 혹은 심지어 자기 자신을 믿을 만한 타당한 근거를 자신이 제시하지 못한다는 사실을 깨달아야 한다.

마음 좁힘

에고 혹은 자아에 집착을 줄여야 한다는 관점에 대한 나의 비판이 지나치게 피상적이라고 생각할 사람도 많을 것이다. 서양철학의 전통에서 자란 내가 이 주제에 관련된 동양철학을 많이 알지 못한다고 지적하는 것은 정당하다. 만일 내가 더 많이 알았다면 아마도 좀 더 존중을 표했을 것이다. 가상의 비판자들은 지금까지 내가 너무 마음이 너무 좁아서 진지하게 주의를 기울일 만한 가능성을 너무 쉽게 배제했다고 말할 것이다.

우리가 쇼비니즘을 피해야 한다는 데는 물론 동의한다. 인간은 태어나 자란 곳에 퍼진 생각은 받아들이고, 이질적이거나 낯선 생각은 거부하는 경향이 매우 크다. 실제로 이것이 절대적인 신의 본성에 대한 보편적 진리를 주장하는 종교를 의심하는 한 가지 이유이다. 사람들이 믿는 종교는 주로 어디서 성장했는지와 같은 지역적 우연성이나 부모가 따르는 종교가 무엇인지, 그리고 당시 유행하는 색다른 종교가 무엇인지에 좌우되는 것 같다.

그러나 종교만 그렇다고 지적하는 것은 부당한 처사다. 지역적 편향은 철학에도 있다. 영국 대학에서 교육받은 철학자들은 대체적으로 프랑스 철학의 많은 부분에 동조하지 않는다. 허세 부리고 모호하며 공허하다고 보기 때문이다. 그러나 프랑스에서 교육받은 철학자들은 프랑스 철학을 그렇게 보지 않는다. 즉 지역적 우연성은 확실히 어떤 종류의 철학을 좋거나 나쁘게 보게 하는 데 일부 영향을 끼친다.

모두 맞는 말이다. 그러나 이로부터 어떤 결론이 나오는가? 먼저 결론이 될 수 없는 것은, 우리가 직접 철저하게 조사한 뒤 반증하기 전까지는 모든 다른 관점들을 똑같이 타당하다고 가정해야 한다는 논리다. 우리는 이런 방침을 따를 수 없다. 일단 세상에는 너무도 많은 신념 체계가 있으며, 우리가 세상에 있는 이유와 어떻게 살 것인지를 알려주는 설명들도 부지기수다. 해당 신자들조차 피상적으로밖에 이해하지 못하는 그 모든 신념들의 진실을 어떻게 직접 철저하게 조사할 엄두를 내겠는가? 인생은 그렇게 길지 않으므로 이는 불가능한 일이다. 실제로 이 가운데 일부는 평생에 걸친 수련을 요구하는데, 이것은 그 밖에 다른 것은 시도조차 해볼 수 없다는 의미이다.

그 정도면 제대로 이해한 것이라고 신자들이 인정할 만큼 깊고 광범위하게 신념 체계를 조사하는 것은 불가능하다. 그럼에도 누군가가 어떤 신념 체계를 거부하면, 깊이 들어가지 않았으므로 거부할 권리가 없다고 우기는 사람이 많다.

이것은 인생에서 의미와 목적을 찾으려고 할 때 부딪히는 커다란 딜레마이다. 열린 마음은 널리 미덕으로 여겨지지만, 결론에 도달하려면 마음을 좁히는 일도 필요하다. 모든 가능성에 똑같이 마음을 여는 것은 불가능하다. 만일 그렇게 한다면 아무것도 믿을 수 없게 된다. 그러나 사람은 살아야 하고 삶의 방향을 선택해야 한다. 이를 피할 수는 없다. 심지어 결정하지 않기로 결정하는 것, 곧 인생을 사는 최선의 길이 불가지론을 견지하는 것이라고 결론을 내는 것조차, 불신의 정지가 다른 대안들보다 낫다고 결정을 내리는 것이다.

인생은 짧고, 삶의 의미가 무엇인지에 대한 결론을 무한정 미룰 수는 없으므로 우리는 찬반의 모든 증거를 확보하지 못한 상태에서 최선의 판단을 내려야 한다. 여기에는 물론 나중에 진실로 밝혀질 수도 있는 어떤 사상을 부당하게 간과할 위험이 따른다. 그러나 그러한 위험은 피할 수 없는 것이다. 우리가 소수의 사상에 시간을 너무 많이 들이면 다른 많은 사상을 무시하게 되고, 혹은 다수의 사상에 시간을 너무 적게 들여 충분히 다루지 못한다면 이들을 제대로 살펴보지 못하게 된다. 이런 경우 우리는 좋은 사상을 놓칠 위험이 있다.

그렇다면 어떤 사상에 시간을 투자하고 어떤 사상을 제쳐놓을지를 어떻게 결정할까? 한 가지 방법은 몇 가지 사상을 묶어서 비슷한 사상은 유사한 방식으로 처리하는 것이다. 예를 들어 깊이 숙고한 끝에 유신론에 근거가 없다는 결론에 도달했다고 하자. 이 경우 보통은 단지 한두 개 종교에 초점을 맞춰 생각했을 것이다. 하지만 만일 타당한 근거를 통해 신이 없다는 결론을 내렸다면 신을 믿는 나머지 모든 종교들에 대해 시간을 들여 조사하는 것은 무의미한 일이다. 다시 말해 우리는 가장 일반적인 수준에서 오랫동안 숙고해야 하는 것이지, 이미 기각한 종류의 신념 체계에 대해서는 세부 사례까지 검토할 필요가 없다.

이와 똑같은 방법론이 필요한 또 다른 영역은 과학적으로 설명할 수 없는 초상현상이라는 주제이다. 초상현상에 관해 무수한 사례와 주장들이 있다. 모든 경우를 감정해보는 것은 문자 그대로 불가능하고 또 그렇게 할 필요도 없다. 어느 정도 사례들을 살펴보고 유령이나 심령현상의 존재에 대한 증거가 아무것도 없다고 결론을 내렸다면, 다음에 누가 "하지만 햄스테드 구시가에서 튤립을 먹어치우는 폴터가이스트(시끄러운 소리를 내는 유령 - 옮긴이)는 어떻게 설명하실래요?"라고 물으면 그냥 설명할 필요가 없다고 대답하면 된다. 우리는 경험상 귀신에 씌었다는 모든 사례에서 유령이 존재한다는 실질적인 증거가 전혀 없다는 것을 알고, 세계와 인간 생명에 대해 우리가 아는 모든 것에 비춰볼때 유령 같은 것은 없음을 안다. 따라서 그것들이 틀렸음을 보이기 위해 아직 겪지 않은 모든 사례를 찾아다닐 책임이 우리에게 있는 것은 아니다. 우리에게는 그런 이야기를 믿지 않을 충분한 근거가 있으므로 믿을 근거가 없다고 주장하느라 계속 시간을 쓰는 것은 잘못된 일이다.

요약하면, 먼저 신념 체계를 개발한 다음에는 이와 모순되는 것으로 보이는 많은 세부적 신념 체계나 주장 대신에 가장 일반적인 전제에 초점을 맞춰야 한다. 이것이 내가 불교 사상 등에 더 많은 시간을 들여야 한다는 주장에 설득당하지 않는 이유이다. 나의 가장 기본적인 믿음 중 하나는 인간은 근본적으로 육체적 동물이며, 기술이 발전하여 뇌를 효과적으로 복제해내지 않는 이상, 혹은 그 날이 오기 전까지는, 뇌의 죽음을 이겨낼 수 없다는 점이다. 여기에서 내 주장을 옹호할 생각은 없다. 하지만 내 주장이 옳다는 증거는 많고 많으므로 나는 인성이 시타나 칸다스 따위의 신비로운 힘이나 원리에 의존한다고 주장하는 어떠한 신념 체계도 진지하게 검토할 이유가 없다고 생각한다. 불교는 내가 적합하지 않다고 생각하는 일반적 설명의 한 예일 뿐이며, 나는 그러한 신념 체계의 세세한 부분까지 모든 예를 조사해야 할 필요를 느끼지 않는다. 다시 말해 낡은 이야기를 반복하지 않고 생산적으로 생각하기 위해서는 이러한 신념 체계들에 대해 마음을 선택적으로 닫아야 한다고 생각한다.

반면에 내가 무엇보다도 전념하고 있는 문제에 관해서는, 언제나 마음을 열어두고 있어야 한다. 만약 내가 인간은 반드시 죽는다는 명제가 틀렸음을 증명하는 매우 강력하고 자명한 증거를 만났다고 해보자. 그러면 내 신념 체계는 위협을 받고, 나는 그 문제를 꼼꼼하게 들여다봐야 한다. 그러나 단순한 반례나 반론이 아니라 강력하고 자명한 증거가 필요하다는 점에 유의하자. 뇌의 작동에 대해 아는 것이 거의 없거나 전무하던 수천 년 전에 고안된 유령 이야기나 종교 교리는 내 믿음을 진지하게 다시 조사해야 할 만큼 가치 있지는 않다.

이런 식의 균형 잡기는 우리 모두가 해야 하는 일이다. 당신의 가장 근본적인 믿음은 당연히 나의 근본 전제들과 매우 다르며, 그에 따라 어떤 주장을 무시하고 어떤 주장을 면밀히 검토해야 할지가 달라진다. 그러나 당신은 내가 제시한 것과 유사한 방침을 따르는 것 외에는 선택의 여지가 없다. 당신은 자신의 신념과 모순되어 보이는 모든 주장들을 철저하게 살펴볼 수도 없고 그러지도 않는다. 당신이 이미 거부한 생각의 또 다른 예에 불과한 주장들은 기각하고 그렇지 않은 주장들은 흥미로운 도전을 던져준다고 보면 된다. 마음을 열어둔다는 것의 핵심은, 공정하고 성실하게 이를 구별하고 진정한 도전을 인정하는 것, 새로운 도전이 나타날 가능성에 언제나 열려 있는 것이다. 무엇보다 근본적으로 당신이 틀릴 수도 있음을 인정해야 한다. 그러나 모든 대안에 동등한 신뢰를 보내는 것은 열린 마음이라기보다는 공허한 마음이다.

이런 생각이 어떤 이들에게는 거슬릴 수도 있음을 안다. 열린 마음이 다른 모든 것보다 중요하다는 생각은 너무나 널리 퍼져 있다 보니 마음을 좁히는 일이 필요하다는 생각은 이단으로 보일 수 있다. 그러나 그것이 유일한 길이다. 당신이라면 다윗파(종말론을 신봉하는 과격 종교 집단 - 옮긴이)나 여타 소수 기독교 분파의 주장을 세계 주요 종교의 주장과 똑같이 다루겠는가? 세상의 종말이 가까워졌다는 주장을 들으면 항상 그들이 옳은지 진지하게 확인할 것인가? 그러지 말기 바란다. 단지 정신 에너지를 낭비하지 않기 위해서가 아니라, 그래야만 하기 때문에 우리는 마음을 좁혀야 한다.

열린 마음을 유지하는 한 방법은 차이를 존중하고 관용하는 것이다. 모든 신념 체계를 내부에서 평가하는 것이 불가능하다는 사실이 그에 찬성하거나 반대하려는 시도를 방해하거나 명백하고 강력하게 이의를 제기하는 것을 가로막아서는 안 된다. 오히려 그 사실은 우리가 놓친 진리나 가치 있는 삶의 방식을 다른 사람이 발견했을 가능성을 배제하지 말라는 경고이다. 믿을 만한 타당한 근거가 있는 것을 믿고 그렇지 않은 것을 반대하는 일은 거만한 태도가 아니다. 그렇게 했는데도 자신이 틀릴 수도 있다는 가능성을 부정할 때에만 거만한 것이다.

자아의 귀환

이번 장의 주제로 돌아오자면, 자아를 버리고 마음을 자유롭게 한다는 생각은 삶의 의미를 찾는 일에 결실을 주는 것 같지 않다. 자아가 환상이라는 것이 어떤 의미에서는 참이라고 해도, 자아를 존재하도록 가능하게 해주는 장치를 해체하려 애써야 할 근거는 주지 않는다. 일시적으로 자의식을 잃는 것도 궁극적으로는 자아를 만족시키기 위한 방법이다. 따라서 에고의 소멸을 가져다준다고 하는 어떤 기술도, 그 효과가 유의미한 삶에 기여하는지 여부에 따라 평가되어야 한다. 자의식을 영원히 잃는 것은 죽음과 다를 바가 없다.

자아에 대한 집착을 줄이는 것은 자신의 안위를 우선하는 자아도취에 빠지지 않게 해준다는 면에서 바람직한 일이다. 그러나 이것이 그 자체로 의미의 원천은 아니며, 기껏해야 성취의 장애물을 제거하는 수단일 뿐이다. 명상을 하는 동안 더 큰 우주와 연결되는 기분이 들 수도 있지만, 그것이 우리가 정말로 우주와 연결되었다거나 만물이 하나라는 의미는 아니다.

분명 에고의 소멸이 말로 표현할 수 없는 종류의 깨달음을 준다고 주장하는 사람들이 있다. 말로 표현할 수 없다면 이 책에서 다루는 다른 사상들과 똑같은 방식으로 분석할 수가 없다. 그러나 나는 사상을 평가할 때 합리적 논증보다 더 나은 근거는 없다고 확신한다. 논증은 명확하게 진술되고 평가받고 비판당할 수 있다. 논증을 받아들이기 위해 무언가를 믿어야 할 필요는 없다. 논증에 결함이 있다면 결함이 있다는 사실은 증명될 수 있다. 가치 있는 사상이 모두 합리적 논증의 산물이어야 한다고 말하는 것은 아니다. 단지 사상을 검토하기에는 합리적 토의가 단연코 최선의 방법이라고 말하는 것이다. 생각하는 바를 토의하거나 논쟁할 수 없다고 하는 순간 당연히 말할 것도 없어지게 된다. 사실상 생각할 것조차 없어진다. 이것이 내가 그런 주장들을 더 논의하거나 검토하지 않는 것에 대해 변명하지 않는 이유이다. 무시하는 행위로 보일 수도 있지만, 이는 단지 사상이 언어로 표현될 수 없다는 그들의 주장을 곧이곧대로 받아들이는 것뿐이다. 말로 할 수 없는 것을 토의하려고 애쓰는 것은 의미가 없다. 교향곡을 마시려고 하는 것과 다를 바 없다.

10
무의미함의 위협

내 인생에는 목적도 없고 방향도 없고 계획도 없고 의미도 없다.
그래도 나는 행복하다. 왜인지는 모르겠다.
내가 뭘 잘하고 있는 것일까?
/
찰스 슐츠, 만화가

프랑스의 현직 왕을 다룬 책이 있다면, 그 책의 문제는 그 대상이 존재하지 않는다는 점이다. 이와 마찬가지로 인생이 무의미할 가능성은 이 책은 물론 인생의 의미에 관한 모든 논의를 존재하지 않는 것에 대한 헛소리로 만들어버릴 수 있다. 실제로 그러한 위협을 배제할 수 없으며 그 위협은 아주 다양한 방식으로 나타난다.

인생에 의미는 없고 우리는 그 사실을 감수하고 살아야 한다는 가능성을 8장에서 잠깐 언급했다. 스누피를 만든 찰스 슐츠는 이 노선을 취하는 듯하면서도 무심한 반응을 보인다. 반면에 알베르 카뮈는 삶이 무의미하다는 사실(카뮈의 관점에서)이 절박한 문제를 제기한다고 생각했다. 즉, 그렇다면 왜 자살하지 않느냐는 말이다. 카뮈는 자살이 최선의 선택이 아니라고 생각했다. 대신 무의미한 삶의 '부조리'를 직시하고 성실하고 용기 있게 그 사실을 견디며 살아야 한다고 생각했다. 슐츠처럼 아무 문제도 없다는 식으로 인생의 무의미함을 경솔하게 부정하는 것은 옳지 못하다고 봤다. 그런데 인생은 정말 무의미한 것인가? 만약 그렇다면 우리는 슐츠처럼 반응해야 하는가, 카뮈처럼 반응해야 하는가?

다른 관점에서 인생이 유의미하다는 생각을 거부하는 사람도 있다. 그들은 이른바 의미의 문제라는 것이 사이비 문제라고 주장한다. 그들의 주장으로는 인생은 의미가 있는 것도 아니고 없는 것도 아니다. 오히려 그런 관점에서 인생을 논하는 것 자체가 무의미한 일이다. 인생에 의미가 있는지 없는지를 묻는 질문은 음악이 과거 시제로 쓰였는지 미래 시제로 쓰였는지 묻는 것만큼이나 소용없는 짓이다. 인생이란 도대체가 의미를 가질 수 있는 종류의 대상이 아니라는 것이다.

세 번째 관점에서 무의미함의 위협은 다소 다른 방식으로 나타난다. 이들은 인생에 의미가 있다고 해도 그것을 찾으려는 것은 소용이 없다고 생각한다. 명백하게도, 역사상 가장 지혜로운 지성들조차 인생의 의미가 무엇인지 합의에 이르지 못했으며, 우리가 그들의 성과를 능가할 가능성은 극히 적기 때문이라는 것이다.

의미의 가능성에 대한 이 세 가지 위협을 극복할 수 있을까?

무의미함의 의미

먼저 인생에 의미가 있음을 부정하는 사람들을 생각해보자. 여기서 문제점은 '인생은 무의미하다'는 생각은, 어떻게 인생이 의미가 있을 수 있는지를 좁은 의미로 국한할 때만 참이라는 것이다. 좁은 의미로 본다는 전제에서, 우리는 인생이 무의미하다는 데 동의할 수 있다. 사실 이 책은 바로 그 점을 효과적으로 보여주었다. 예컨대 인생이 유의미하기 위해선 어떤 목적을 가지고 창조되었어야 한다고 생각한다면, 나는 **그런 의미에서는** 인생이 무의미하다는 의견에 동의한다. 내 바람대로라면, 1장의 논증은 생명의 기원에서 의미를 찾을 수 없다는 사실을 증명했다. 또한 인생이 의미를 지니려면 미래의 목적, 즉 현세를 넘어 연장되는 목적에 헌신해야 한다고 생각한다면, 거듭 나는 **그런 의미에서는** 인생이 의미가 없다는 점에 동의할 것이다. 2장의 논증은 미래의 목적이나 목표 때문에 삶의 의미가 언제까지나 유예될 수는 없으며, 우리의 필멸성을 보여주는 증거를 감안할 때 삶의 의미가 현세를 초월한 삶 혹은 내세의 삶에서 의미를 찾을 수 없음을 보여주려는 의도였다.

    인생이 무의미하다고 하는 대부분 사람은, 이 두 가지 중 하나 또는 둘 다의 맥락에서 의미를 논하는 듯하다. 그들은 우리 인생은 어떤 목적이나 목표를 염두에 두고 창조된 것이 아니며, 초월론적 세계 또는 내세에도 현세의 우리에게 목적을 제공할 수 있는 것은 없다고 말한다. 맞는 말이다. 그러나 '그러므로 인생은 무의미하다'고 결론 내리는 것은 인생이 유의미할 수 있는 다른 많은 길을 너무 쉽게 외면하는 것이다. 슐츠가 "목적도 없고 방향도 없고 계획도 없고 의미도 없다"라고 말했을 때, 앞의 세 항목에서 반드시 마지막 항목이 도출된다는 근거는 없다.

    이런 생각이 놓친 것은 초월론적인 계획이나 목표, 목적에 기대지 않고도, 인생이 그 자체로 살 가치가 있다고 생각한다면 인생이 유의미할 수 있다는 인식이다. 어떻게 그렇게 할 수 있는지가 이 책이 다뤄온 주제다. 사실 슐츠조차 "그래도 나는 행복하다. 왜인지는 모르겠다. 내가 뭘 잘하고 있는 것일까?"라고 말할 때 이 점을 인식하고 있는 듯하다. 슐츠가 이해하지 못하는 척하는 사실은, 자기가 하는 일에 만족하는 것은 그 자체로 인생을 가치 있게 해주므로 인생을 유의미하게 만들어주기에 충분하다는 사실이다. 그가 "알지 못한다"라며 무능을 가장하는 것은 삶의 의미란 생애 너머의 목적이나 목표에서 나와야 한다고 가정하기 때문이다. 일단 이러한 미망에서 깨어나면 슐츠가 뭘 "잘하고 있는 것"인지에 대해서는 어떤 난제도 없다.

이러한 사고방식은 인생이 부조리하고 무의미하다면 어떻게 살아야 하는지를 묻는 카뮈의 질문을 다룰 때도 적용된다. 다시 말하지만, 인생은 특정한 의미에서만 '무의미'한 것이다. 단순히 어휘를 바꿔 카뮈가 제기한 문제를 없앨 수 있다는 것은 아니다. 물론 카뮈는 그가 어떤 의미에서 무의미하다고 보는 이 세상에서 우리가 다른 의미로는 유의미하게 살 수 있다고 주장하는 것임을 인식하고 있었다. 그러나 그는 삶의 '부조리함'을 인식하고 받아들이는 것이 진정한 실존에 필수적이라고 생각했기 때문에 '의미'라는 단어에 다양한 의미가 있다는 이유만으로 삶의 무의미함을 부정한다면 인간 상황의 현실을 직시하지 못하게 한다고 생각했을 것이다.

여기서 우리는 근본적인 난관에 부딪친다. 인생의 의미를 부정하는 거의 모든 사람이 사실상 인생에 특정한 종류의 의미, 즉 이 세상 외부에 있는 힘, 목적, 원리에 의해 결정되는 의미만을 부정한다는 점이다. 그러나 이는 인생에 의미가 전혀 없다는 결론을 정당화하지 못한다. 따라서 '인생은 무의미하다'는 그들의 선언은 일종의 과장법으로 보일 뿐이다.

하지만 태평스러운 부정자와 낙담한 부정자는 크게 다른 두 가지 이유로 이 과장된 담론에 가담한다. 태평스러운 부정자는 외부에 인생의 의미의 원천이 없다는 것을 어떻게 보면 한껏 즐기고 있다. 슐츠는 자신의 삶에 의미가 없다고 농담을 던질 정도인데, 그것이 실존적으로는 중요하지 않다고 보기 때문이다. 중요한 것은 그의 삶은 행복하며, 따라서 그에게는 자신의 삶이 유의미하다는 점이다. 반면에 낙담한 부정자는 의미에 대한 외적 근원의 부재를 심각한 난제라고 생각한다. 그러므로 우리가 대면한 상황, 차갑고 무목적적인 우주에 홀로 남겨진 상황의 긴박함을 절실히 느끼려면 삶의 무의미함에 관해 이야기해야만 한다.

인생이 무의미하다는 가정에 대해 한쪽은 거의 경박하게 즐기고 다른 쪽은 무뚝뚝한 얼굴로 심각해진다. 이 둘이 완전히 반대라는 사실을 놓고 보면, 한쪽 아니면 다른 쪽이 매우 잘못하고 있는 것처럼 보일 것이다. 카뮈가 좀 기운을 차리든지 아니면 슐츠가 자신의 곤경을 좀 더 진지하게 받아들이든지 해야 할 것 같다. 그러나 나는 어느 한 쪽이 맞거나 또는 틀렸다고 봐야 하는 건지 확신하지 못하겠다. 왜냐하면 그들이 다른 지점은 그 사실을 어떻게 평가하느냐가 아니라 정서적으로 어떻게 반응하느냐이기 때문이다. 카뮈가 행복에 도취한 슐츠를 몰아붙이며 벌어지는 둘 사이의 대화를 상상해보자. 슐츠는 우리가 처한 곤경에 대해 카뮈가 말하는 모든 것에 동조하다가도, 마지막에 뒤돌아서서는 "맞는 말이에요. 하지만 그 문제가 당신을 괴롭히는 것만큼 나를 괴롭히지는 않거든요?"라고 말할 수 있지 않겠는가?

카뮈와 기질이 같은 사람들은 종종 슐츠와 같은 사람들을 천박하다고 여긴다. 우주의 무목적성에 어느 정도 고뇌하고 절망하는 것이 인간이 처한 현실을 제대로 파악했다는 표시로 여겨진다. 그에 대해 걱정하지 않으면, 그것을 이해하지 못한 셈이 된다. 그러나 이것은 낭만주의자들에게 최종 책임을 물어야 할 실존주의적 속물근성으로밖에 보이지 않는다. 천재나 시인, 선지자들이 진정한 깨달음을 얻기 위해서는 어떤 식으로든 고통을 겪어야 한다고 생각하는 것이다. 워즈워스는 "인간의 고통에서 / 솟아나 마음을 달래주는 생각"이라고 썼고, 프루스트는 "우리는 고통을 극한까지 경험해야만 그 고통에서 치유될 수 있다"라고 썼다. 심지어 19세기의 정치가인 디즈레일리도 낭만적 생각에서 벗어나지 못해 이렇게 말했다. "많이 보고, 많이 고통받고, 많이 공부하라. 그것이 배움의 세 가지 기둥이다." 이 모든 경우에서 고통은 고귀하고 불가피한, 지혜의 대가로 신성시되고 있다.

여기에서 문제는 일반적 진실이 융통성 없는 법칙으로 전환되었다는 점이다. '실수에서 배운다'라는 말은 비유로 생각해야지, **오직** 실수로부터만 배울 수 있음을 의미한다고 생각한다면 어리석은 일이다. 가능하다면 다른 사람들의 실수로부터 배우는 편이 훨씬 좋다. 카토가 2천 년 전에 썼듯 "현자는 어리석은 자들의 실수를 피한다." 종종 직접 실수를 저지르고 나서야 배운다는 것은 안타까운 일이다. 중요한 것은 실수를 저지르는 것이 아니라 배우는 것이다.

이와 마찬가지로 우리는 때로 고통을 통해 배움을 얻는다. 그러나 고통을 겪지 않거나 타인의 고통을 통해 배울 수 있다면(물론 남을 고통스럽게 **만들지는** 말고) 훨씬 좋다. 하지만 고통이 **종종** 배움의 통로가 된다는 사실을, 고통이 모든 배움에 **필수적**이며, 혹은 고통 없이 배운 사람보다 고통을 겪으며 배운 사람이 반드시 더 많이 배운다는 이야기로 받아들이는 사람들이 있다. 이것은 일반적으로 참일 수도 있지만, 항상 참인 것은 아니다. 많은 사람이 고통을 겪고도 결코 배우지 못하는 반면, 어떤 사람들은 빨리 배우면서도 고통을 피한다.

그러나 아마도 우리는 고통으로 인해 너무 큰 대가를 치르기 때문에, 고통에 일종의 특권을 부여해야 한다고 느끼는 것 같다. 우리는 과거에 겪었던 고난이 불필요했다거나 겪지 않아도 되는 것이었다고 생각하고 싶어 하지 않는다. 그럴 경우 고난을 겪은 삶이 고통 없는 삶에 비해 별다른 이익도 없으면서 나쁘기만 했을 뿐이라는 사실을 받아들이는 셈이기 때문이다. 우리는 고통을 덜 겪은 사람은 틀림없이 무엇인가 부족하다고 생각하곤 한다. 그 사람들이 우리보다 운이 더 좋다는 사실을 받아들이기란 괴로운 일이다.

나는 이것이 일종의 자기기만, 즉 인생에서 운의 역할을 부정하고 대부분의 고통이 별다른 목적이 없다는 사실을 받아들이지 못하는 것이라고 믿는다. 결국 진실성이 없지 않느냐는 비난은, 우주의 무목적성을 태평하게 받아들이는 사람들이 깊이가 없다고 보는 카뮈 같은 사람들에게 되돌아간다. 삶의 무의미함에 낙담한 비관주의자들은, 자기의 고뇌가 우연한 자기 기질의 반영일 뿐, 인생을 성실하게 살기 위해 모든 사람이 겪어야 하는 필수적인 정신적 고통이 아니라는 사실을 받아들이지 않는 것에 불과하다. 우주의 무목적성 앞에서 무심할지 낙담할지는 정서적으로 반응하는 방식에 달린 것이지, 지성의 깊이에 차이가 있어서가 아니다. 이것이 현실이다.

여기에는 또 사회적, 역사적 요인도 작용한다. 예컨대 니체 같은 사상가가 신의 죽음을 처음으로 선언했을 때를 생각해보자. 당시는 인생에 의미가 있고 도덕에 근거가 있으려면 신이 존재해야 한다는 관념이 널리 퍼져 있었다. 그런 상황에서 우주에 목적이 없다는 주장에 맞닥뜨렸을 때, 긴박감, 대혼란, 그리고 실존주의적 공황이 따르리라는 것은 예상할 수 있는 일이다. 우주에 목적이 있다고 가정하는 사람은 그것이 깨지는 순간 불안감을 느낄 수밖에 없다.

하지만 그런 가정을 품지 않고 성장했다면, 우주에 목적이 없다는 주장은 충격을 줄 힘을 잃기 마련이다. 만일 이것이 놀랍지 않은 주장이며 인생과 가치에 대한 우리의 기본 가정을 침해하지 않는다면, 왜 그것에 불안해하고 고뇌해야 한다는 말인가? 따라서 초기 실존주의자들의 호들갑은 대체로 역사적 요인들의 산물이라고 할 수 있다. 그것은 실존주의 사상이 어느 정도로 새롭고 급진적이고 도전적이었는지, 또 얼마만큼 사회질서를 해체했는지를 반영한다. 이제 우리는 매우 다른 세계에 살고 있다. 실존주의자들의 고뇌에서 천재성보다는 사춘기 냄새가 나는 것도 놀랄 일은 아닐 것이다. 〈피너츠〉가 비록 《시지프 신화》보다 깊이가 떨어질지는 모르나, 그렇다고 해서 슐츠도 카뮈만큼 염세적이어야 했다는 의미는 아니다.

붉은 청어

따라서 인생이 무의미하다는 생각은 순전한 과장법으로 보인다. 우리는 우주가 무목적적이며 이 세상 바깥에 의미의 근원이 있는 것도 아님을 받아들이면서도 인생이 무의미하다는 결론을 내리지 않을 수도 있다.

하지만 인생이 반드시 의미를 가져야 한다는 생각을 반박하는 다른 방법이 있다. 인생이란 의미를 가질 수 있는 종류의 것이 아니며, 그러므로 '인생의 의미'라는 생각 자체가 전혀 말이 안 된다는 주장이다.

그런 접근 방식은 20세기 벽두에 비엔나와 옥스퍼드에서 각각 번성했던 논리실증주의와 일상언어학파가 온전하게 정립하지 못한 채 제안한 것이다. 두 사조 모두 이제는 철이 지났지만, 둘 다 철학적 문제가 때로 언어에 대한 오해나 오용의 결과일 수 있다고 주장한 점에서는 옳았다. 때로 우리는 어떤 문제를 완벽하게 훌륭한 언어로 표현하지만, 그 때문에 더 깊은 모순이 감춰지기도 한다.

한 텔레비전 토론에서 당시 버밍엄의 주교 휴 몬티피오리의 발언에 A.J.에이어가 그답게 응수한 말에서 이러한 시대사조를 일부 포착할 수 있다. 에이어는 의미란 오로지 인간에 의해서만 생명을 부여받을 수 있다고 말했다. 주교가 만일 그 말이 맞는다면 인생에는 궁극적인 의미가 없게 된다며 반발하자, 에이어는 "궁극적인 의미가 무엇을 의미하는지 모르겠군요!"라고 대답한 바 있다. 에이어는 주교의 말이 공허하다는 것을 암시하고 있었다. 주교의 말은 영어로 뭔가 의미 있는 말을 하는 것처럼 보였지만, 사실은 어떤 것에 대해서도 말하고 있지 않은 것이었다. 왜냐하면 '궁극적인 의미'라는 개념으로부터는 어떠한 의미도 만들 수 없기 때문이다.

'인생의 의미'가 말이 안 된다는 주장은 대략, 소리가 색깔을 지닐 수 없는 것과 마찬가지로 인생도 의미를 지닐 수 있는 대상이 아니라는 것이다. 그러므로 '교향곡의 색깔'이라는 말이 글자 그대로는 의미가 없는 것과 마찬가지로(비유적으로는 유의미할 수 있겠지만) '인생의 의미'라는 것도 글자 그대로는 무의미하다(반복하지만, 비유적인 맥락에서 삶의 의미를 논할 수 있을지는 모른다).

'의미하다'라는 말의 다양한 사전적 의미를 생각해보자. 우선, 어떤 대상이 목적하는 의도를 뜻한다. 케이크는 먹기 **위한 것이다**. 왜냐하면 케이크는 그러한 목적으로 만들어졌기 때문이다. 그러나 만약 인생이 자연계의 산물일 뿐이라면, 의도에 관한 지금의 이야기는 적절하지 않다. 인생은 어떤 것을 위해서 의도될 수 있는 종류의 대상이 아니기 때문이다.

또한, 어떤 일을 할 의도라는 맥락에서 무언가를 하려고 '의도할' 수 있다. 전화**하려고 했는데** 깜빡했다 같은 문장을 예로 들 수 있다. 그러나 반복하지만, 인생은 이런 방식으로 의도할 수 있는 주체가 아니며, 오로지 인간만이 무언가를 의도할 수 있다. 마찬가지로 어떤 사람이 '의도는 좋았다'라고 말할 수는 있지만, 인생은 좋거나 나쁜 것을 의도하지 않는다.

'의미하다'는 또한 '나타내다'일 수도 있다. 즉, 한 단어는 '의미를 나타낸다' 혹은, 가운데 두껍고 하얀 선이 그어진 빨간 원으로 된 도로표지판은 정지를 '나타낸다.' 그러나 이 역시 인생이 가질 수 있는 종류의 의미는 아니다. 즉, 인생은 그 어떤 것도 **나타내지** 않는다.

하지만 '인생의 의미'라는 생각 전체가 모순이라고 주장하려는 시도는 "그것은 내게 아주 많은 것을 의미해"에서처럼 '의미'라는 단어가 어떤 것이 지닌 중요성을 뜻할 경우 흔들린다. 인생은 의미를 가질 수 있으며, 실제로 의미를 가지는 것은 바로 여기다. 중립적인 관점에서 보면 인생은 그 자체로는 의미를 지닐 수 없다. 그러나 인생은 **우리에게** 무엇인가를 의미한다. "인생의 의미란 **무엇**인가?"라는 질문은 이러한 해석에 딱 들어맞지 않으나 "인생이 **어떤 식으로** 우리에게 무언가를 의미할 수 있는가? 또는 의미하는가?"하는 질문은 분명히 들어맞는다. 이 질문은 왜 인생이 우리에게 가치가 있는지, 왜 우리는 인생이 중요하며 살 가치가 있다고 여기는지를 묻는다. 이것은 완벽하게 조리 있는 질문이며, 이 책의 아주 많은 부분에서 우리가 고민했던 것도 바로 이 질문이다.

그러므로 삶의 무의미함을 폭로했던 사람들과 마찬가지로 '인생의 의미'라는 개념이 그 자체로 유의미한 개념임을 부정하는 자들도 과장의 혐의에서 자유로울 수 없다. 그들은 단어의 특정한 의미 안에서 인생의 의미에 대해 논하는 것이 말이 안 됨을 지적한 점에서는 옳았다. 그러나 우리에게 인생이 중요하고 우리가 인생에 가치를 둔다는 점에서, 인생은 의미를 가질 수 있다.

성찰하지 않는 삶

이제 우리는 '인생의 의미'를 부정하는 사람들에게 그들의 비판에도 진정한 통찰이 일부 있다는 점을 수용하면서 대응할 수 있을 것이다. 하지만 또 다른 회의적인 시각이 있다. 인생이 단어의 어떤 맥락에서는 의미를 가진다는 점을 이해할 수 있다고 해도, 그것을 '발견'하려는 시도는 도무지 쓸데없는 짓이라는 주장이다.

이 관점은 8장에서 묘사한 단순하고 쾌락주의적인 카르페 디엠 입장과 대조된다. 그것은 삶의 의미에 관한 단순하고 명백해 보이는 설명이었다. 그러나 지금 고려하는 가능성은, 인생의 의미는 명백하거나 분명한 게 아니라 불투명하다는 것이다. 우리는 인생의 의미가 무엇인지에 대해 모두 동의하기를 결코 기대할 수 없으며, 최종적인 해답을 찾아내기를 바랄 수 없다. 최종적인 해답이란 없는지도 모른다. 누가 알겠는가? 따라서 최선의 방법은 그저 인생과 화해하고 살아가는 것이며 인생의 의미에 대한 고민을 그만 두는 것이다.

철학적인 성찰에 매력을 느끼는 사람은 이러한 태도를 혐오한다. 그들은 으레 소크라테스의 유명한 말을 인용하는 것으로 대응한다. "성찰하지 않는 삶은 살 가치가 없다." 우리는 호모 사피엔스인 것 만큼이나 호모 쿠아에렌스, 곧 질문하고 사유하는 생명체이다. '성찰하는 삶'을 삶으로써 이 능력을 실천하지 않는다면, 우리는 온전한 인간 존재로 살지 못하는 것이다.

한 가지 분명히 해둘 일은, 철학을 해야만 성찰하는 삶을 이끌 수 있다고 가정할 수 없다는 점이다. 소크라테스는 성찰하지 않는 삶에 대해 말하기에 앞서 이렇게 말했다. "… 미덕과 나 자신과 다른 사람을 성찰하는 바를 날마다 논하는 것이 인간의 가장 위대한 선이다." 이것으로 그가 모든 형태의 이성적 탐구를 찬미하고 있다는 점이 분명해진다. 이런 의미에서라면 문학, 과학, 역사 또는 세상사에 대한 일상적인 토론 등 인생을 성찰하는 방법은 많다. 그러니 낡은 소크라테스식 상투어를 밀고 나간다고 해도, 그것이 우리가 모두 일종의 철학자가 되어야 한다는 믿음을 정당화해주는 것은 아니다.

그럼에도 많은 사람들이 우리 삶을 가치 있는 것으로 만들기 위해서는 어떤 형태로든 철학적으로 성찰해야 한다고 주장한다. 나는 그런 생각에 의구심이 든다. 여기에는 지식인의 거만함과 그들이 무심결에 드러내는 상상력 부재가 보인다. 사람들은 자기가 흥미를 느끼는 일의 중요성을 과대평가하는 경향이 있다. 예를 들어 ENO로 불리는 영국국립오페라단은 그 이니셜에 착상해 '모든 사람에게는 오페라가 필요합니다'라는 슬로건으로 홍보를 한 적이 있다. 흥미로운 사실은 이 슬로건이 명백한 거짓이라는 점이라기보다는 이 카피가 오페라 애호가들에게 호소하기 위해 고안되었으며, 그 집단 내에는 그와 비슷한 감상이 흔하다는 점이다. 윌리 러셀의 영화 〈리타 길들이기〉에서 "말러가 없다면 **죽는 게 낫지** 않겠어요?"라고 외치던 등장인물이 떠오른다. 글쎄, 물론 말러가 없다고 죽을 필요는 없다만, 열성팬인 그녀로서는 말러를 충만한 삶에 없어서는 안 될 일부로 생각할 수밖에 없다.

자기가 흥미로워하는 것에 대한 유별난 감탄은 놀라울 만큼 흔하다. 사람들은 끊임없이 "이거 정말 재미있던데" 내지는 "내게는 이게 인생을 가치 있게 만들어주는 것 중 하나야"라고 말한다. 또 자기가 감동한 것에 대해 "모든 사람이 최소한 …을 조금이라도 알거나 경험해봐야 한다"라고 말하기도 한다. 그러나 우리가 전업 애호가가 되어 이것저것 일주일씩 돌아가면서 시도해보지 않는 이상, 그들이 모두 맞을 수는 없다.

물론 이 지점에서, 삶을 성찰하라는 소크라테스식 권고를 옹호하는 사람들은 철학만은 특수한 경우라고 주장할 것이다. 그들은 철학은 모든 학문 분야의 토대가 되는 학문이고 가장 근본적인 질문과 씨름하는 학문이기 때문에, 모든 사람이 역사, 시, 핵물리학, 또는

요가보다 철학에 관심을 기울여야 한다고 말할 타당한 근거가 있다고 생각한다. 나로서는 반대하기 어려운 의견이지만, 그래도 내 시도를 그만둘 수는 없다. 나는 인생의 의미를 엄격하게 철학적인 방식으로만 찾아야 하는 것은 아니라고 볼 여러 가지 근거가 있다고 생각한다.

우선 대다수 사람은 인생의 의미에 대한 일관된 관점을 정립할 여력이 없다. 기껏해야 "더불어 살자", "오늘을 위해 살자", "뿌린 대로 거둔다", "솔직하게 표현하자", "남의 말에 개의치 말자" 등등 하루하루를 살아가는 데 도움이 되는 좌우명이나 경험칙 같은 수준에서 그치고 만다. 이 단계를 넘어 세상에 대한 좀 더 포괄적인 관점을 갖고자 하는 사람 중 대부분은 거의 확실하게 틀릴 결론에 다다르고 만다. 예를 들어 어떤 사람들은 기독교를 받아들이고 다른 사람들은 힌두교를 믿는다. 두 신앙 모두 진리일 수는 없다. 하나는 유일신만 존재한다는 것을 중심 교리로 하고 있는데, 다른 하나는 다신론에 중심을 둔다. 한쪽에서는 윤회가 필수적인데 다른 쪽은 윤회와 모순되기 때문이다. 그러므로 적어도 둘 중 하나 또는 아마 둘 모두, 자신들이 믿는 것이 궁극적으로 인생에 의미를 부여해주리라는 생각은 틀린 것이다(3장의 결론을 기억해보자. 즉, 실제로 종교는 지금 여기에서의 의미를 마련해주지 않는다).

그러므로 인생에서 의미를 추구하고 찾는 것이 중요하다면, 막대한 다수가 가치 없는 삶을 살고 있다는 말이 된다. 어떤 사람은 인류는 무지한 대중일 뿐이고 그중 얼마 안 되는 고귀한 초인들만 중요하다고 본다. 나는 그들에게 동조할 수 없다. 그런 식으로 인간 대다수를 폄하하는 일은 거만한 짓으로밖에는 보이지 않는다. 더욱이 앞으로 살펴보겠지만, 성찰하지 않는 삶도 어쨌거나 살 가치가 있는 삶의 요소들을 다수 포함할 수 있고, 실제로도 그러하다.

의미를 추구하는 행위만으로 충분하므로 우리가 다다른 답이 틀렸다고 해도 상관없다고 말하는 사람도 있다. 이 관점은 기독교인과 힌두교도들을 구원하는데, 그들이 잘못 짚었을지는 모르나 적어도 자기의 삶을 성찰했기 때문이다. 그러나 추구하는 행위와 추구되는 대상을 따로 생각하는 것은 그렇게 쉬운 일이 아니다. 중요한 것은 추구하는 행위라고 해보자. 그렇다면 우리 전부가 인생의 의미에 대해 잘못된 방향을 추구하는 것이, 우리 중 반만 의미를 '발견'하고 나머지 반은 의미를 추구할 생각조차 하지 않은 것보다 나은 것이 된다. 만일 이게 참이라면, 우리가 찾는 바로 그것의 중요성을 훼손하게 된다. 의미를 추구하는 것이 중요한 까닭은 바로 그 의미가 중요하기 때문이다. 추구되는 것과 추구하는 행위를 떼어놓으면 탐색은 그 존재 이유를 잃는다.

따라서 의미를 추구하는 것이 윤리적 명령, 모든 사람이 자기 삶을 가치 있게 만들기 위해 반드시 해야 하는 것이라고 생각한다면, 대부분의 삶이 가치가 없다는 결론에 내몰리게 될 것이다. 사람들은 의미를 추구하지 않거나 추구하더라도 잘못된 결론에 이르기 때문이다. 이것은 이 윤리적 명령이 허위임을 증명해주지는 않지만, 그것이 얼마나 마음에 차지 않는 것인지는 보여준다.

다행스럽게도, 성찰하지 않거나 잘못 짚은 삶에도 의미가 있을 수 있는지는 대단한 수수께끼가 아니다. 이 책에서 우리는 인생이 의미를 가질 수 있는 많은 방식들을 살펴봤다. 종합해보면, 인생이 그 자체로 선한 것인 한, 살 만한 가치가 있다는 것이다. 그러한 삶이 의미 있는 까닭은 그것이 우리에게 무언가 중요한 것을 의미하고, 그 삶을 사는 이에게 소중한 것이기 때문이다. 행복, 진실성, 자기표현, 사회적 관계, 개인적 관계, 타인의 안녕에 대한 관심 등 많은 것들이 기여할 수 있다. 철학을 좋아하는 사람들이 자신의 삶을 성찰하듯 체계적으로 성찰하지 않아도 이런 것들은 삶의 일부가 될 수 있다. 그러므로 사람은 삶의 의미에 대해 전혀 사고하지 않고서도 얼마든지 충만하고 유의미한 삶을 살 수 있다.

더 나아가 의미에 대해 지나치게 생각하는 것이 오히려 인생을 유의미하게 만드는 데 장벽이 된다고 말하는 사람도 있다. 이들은 삶은 계속해서 살아야 하는 것인데 '인생이 대체 무엇인지'를 알아 내려 무익하게 애쓰다가는 그럴 수 없다고 말한다. "그냥 하라"라는 광고 카피가 이 시대정신을 포착한 것 같지만, 이런 주장은 너무 멀리 나간 것이다. 나는 인생이 대체 무엇인지 생각하는 것은 대다수 사람들이 피할 수 없는 일이고, 그것을 꼼꼼히 생각하는 과정이 잘못된 생각과 좀 더 큰 결실을 맺을 생각을 판별할 수 있게 해준다고 믿는다. 최종적인 해답이 없다고 해도 말이다. 바로 이것이 이 책이 도움이 되길 바라는 부분이다. 나는 인생의 의미에 대해 모두가 생각하기를 멈춰**야만 한다**는 생각에 동의하지 않는다. 그렇지만 의미를 생각하는 데 한계가 있다는 사실에는 동의하며, 탐구욕이 없는 사람들에게 인생은 그러한 질문 없이도 의미가 있을 수 있다는 데에도 동의한다.

여전히 인생을 가능한 한 많이 성찰해야 한다고 생각하는 사람들은 아이를 갖는 문제를 생각해보라고 제안하고 싶다. 인생의 방향을 정하는 데 가정을 꾸리겠다는 결정보다 더 중요한 변수는 거의 없다. 그러나 모든 사항을 철저히 살펴보고 부모 모두에게 옳은 선택이라고 명확하게 확신한 뒤에 아이를 갖기로 의식적으로 결정을 내리는 사람이 얼마나 있겠는가? 인생에서 가장 중요한 이 결정이 인생의 본성과 목적에 대한 소크라테스적 탐구를 거치지 않고 이루어지는 경우가 매우 많음을 지적하고 싶다. 삶의 의미를 생각하고 우리 자신의 운명을 통제해야 한다고 말하지만, 우리는 전혀 분명하지 않은 이유로 아이를 갖거나 혹은 갖지 않는다.

    이것 역시 인간이 얼마나 성찰하지 않는지를 보여줄 뿐이라고 말할 수도 있다. 하지만 나는 이것이 우리 삶의 모습을 바꿀 결정적인 선택을 내려야 할 때에도 상당히 많은 선택이 비교적 성찰되지 않은 채 이루어지고 있음을 보여준다고 생각한다. 인생이 대체 무엇인지 분석하고 그에 따라 행동하면 삶의 방향을 어느 정도 온전히 잡아나갈 수 있다고 생각한다면, 이는 자신을 속이는 일이다. 이것은 인생의 의미 따위는 잊고 그저 인생을 살아가야 한다고 주장하는 사람들이 어렴풋하게 인식하는 진실이다. 이 결론이 극단적이기는 하다. 하지만 그들의 주장은, 인생에 대한 철저한 숙고 끝에 그린 설계도에 따라 인생이 계획될 수 있고 계획되어야 한다고 생각하는 사람들의 허세를 무너뜨리는 통찰에 기반을 두고 있다.

    내가 선의의 비판자를 자처하는 과정에서 다소 과장을 했을지도 모르겠다. 혹시 그랬다면 그것은 나의 주제, 곧 철학이 당신의 주제이기도 해야 한다는 인상을 일소하기 위해서이다. 그렇지만 나는 대부분 사람에게 철학화 작업은 피할 수 없는 일이라고 생각한다. 우리는 인식을 하든 하지 않든 철학을 한다. 어떤 것이 올바른 일인지, 무엇이 진실인지, 혹은 인간으로 산다는 게 무엇을 의미하는지를 생각할 때마다 우리는 철학을 하고 있는 것이다. 그러므로 절대다수에게 철학은 그들 삶에 관여하며, 인생을 성찰하는 데 도움이 되고, 인생이란 무엇인가에 대해 더 명확하게 알게 해준다. 내가 이 생각을 적극적으로 드러내지 않았다면, 그것은 모든 사람이 훨씬 더 많은 철학책을 읽어야 한다거나(철학책이 더 많이 읽힌다면 좋기야 하지만), 철학 토론 모임에 참여해야 한다고 생각하지 않기 때문이다(때로는 독선적인 다변가들과 의견을 교환하는 것에 지나지 않는다). 나는 우리가 더 철학적이 된다면 사회적으로 이로울 것이라고 믿지만, 더 많은 철학자들이 필요한지는 확신하지 못하겠다. 당신도 철학자들 주변에서 많은 시간을 보내보면 이 말에 동의할 것이다.

11
이성이 전혀 알지 못하는

이성의 말에 귀 기울이는 사람은 길을 잃게 된다. 이성은 이성의 주인이
될 만큼 정신이 강하지 않은 모든 이들을 노예로 만든다.
/
조지 버나드 쇼, 《인간과 초인》

지금까지 내가 제시한 설명은 합리주의적이고 인본주의적이라고 봐도 무방하다. 즉 직관, 계시, 권위, 미신에 호소하지 않고 이성에 근거한 논증을 따른다는 점에서 합리주의적이며, 인간의 삶이 스스로 가치의 원천과 기준을 포함하고 있다고 주장한다는 점에서 인본주의적이다.

이러한 이성적-인본주의 접근 방식에도 만족스럽지 못한 부분이 많이 있는 것이 사실이다. 이성주의는 한편으로 인간의 선택과 욕망에 너무 많은 재량을 주며, 인간의 기준과 가치가 결코 충분하지 못함을 깨닫지 못한다는 점에서 오만하다. 그러나 다른 한편으로 인간 삶의 비이성적인 면은 외면한다는 점에서 야심이 모자라 보인다. 인생을 온전히 껴안으려면, 우리는 때로 이성을 버려야 한다. 수많은 사랑 노래에서 등장인물이 바보로 그려지는 것은 우연이 아

니다. 프랑스 철학자 블레즈 파스칼이 썼듯 "마음은 이성이 전혀 알지 못하는 그만의 이유를 가진다."

이런 비판은 비록 타당한 염려에서 비롯되긴 했지만 맥을 잘못 짚고 있다. 사람들은 인본주의자를 인생의 정서적 측면이나 인간 지성의 한계에 신경 쓰지 않는, 메마르고 무정한 이성주의자로 생각한다. 이 장에서 나는 사실 이성적 인본주의는 정서, 도덕, 신비에 대해 예민할 수 있으며 또 그래야 한다는 점을 보이려 한다.

유의미한 악

먼저 인간 삶에 내재된 기준과 척도는 인생에 가치와 의미를 주기에 충분하지 않다는 비판을 검토해보자. 이 일반론적인 반대의 한 예가 존 코팅엄의 책 《삶의 의미》에 나온다. 코팅엄은 삶의 도덕성을 인생의 의미와 분리할 수 없으며, 전적으로 인간적 이해관계 너머에 뿌리를 둔 '상위 구조 혹은 상위 이론'에서 비롯되는 도덕적 기준(그리고 또한 의미의 기준) 만이 진짜라고 주장한다. 그렇지 않다면 '행위자가 스스로 만들어낸 어떤 과업에 최선을 다해 헌신하는 삶'은 '그 도덕적 상태와는 상관없이' 유의미해진다고 그는 우려한다.

이 비판은 사르트르식 진실성 개념에 대한 통속적 반대를 되풀이하고 있다. 이러한 반대자들은 사르트르 같은 실존주의자들이 우리가 스스로 의미와 목적을 창조해내야 한다고 하면서도 어떤 선택이 도덕적으로 받아들여질 수 있는지에 대해서는 아무런 지침도 주지 않는다고 주장한다. 예컨대 게슈타포에 참여함으로써 의미와 목적을 발견하는 사람도 있을 수 있다. 그러나 다른 사람들을 박해하는 데 바친 삶이 진정 유의미하다고 말할 수 있을까?

비록 내가 이 책에서 사르트르를 계속 끌어들이고는 있지만,

사르트르식 진실성이 인생에 의미를 주는 유일하고 가장 중요한 덕목이라는 주장은 한 적이 없다(나쁜 아니라 사르트르도 그러지 않았으리라 확신한다). 그럼에도 코팅엄은 다음과 같이 반박할 수도 있다. 무엇이 **우리에게** 삶을 가치 있게 만드는지를 우리가 판별할 수 있다는 내 주장은, 앞서 그가 말한 방식과 마찬가지로 도덕성과 참된 기준을 사실상 단절시키는 셈이라고 말이다. 내가 유의미한 삶을 **우리에게** 유의미하거나 가치 있는 것으로 정의(간략하게나마)했기 때문에, 누군가는 **자신에게는** 유의미하지만 전혀 비도덕적인 삶을 선택하는 일이 가능하다는 것이다.

이에 대해 두 가지로 대응할 수 있다. 하나는 유의미한 삶이 도덕적인 삶이어야 한다는 말이 참인지를 생각해보는 것이다. 우리는 이 견해를 바로 거부할 수 있다. 그냥 의미와 도덕성은 별개라고 말하면 안 되는가? 이것은 의미는 있으나 비도덕적인 삶을 살아도 괜찮다는 의미가 아니며, 그런 의미일 수도 없다. 왜냐하면 의미가 도덕성과 별개라면, 유의미한 삶을 사는 것은 그 자체로 선하거나 악한 것이 아니기 때문이다. 우리는 삶에서 의미와 도덕성이 연결되어 있다는 생각에 익숙하기 때문에, 게슈타포 장교가 비도덕적이지만 유의미한 삶을 살았다고 말하면 이상하게 들릴 것이다. 하지만 그것이 모순이라거나 윤리적으로 거부당할 일은 아니다.

두 번째 대응은, 의미와 도덕성에 대한 그러한 생각은 유의미한 삶이라는 개념에 대한 폭력이며, 의미와 도덕성이 연결되어 있다는 생각을 반드시 받아들여야 한다고 말하는 것이다. 이것 역시 내 입장에서 정리해볼 수 있겠다. 나는 유의미한 삶은 우리를 위해 가치가 있어야 한다고 주장했다. 만일 유의미한 삶이 도덕적이어야 한다는 것 또한 참이라면, 우리는 도덕성을 유의미한 삶의 조건으로 덧붙이기만 하면 된다. 약간 전문적으로 표현해보자면, 그 삶을 사는 사람에게 가치가 있어야 한다는 것은 유의미한 삶을 위한 필요조건이지만 충분조건은 아니다. 삶은 도덕적이기도 해야 한다. 따라서 유의미한 삶의 필요충분조건은 그 삶을 사는 사람에게 가치가 있고 **그리고** 도덕적으로도 선한 삶이다.

첫 번째 길을 택하든 두 번째 길을 택하든 그리 중요하지 않다. 그것은 전적으로 인생에서 의미와 도덕성이 분리될 수 있는가의 개념을 어떻게 생각하는지에 달린 문제이다. 분리될 수 있다고 생각한다면 첫 번째 길을 택해 의미는 있으나 비도덕적인 삶이 가능하지만 그에 대해 선하다고 주장할 근거는 없다고 말해야 한다. 분리될 수 없다고 생각한다면 두 번째 길을 택해 그 삶을 사는 사람에게는 가치 있어 보인다 해도 비도덕적인 삶이라면 유의미한 삶이 아니라고 말해야 한다.

두 번째 대응에 대해 내 주장에 불필요한 임시방편의 조건, 즉 유의미한 삶은 도덕적이어야 한다는 조건을 덧붙여 반론을 피하려 한다고 이의를 제기할 수도 있다. 즉 이 조건은 내 설명 체계에 꼭 필요한 것이 아닌데도, 단지 곤란한 상황을 모면하기 위해 접붙이기한 것에 지나지 않는다면 말이다. 나는 이 혐의를 부인할 수 있다고 본다. 도덕성은 내 설명에서 필수적인 위치를 차지하기 때문이다. 나는 인생을 유의미하게 만들 수 있는 유일한 것은 인간의 삶이 그 자체로 살 가치가 있음을 인정하는 것이라고 주장해왔다. 이것을 인정하는 일은 곧 모든 인간(그리고 아마도 일부 동물들)에게 적용되는 어떤 것을 인정하는 일이다. 이것은 우리 모두 인생에서 선한 것을 얻을 평등한 자격이 있다는 점과 필요 이상으로 한 사람의 인생을 나쁘게 만드는 일은 도덕적으로 잘못이라는 점을 받아들이는 일을 의미한다.

더욱이 지금까지 나는 가상의 비판자들에게 다소 관대한 편이었다. 의미를 평가하는 것이 순전히 개인적인 일이라는 점에 대해 과장해서 말한 책임이 있기 때문이다. 사실 내 일관된 진술은 인생은 그 자체로 가치가 있어야 하며, 그 가치는 그 삶을 사는 사람을 위한 것이어야 한다는 것이다. 그러나 이것이 꼭 당사자만이 자기 삶의 가치를 판단할 수 있는 유일한 사람이라거나, 인생의 가치를 끊임없이 의식해야 한다는 의미는 아니다. 이것이 내가 10장에서 성찰하지 않는 삶도 가치가 있을 수 있는 가능성을 허용한 이유이다. 이것은 우리가 자기 삶의 가치와 의미에 대해 무지하거나 잘못 알고 있을 수 있다는 내 설명과도 완벽하게 양립할 수 있다. 그러므로 어떤 사람이 유의미한 삶을 살고 있다고 **생각한다**는 사실에서 그 사람이 실제로 그러한 삶을 살고 있다는 결론이 도출되지는 않는다.

내 설명이 도덕성을 전제로 한다는 생각에 대해서는 찬성도 반대도 있을 수 있다. 그러나 내가 보여주고 싶었던 것은, 내가 옹호하는 입장이 스스로 도덕적으로 혐오스러운 삶을 선택한 사람을 비판할 수 없게 만든다는 주장이 옳지 않다는 점이다. 나는 개인적인 선택이 전부이고 가장 중요하다고는 주장하지 않았다. 단지 개별 인간이야말로 이론의 여지 없이 만물의 척도라고 보는 인본주의적 철학을 그린 것뿐이다.

신비의 고수

인본주의적인 설명에 반대하는 두 번째 유형의 주장 또한 오만하다는 비난을 들고 나온다. 이번에는 내가 '탈신비화'하는 방식이 지나치다는 것이다. 내가 시도했던 일은 모든 것을 인간 지성의 범위 안으로 편입하고, 어떤 의미로든 인간의 이해를 넘어서는 것들은 거부하는 방식이었다. 하지만 반대자들은 인생에는 일개 필멸의 존재가 이해할 수 없는 것들이 훨씬 많이 있으며, 유의미한 삶을 살기 위해서는 현실의 신비스럽고 설명할 수 없는 측면들에 귀 기울여야 한다고 주장한다.

어떤 면에서 이러한 반대는, 인생의 의미가 별로 신비스럽지 않으며 어찌 보면 평범하다는 생각을 싫어하는 사람들의 항변에 지나지 않는다. 내 진술이 신비의 여지를 남겨놓지 않는다고 불평하는 것은 좋다. 하지만 내 설명이 신비로운 그 무엇도 남겨놓지 않는다면, 아마도 신비란 것이 전혀 없다는 것이 올바른 결론일지도 모른다.

그러나 내 설명이 신비에 대한 여지를 전혀 남겨놓지 않았다는 것은 그야말로 틀린 주장이다. 내 주장에는 본질적으로 교조적인 부분이 없다. 예를 들어 나는 초월론적 영역이 있을 가능성이 없다고 말하지 않았다. 내가 주장한 바는 초월론적 영역이 있다고 생각할 타당한 근거가 없는 상태에서 종교를 믿는다면 신앙의 위험이 뒤따른다는 것이 전부다. 또 나는 특정한 종교가 인생에 가치를 부여해줄 수 있음도 부정하지 않았다. 다른 사안에도 유효할 여러 이유를 들어 종교를 거부하는 것이 나로서는 합당하다고 주장했을 뿐이다.

무엇보다도 중요한 것은, 내가 제시한 설명이 인생에 대한 처방전이 아니라 인생의 의미에 대한 틀에 더 가깝다는 사실이다. 따라서 세부 사항에 들어가면 인생이 너무 명료하게 이해되는 것을 싫어하는 사람들의 취향에 맞는 신비적인 요소들도 많이 있을 것이다. 그런데 이러한 신비의 주요 원천은 어떤 초월론적 실재가 아니라 인간의 본성 자체다. 사실 인생에 아무런 신비도 없다고 말하기에는 우리 인간은 너무나 복잡하고 놀라운 존재가 아닌가.

실제로 자신을 위해 유의미한 삶을 건축하기 위해서는 이 책에서 설명되지 않은 수많은 신비와 대면해야 한다. 이를테면 우리를 살아가도록 만드는 것들, 우리가 발견한 가장 중요한 것들, 전혀 알지 못했던 우리 자신의 욕망을 깨닫게 되는 것, 결코 해낼 수 없다고 생각했던 일을 해내는 것과 같은 신비와 대면해야 한다. 따라서 신비와 경이가 없는 미래와 맞닥뜨릴 위험은 전혀 없다. 인생이란 예상하지 못한 방향으로 꼬여 돌아가며 우리는 종종 자기 자신조차 신비하기 때문이다.

신비를 수용하는 또 다른 유형이 있다. 그것은 매우 가치 있지만 자기를 위한 의미를 찾는 일에만 초점을 맞추면 간과하기 쉬운 것으로, 종교적인 용어로는 은혜 또는 감사라고 부르는 느낌이다. 이것은 단순히 우리가 살아 있는 것이 행운이라는 생각이 아니라, 이 모든 것이 우리 자신이 아닌 다른 무엇 덕분이라는 생각이다. 종교적인 생활양식에서는 매일의 기도와 식사 전의 감사를 통해 그에 대한 고마움의 표현을 의례화한다. 반면 그런 감사를 드릴 신을 믿지 않는 사람들은 자기 존재의 우연성과 자기의 존재가 통제할 수 없는 힘에 의존한다는 것에 대해 날마다 명상할 동기가 없다는 것이다.

살아 있음에 감사하기 위해, 우리가 인생의 모든 것을 결정하는 것은 아님에 감사하기 위해, 반드시 신을 믿어야 하는 것은 아니다. 나는 이 두 가지 생각 모두 삶에 대한 적절한 감사와 마땅한 겸손을 고무하기 때문에 귀중하다고 믿는다. 먹을 음식이 있고, 친구가 있고, 진정한 유대를 맺을 수 있는 가족이 있다는 것 등이 행운임을 상기하는 일은 삶에 대해 감사하는 태도를 유지할 수 있게 해준다. 종교적 실천을 통해 이미 감사하는 삶을 살고 있는 사람들은 뭔가 가치 있는 일을 하고 있는 것이며, 이 점은 비종교인들이 배울 만한 부분이다.

하지만 이것은 신비를 존중한다고 말하는 사람들이 종종 품는 막연한 믿음과는 매우 다르다. 사람들이 신비라는 말에서 떠올리는 것은 신이나 내세가 반드시 존재해야 하고, 그런 것들은 필멸하는 인간보다 더 큰 존재이며, 도덕이라는 것은 인간 세상 너머에 있는 객관적 실재의 일부라는 등 매우 모호한 생각이다. 나는 이런 종류의 신비를 옹호하고자 하는 욕망의 배후에는 일종의 두려움이 있다고 생각한다. 즉 신이나 내세, 영혼, 우리가 가지지 못한 다른 가치들에 의지할 수 없다면, 우리가 가진 아마도 유일한 삶을 스스로 만들어가야 하는 책임을 져야 한다는 두려움이라고 생각한다.

그런 두려움을 느낀다면 우리는 그것에 맞서 싸워 극복해야 한다. 내세가 있든 없든, 현세는 그 자체로 귀중하며 유일하게 우리가 바꿀 수 있는 삶이다. 또한 우리는 현세에서 소중한 것이 무엇인지 반드시 우리 스스로 알아내야 한다. 그렇다고 우리가 신이 되는 것은 아니다. 우리는 잘 선택할 수도 있고 잘못 선택할 수도 있기 때문이다. 한낱 쾌락과 세속적 성공이 충만한 삶을 줄 것이라고 생각하는 사람들 대다수는 잘못 생각하는 것이다. 우리는 선택에 직면하고 책임을 진다. 우리는 실패할 수도 있고 성공할 수도 있다.

필요한 것은 사랑뿐?

언제나 도사리고 있는 비극의 가능성과 인간 삶의 취약함을 인식할 때 비로소 유의미한 삶에서 사랑의 역할을 이해할 수 있다. 사랑은 다양한 형태로 인간에게 대단히 중요하고, 존재를 가치 있게 만들어주는 것 중 하나이다. 내가 지금까지 사랑에 대해 얘기하지 않은 이유는, 사랑은 체계적인 철학보다는 소설이나 연극, 영화, 시에서 더 많은 영감을 얻을 수 있는 삶의 영역이기 때문이다. 사랑을 다룬 위대한 철학 저작은 많지 않으며, 마사 누스바움이나 레이먼드 게이타처럼 이 주제에 대해 저술을 남긴 주요 현대 철학자들 또한 문학을 논의하는 것으로 사랑을 다루었다는 것은 의미심장한 일이다.

그럼에도 사랑은 보이지 않는 실처럼 이 책의 모든 주요한 논의를 꿰뚫어 흐르고 있다. 모든 경우에 사랑은 내가 제시한 가능성의 측면에서 삶의 의미를 생각하는 것의 의의와 한계를 예증하고 있다.

선한 일을 하라는 명령에 대해 생각해보자. 순수 이성만으로 이타주의가 생기게 할 수는 없다. 이성 자체는 인간은 물론 다른 어떤 것을 위해 선한 방향으로 기울어지지 않는다. 이를 흄은 다음과 같이 표현했다. "내 손가락에 생채기가 나느니 세상 전체가 파괴되는 것이 낫다는 생각은, 이성에 어긋나는 것이 아니다." 선한 일을 하고자 하는 욕구는 이성에 뿌리를 두지 않는다. 그것은 동반자에 대한 사랑이나 가족애, 또는 보편적 사랑이나 동류의식 같은 다양한 사랑에 뿌리를 두고 있다. 그런 사랑이 없다면 그 어떤 이성적 근거라도 우리가 선한 일을 하도록 부추기기에는 역부족일 것이다. 흄의 다른 표현을 빌리자면 "이성은 정념의 노예이고, 그래야만 한다." 흄은 많은 이성적 인본주의자들의 철학 영웅이다. 이성을 감정보다 우대하는 것을 그만두자는 것이다.

이것은 또한 인류를 위해 헌신하겠다는 욕망이 왜 잘못된 것인지를 설명해준다. 좋은 추상 개념이므로 우리의 사랑을 받을 적절한 대상이 아니다. 우리는 지각력 있는 생명체에게 줄 사랑을 보존해 두어야 한다. 그런 생명체는 우리의 사랑에 응할 수 있다.

사랑은 또한 행복을 추구하는 욕망에도 빛을 비춘다. 사랑에 대한 욕망은 행복에 대한 욕망과 연결되어 있다. 하지만 진정 사랑하는 사람이라면 사랑을 의도적으로 행복 추구의 일종으로 환원할 수는 없을 것이다. 남녀 간의 사랑이든 가족 간의 사랑이든 정신적인 사랑이든 간에 진정한 사랑은 불행을 견뎌내며, 사랑하는 사람이 아니라 사랑받는 사람의 안녕을 더 중요하게 여긴다. 결국 사랑은 유의미한 인생에서 행복의 중요함을 보여주지만, 행복이 전부라고 보는 관점의 얄팍함도 보여준다.

우리는 조건 없이 있는 그대로의 모습대로 사랑하고 사랑받기를 원한다. 이는 우리가 진실성을 중요하게 생각한다는 점을 보여준다. 동시에 사랑이 요구하는 솔직함은 매우 위험스럽고 우리를 상처받기 쉬운 상태로 만들기도 한다. 그래서 우리는 사랑을 힘들게 하거나 끝장낼 위험이 있는, 우리 자신과 상대방에 관한 진실로부터 도망쳐 쉽게 자기기만에 굴복하고 마는 것이다. 삶을 진실하게 살 책임과 그에 따르는 어려움이 타인과의 밀접한 관계에서보다 뚜렷하게 드러나는 곳은 없다.

사랑에서의 성공을 생각해보면 성공의 본질에 대한 통찰을 얻을 수 있다. 성공이 바라던 결과를 얻는 것이라면, 관계는 결코 성공하지 못한다. 사랑에서의 성공은 계속되는 과제이며 언제나 불안정하다. 이런 면에서 사랑에서의 성공은 내가 주장했던 진정한 성공이 유의미한 삶에 기여할 수 있음을 보여주는 훌륭한 사례이다.

사랑은 또한 때로 우리에게 오늘을 붙잡으라고 요구한다. 사랑은 소중한 것이지만 찾기는 어려우므로 진정한 사랑이 지나가게 내버려두거나, 사랑하고는 있지만 소원해진 친구나 가족과의 화해를 나중으로 미루는 것은 어리석은 일이다. 물론 이런 논리는 앤드루 마벌의 형이상학적 시구나 술집에서 일어나는 투박한 수작에 이르기까지 유혹의 기술로도 사용되었다. 그러나 이것이 유효한 이유는 하나뿐이다. 지나치게 조심하면 사랑은 우리를 지나치고 만다는, 우리를 괴롭히는 진실을 보여주기 때문이다.

성찰하지 않는 삶이라 해도 여전히 살 가치가 있는 것은, 사랑으로 가득 찬 삶일 수도 있기 때문이다. 강한 감정적 애착을 느끼기 위해 철학적 성찰을 할 필요는 없다. 세계적으로 유명한 로큰롤 가수이자 동시에 피해자인 오지 오스본은 자기가 철학자가 아니라고 가장 먼저 인정하고 나설 사람이다. 그는 자신의 트레이드마크대로 거침없이 말한다. "사람들은 내가 별난 짓을 하고 다닌다고 한다. 의심의 여지 없이 나는 빌어먹을 꼴통이다." 그러나 '오래 고생한 아내'라는 숙어가 누구보다 어울리는 샤론은, 남편에게 내면의 악마와 마약중독과 싸우고 살아갈 이유를 주었다. 오스본은 이렇게 말했다. "나는 세상 무엇보다도 이 여인을 사랑한다. 그녀가 없다면 나는 살지 못할 것이다."

철학은 이성적이고, 통제 가능한 것, 선택의 대상인 것, 그리고 면밀하게 분석할 수 있는 것들을 성찰하기에 가장 적합한 도구이다. 사랑은 반이성적인 것은 아니라 해도 적어도 이성이 좌우하는 것은 아니다. 우리의 통제를 완전히 벗어난 것은 아니지만, 완전하게 통제할 수 있는 것도 아니다. 우리는 사랑할 때 무슨 일을 해야 할지 정도는 선택할 수 있지만, 무엇을 혹은 누구를 사랑할지는 선택할 수 없다. 사랑은 과학수사대 같은 철학의 언어가 아니라 문학, 시, 노래로 가장 잘 표현된다.

그렇다고 사랑이 이성적 인본주의적 접근 방식이 틀렸음을 보여준다는 말은 아니다. 그렇다기보다 사랑은 인생을 이해하고 삶의 주인이 되는 데 드러나는 인간 능력의 한계를 잘 보여준다. 존재의 의미에 대한 인본주의적 설명은 이 점을 인정할 수밖에 없다. 그러나 사랑은 또한 인본주의의 주장에 뭔가 심오한 것이 있음을 보여준다. 사랑은 불멸도 불굴도 아니다. 슬프지만 사랑이 우리에게 필요한 전부라는 말은 사실이 아니다. 사랑은 삶과 마찬가지로 소중한 것이지만, 깨지기 쉽고 불확실한 것이기도 하다. 사랑은 넘치는 기쁨과 환희의 원천이지만, 위험과 실망으로 가득 차 있기도 하다. 인본주의자는 이번 생이 유일하게 가능한 의미의 원천이라고 생각하며 이 모든 것을 받아들인다. 도덕성이 초월론적 영역에 의지하지 않는다는 주장을 받아들이고, 신성의 대체물로 보지 않으면서도 신비가 존재한다는 것을 받아들이듯이 말이다. 이와 반대로 초월론자는 더 상위의 법칙과 명령에 따르는 것이 인생에서 가치 있는 일이라고 생각하고 싶어 한다. 그들에게는 사랑이 모든 것을 정복하고 죽음마저도 이길 수 있는 것이 아니라면 충분치 못하다. 인간의 삶에만 뿌리를 두고 있는 도덕은 도덕이 아니며, 인간 지성의 한계를 보여줄 뿐이라면 신비는 견딜 수 없다는 식이다. 무언가 더 큰 존재에 대한 초월론의 욕망도 이해 못 할 바는 아니다. 하지만 인본주의자가 초월론적인 것을 거부하는 것은 인간 지성의 한계, 그리고 궁극적으로는 인간 존재의 한계를 직시하고 받아들일 능력이 있음을 보여주는 증거라고 믿는다.

결론

자, 이게 영화의 결말입니다. 이제 여기에 인생의 의미가 있습니다. (봉투가 그녀에게 전달된다. 그녀는 사무적으로 봉투를 연다.) 감사합니다, 브리지트. (그녀가 읽는다.) … 흠, 그리 특별한 건 없군요. 사람들에게 친절하려고 노력하라, 뚱뚱해질 정도로 먹지 말라, 때때로 좋은 책을 읽으라, 산책을 하라, 모든 신조와 모든 나라의 사람들과 평화롭고 조화롭게 살려고 노력하라.

/

《몬티 파이튼-삶의 의미》

인생의 의미는 몬티 파이튼이 영화 말미에서 말하는 것처럼 그렇게 단순하지는 않을 수도 있다. 하지만 내가 이제껏 제시한 논증이 맞는다면 이 영화는 핵심에서 동떨어진 것이 아니다. 서문에서 밝혔듯 이 책의 목적은 거창한 비밀을 밝히려는 것이 아니다. 인생의 의미라는 모호하고 신비로운 질문을 무엇이 인생에 목적과 가치를 주는가라는 더 구체적이고 전혀 신비롭지 않은 질문들로 환원하여 삶의 의미에 대해 거품을 뺀 설명을 제공하는 것이다. 따라서 삶의 의미를 이해하기 위해서 특별히 지혜로워야 하는 것은 아니다.

 몬티 파이튼 영화의 결론에서와 마찬가지로, 어떤 의미로 내가 제시한 설명에 "그리 특별한 건 없"다. 그러나 결론이 단순하다고 해서 중요성이 떨어지는 것은 아니다. 우리 모두에게 삶의 의미가 명백하게 드러날 수 있고, 우리 모두 삶의 의미를 손에 넣을 수 있다는 이 단순한 사실은 사제, 구루, 교사 등 인생의 의미의 수호자를 자처하는 사람들에게는 커다란 도전이다. 그들은 삶의 의미가 평범한 사람들이 사는 세계 너머에 있는 것이라고 생각하게 만든다. 이러한 견해에 도전하는 것은, 특별한 지식을 가지고 있다고 주장하며 우리에게 영향력을 행사하려는 사람들의 권력에 도전하는 셈이다. 우리 각자에게 스스로 의미를 찾고 부분적으로 그것을 결정할 힘과 책임을 되돌려준다는 점에서 이 책의 주장은 민주적이고 평등적이다.

결론이 너무 단순해서 오해를 받을지도 모르겠다. 단순한 것이 항상 쉽고 명백한 것은 아니기 때문이다. 인생이 그 자체로 가치 있다고, 특히 진실성과 행복과 타인에 대한 관심이 조화를 이룬 삶일 때, 시간을 낭비하지 않는 현재에 충실한 삶일 때, 되고 싶은 사람이 되기 위해 끝없이 노력하고 그런 면에서 성공을 거둔 삶일 때 더욱 가치 있다고 말하기란 간단하다. 그러나 이 모든 것을 실행에 옮기기는 어렵다. 사실 성공을 목표로 의미 있는 삶을 추구할 때는 앞에서 보았듯이 비현실적으로 높은 기준을 세움으로써 결과적으로 인생에 만족하지 못하게 될 위험이 뒤따른다. 우리는 유의미한 삶의 요소가 무엇인지 알 수는 있지만, 그렇다고 그것이 만족스러운 단순한 처방전을 제공하는 것은 아니다.

부분적으로는 이 때문에 책을 마무리하면서 마음이 편치 않다. 이제 작가들은 타자기 앞에 앉아 의기양양하게 '끝'이라고 자판을 누르면서 책을 끝맺지 않는다. 오늘날 작가들은 마지막이라고 결정하면 마우스를 클릭해 저장하고 끝낸다. 그러나 인생의 의미 같은 주제를, 어떻게 충분히 말하고 모든 것을 다 다루었다고 느낄 수 있겠는가? 로마에서 주말을 보내고는 이 영원의 도시를 "다 봤다"라고 말하는 관광객들처럼 이 책을 쓰고서 인생의 의미를 "다 봤다"라고 결론 내리기에는 미심쩍은 구석이 있다.

이 불편함을 일으키는 명백한 진실은, 이 주제에 관해서는 최종적인 해답이 없다는 사실이다. 어떤 면에서는 온건하고 어떤 면에서는 온건하지 않았던 이 책의 야심은, 다양한 철학적 의견들을 유기적으로 통합하여 삶의 의미라는 질문을 명료하게 만드는 것이었다. 이렇게 해서 우리는 일종의 틀을 갖게 되었다. 이 틀은 잠정적이고 개선될 수 있으며, 생각보다 더 많은 면에서 구체화되고 현실화될 수 있다. 세부사항을 덧붙일 때, 다시 말해 실제로 유의미한 삶을 살려 노력할 때 우리는 철학자뿐 아니라 심리학자, 소설가, 예술가, 시인의 말도 들어봐야 한다. 물론 철학이 크게 기여하긴 하지만, 삶을 유의미하게 살기 위해서는 철학자 이상이 되어야 한다. 데이비드 흄이 말했듯 "철학자가 되라. 하지만 당신의 그 모든 철학의 한복판에서 여전히 인간으로 있으라."

삶의 의미에 관해서 그 어떤 책도 최종적인 대답을 주지 못하는 또 하나의 이유는, 우리는 모두 제각각 다르며 자신만의 특수한 삶을 살 때 자신만이 할 수 있는 선택을 해야 한다는 점 때문이다. 우리에게는 우정, 음식, 쾌락, 행복, 성공 등 다른 사람들과 똑같은 욕구가 있지만, 이 욕구들의 유형과 강도는 사람에 따라 매우 다양하다. 어떤 사람은 혼자서는 한 시간도 견디기 어려워하지만, 어떤 사람은 고독을 사랑한다. 어떤 사람은 강렬한 경험이 필요해 스릴을 찾아다니는 반면에, 어떤 사람은 조용한 삶을 선호하며 그러한 긴장이 정신을 산만하게 한다고 생각한다. 어떤 사람은 정신적인 삶을 좋아하고, 어떤 사람은 댄스 음악의 격렬한 비트를 느끼기 위해 살며, 어떤 사람은 두 가지 욕구를 다 강하게 느낀다. 그런 이유로 '인생의 의미에 대한 안내서' 류의 책은 그 어느 것도 완벽한 지침서가 될 수 없으며 각 개인이 가치 있는 삶을 사는 데 필요한 틀을 제공할 뿐이다.

다만 가치 있는 삶을 산다는 것은 인생의 취약성과 예측 불가능성, 우연성을 직시하고 최선을 다해 산다는 것을 의미한다. 이것은 절망이라기보다는 희망의 원천이다. 만일 인생의 의미가 신비가 아니고 유의미한 삶을 사는 것이 우리 힘에 달렸다면, 우리는 절망 속에서 "인생이란 도대체 무엇인가?"라고 질문할 필요가 없다. 주변을 둘러보면 유의미한 삶에는 다양한 방식이 있다. 행복의 가치를 알면서 또한 행복이 전부가 아니라는 것도 받아들인다면, 행복이 우리 곁을 비껴가는 시간을 더 수월하게 견딜 수 있다. 충족되지 않을 욕망의 노예가 되지 않으면서도 인생의 쾌락을 음미하는 법을 배울 수 있다. 성공의 중요성을 알면서도 그것을 너무 편협하게 해석하지 않는다면, 눈에 보이는 대중적인 성공뿐 아니라 뜻하는 바를 이루기 위해 분투하는 과정의 진가를 알 수 있다. 잡아둘 수 없는 순간을 붙잡아두려고 몸부림치지 않고서도 오늘을 붙잡는 일의 소중함을 알 수 있다. 모든 것을 헌신하는 것만이 이타주의라고 생각하지 않고서도 타인 또한 유의미한 삶을 살도록 돕는 일의 진정한 가치를 알 수 있다. 그리고 마침내 우리는 이 모든 것을 행하도록 만드는 가장 강력한 동기부여자인 사랑의 가치를 깨달을 수 있을 것이다.

더 읽을거리 및 참고문헌

※국내에 번역된 적이 있는 단행본, 영화 등은 번역된 제목을 병기했다.

서문

진리와 현명함이 담긴 더글러스 애덤스의 책《은하수를 여행하는 히치하이커를 위한 안내서*The Hitchhiker's Guide to the Galaxy*》(Pan)에서 많은 것을 배울 수 있을 것이다.

1장 청사진을 찾아

신의 존재를 옹호하는 전통적인 논증이 왜 틀렸는지 자세히(그렇게 자세히는 아니지만) 알고 싶다면 내가 쓴《*Philosophy: Key Themes*》(Palgrave Macmillan)에서 종교철학에 관한 장을 보라. 더 딱딱한 설명은 내가 쓴《*Atheism: A Very Short Introduction*》(Oxford University Press)에 들어 있다.

내가 참고한 유용한 웹사이트가 둘 있는데, 〈Online Etymology Dictionary〉(www.etymonline.com)와 〈PBS's history of the Big Bang for beginners〉(www.pbs.org/deepspace/timeline)이다.

메리 셸리의《프랑켄슈타인*Frankenstein*》은 여러 판본이 있는데, 내가 참고한 책은 Oxford University Press에서 낸 판본이다.

아리스토텔레스의 인과론은 그가 쓴 《형이상학Metaphysics》(Penguin)에 나온다.

버트런드 러셀의 인용문은 그가 쓴 《우리는 합리적 사고를 포기했는가Sceptical Essays》(Routledge)가 출처다.

진화를 제대로 이해하기 위해 나는 리처드 도킨스의 《이기적 유전자 The Selfish Gene》(Oxford University Press)를 참조했고, 여러분에게도 강력하게 권한다.

여러 번 참조한 실존주의의 세 주요 저작은 다음과 같다. 니체의 《권력에의 의지The Will to Power》(Penguin), 장폴 사르트르의 《실존주의는 휴머니즘이다The Myth of Sisyphus》(Methuen), 알베르 카뮈의 《시지프 신화The Myth of Sisyphus》(Penguin).

대니얼 데닛의 인용문은 다음 인터뷰가 출처다. http://www.pbs.org/saf/1103/hot line/hdennett.htm.[지금은 다음에서 확인할 수 있다. https://web.archive.org/web/20010124065600/http://www.pbs.org/saf/1103/features/dennett3.htm. ─ 옮긴이]

유진 서난의 인용문은 다음이 출처다. 《Observer》(2002. 6. 16)

발생론적 오류는 모리스 R. 코언과 어니스트 네이글이 《An Introduction to Logic and Scientific Method》(Simon Paperbacks)에서 최초로 설명했다.

2장 미래를 향해 살아가기

홉스를 언급한 부분은 그가 쓴 《리바이어던Leviathan》(Penguin)이 출처다. 아리스토텔레스의 《니코마코스 윤리학Nicomachean Ethics》(혹은 줄여서 《윤리학》)(Penguin)은 어떻게 삶을 잘 살아갈 수 있을지에 관해, 오늘날에도 여전히 통찰을 주는 책이다.

피터 싱어의 《이렇게 살아가도 괜찮은가How are We to Live?》(Oxford University Press)는 한번 읽어볼 가치가 있다. 그가 언급한 댈러스 카우보이스 코치에 관한 일화는 알피 콘의 《경쟁에 반대한다No Con-

test》(Houghton Mifflin)가 출처다.

키르케고르는 존재의 여러 영역 혹은 단계를 《이것이냐 저것이냐 *Either/Or*》(Penguin)에서 끝없이 반복하여 설명하며, 《인생길의 여러 단계*Stages on Life's Way*》(Princeton University Press)에서는 그나마 참을 만하게 설명한다. 자기 사상의 종교적 동기에 관해서는 《관점*The Point of View*》(Princeton University Press)에서 논의한다.

헤겔의 변증법은 《정신현상학*The Phenomenology of Spirit*》(Oxford University Press)에서 다루어진다. 이 책 또한 두껍고 어려운 책이므로 피터 싱어의 입문서 《헤겔*Hegel: A Very Short Introduction*》(Oxford University Press)이 더 나을 수도 있다.

필립 라킨의 〈Next, Please〉는 그가 쓴 《*Collected Poems*》(Faber)에 들어 있다. 마르쿠스 아우렐리우스의 인용문은 그가 쓴 《명상록*Meditations*》(Penguin)이 출처다.

올리버 제임스의 《*Britain on the Couch*》(Century)는 6장에도 불쑥 언급된다.

영화 〈아메리칸 사이코*American Psycho*〉는 원작의 명함 사건을 정확하게 재현하지는 않는다. 당신이 실로 끔찍한 가학적 폭력을 견딜 수 있다면, 원작 소설(Picador에서 나왔다)에서 브렛 이스턴 엘리스는 신랄한 풍자로 그 사건을 더 탁월하게 묘사한다.

사르트르는 《존재와 무*Being and Nothingness*》(Routledge)에서 자기기만을 논의한다. 이 책은 두껍고 어려운 책이므로 사르트르 사상의 입문서로는 스티븐 프리스트가 엮은 《*Jean-Paul Sartre: Basic Writings*》(Routledge)가 더 나을 수도 있다. 이 책에는 1장에서 언급한 《실존주의는 휴머니즘이다》도 포함되어 있다.

호프 에덜먼에 관한 내용은 캐시 하나워가 엮은 《그래, 난 못된 여자다*The Bitch in the House*》(Viking)에서 인용했다. 이 책은 《*Observer*》(2003. 3. 23)에 실린 조앤 스미스의 서평 덕분에 알게 되었다.

3장 천지간에 있는 더 많은 것들

루카스 무디슨의 인터뷰는 《*Observer*》(2003. 4.13)에 들어 있다.

버트런드 러셀의 인용문은 《나는 왜 기독교인이 아닌가*Why I am Not a Christian*》(Routledge)가 출처인데, 이 책은 무신론자를 기쁘게는 해도 유신론자를 설득하지는 못하는 책의 좋은 예다.

스피노자의 범신론 철학은 《에티카*Ethics*》(Hackett)에서 자세히 다뤄진다. 키르케고르의 《두려움과 떨림*Fear and Trembling*》(Penguin)은 누구든 흥미를 느낄 만한, 신앙 연구의 고전이다.

지면상 내 박사학위 주제인 개인 정체성의 철학에 관해 더 길게 말할 수는 없다. 이 주제에 관심이 있다면 존 페리가 엮은 《*Personal Identity*》(University of California Press)와 조너선 글로버가 쓴 《*I: The Philosophy and Psychology of Personal Identity*》(Penguin)를 강력하게 권한다.

사르트르는 앞의 여러 장에도 나왔고, 이번 장에 카뮈가 기여한 내용은 《페스트*The Plague*》(Penguin)가 출처다.

버나드 윌리엄스의 〈마크로풀로스 사건The Makropulos Case〉은 《*Problems of the Self*》(Cambridge University Press)에 들어 있다.

4장 도우러 왔습니다.

노르웨이인 부부와 유대인 아이에 관한 논의는 필리파 풋의 통찰이 빛나는 《*Natural Goodness*》(Oxford University Press)에 나온다. 내가 그랬듯, 내용에는 동의하지 않더라도 많은 것을 배울 수 있는 책 중 하나다.

자원봉사자에 사용된 광고 문구의 예는 전부 《*The Big Issue*》(2003. 6. 9-15)의 41쪽이 출처다. 이 잡지는 런던의 자원봉사자 광고가 실리는 가장 중요한 매체 중 하나다.

칸트 도덕철학의 핵심 저서는 《윤리형이상학 정초*The Groundwork of the Metaphysics of Morals*》(Cambridge University Press)이며, 여기서 다루는 사상은 창의적인 제목의 후속작 《윤리형이상학*The Metaphysics of Morals*》(Cambridge University Press)에서 더 깊이 다뤄진다.

버트런드 러셀의 인용문은 그가 쓴 《철학의 문제들*The Problems of*

Philosophy》(Oxford University Press)이 출처다.

행복 설문조사는 민텔 사가 수행했으며 《*Observer*》(2003. 6. 15)에 인용되었다.

디드로의 고독에 관한 문장은 그의 희곡 〈사생아The Natural Son〉에 나온다. 자신을 겨냥한 표현이라고 생각한 루소는 《고백*Confessions*》(Wordsworth)에서 이 문장을 인용했고, 이 때문에 유명해진 문장이다.

5장 더 커다란 이익

마거릿 대처의 인용문은 《*Woman's Own*》(1987. 10. 3)에 실린 기사 〈Aids, Education and the Year 2000〉이 출처다.

데릭 파핏의 《*Reasons and Persons*》(Oxford University Press)는 고전이며, 내가 본문에서 참조한 단락에서 풍기는 인상보다는 훨씬 더 흥미로운 책이다.

리처드 도킨스의 《이기적 유전자》는 1장에서 먼저 언급했다.

조너선 글로버의 《휴머니티*Humanity*》(Pimlico)는 추상적, 이념적 가치를 인간 안녕보다 우선시하는 데 대한 교훈적인 경고다. 조지 오웰의 《동물농장*Animal Farm*》(Penguin)처럼 말이다.

데이비드 쿠퍼는 박식하고 광범위한 자신의 저서 《*The Measure of Things: Humanism, Humility and Mystery*》(Oxford University Press)에서 조야한 인본주의로는 사람이 살 수가 없다고 주장했다.

6장 행복하기만 하다면

쇼펜하우어의 쾌락과 행복에 관한 사상은 그의 《*Essays and Aphorisms*》(Penguin)에서 찾아볼 수 있다. 이 주제에 관한 아리스토텔레스의 논의는 그의 《윤리학》에 나오며, 에피쿠로스의 논의는 존 개스킨이 엮은 《*The Epicurean Philosophers*》(Everyman)에, 밀의 논의는 《*On Liberty and Other Essays*》(Oxford University Press)에 엮인 〈공리주의*Utilitarianism*〉에 나온다.

칸트의 인용문은 《윤리형이상학 정초》가 출처다.

제인 구달의 《인간의 그늘에서In the Shadow of Man》(Weidenfeld & Nicolson)는 그녀가 침팬지와 함께한 삶을 근사하게 설명하는 책이다.

서양 현대 철학의 이성 중심적 편향에 관해서는 존 코팅엄의 명저 《Philosophy and the Good Life》(Cambridge University Press)를 보라.

로버트 노직의 유명한 사고실험은 《아나키에서 유토피아로Anarchy, State and Utopia》(Blackwell)에 나온다.

올더스 헉슬리의 《멋진 신세계Brave New World》는 Flamingo판을 참조했다. 올리버 제임스는 왜 우리가 전보다 풍족해졌는데도 행복은 전보다 덜 느끼는지에 관해 《Britain on the Couch》에서 질문을 던진다.

조지 버나드 쇼의 인용문은 《인간과 초인Man and Superman》(Penguin)이 출처다.

스토아학파와 그외 여러 철학에 관한 훌륭한 해설은 앤서니 고틀리브의 《이성의 꿈The Dream of Reason》(Penguin)에서 찾을 수 있다.

소크라테스의 재판은 플라톤이 쓴 〈소크라테스의 변명Apology〉에서 묘사된다. 이 글은 선집 《The Last Days of Socrates》(Penguin)에 있다.

7장 승리자 되기

사르트르의 《실존주의는 휴머니즘이다》가 또 불쑥 언급되었다(2장을 보라).

내가 참고한 체호프의 《갈매기The Seagull》 텍스트는 〈Online Library and Digital Archive〉(http://ibiblio.org)에 있다.

위조 동전에 관한 길버트 라일의 논의는 〈Perception〉에 나온다. 이 글은 《Dilemmas: The Tarner Lectures》(Cambridge University Press)에 들어 있다.

조너선 레는 제인 체임벌린과 함께 엮은 《The Kierkegaard Reader》(Blackwell)의 서문과 '요하네스 클리마쿠스'[7세기경의 수도승으로 키르케고르는 몇몇 저작에서 그의 이름을 필명으로 사용했다.—옮긴이]에 대한 해설에서 '철학자가 된다는 것'에 관해 이야기한다. 키르케고르는 시간 들여

읽을 가치가 있으며 이 책은 좋은 출발지가 될 것이다.

자유의지 논쟁에 관해, 데이비드 흄은 《인간의 이해력에 관한 탐구 An Enquiry Concerning Human Understanding》(Oxford University Press)에서 자신의 양립 가능론을 논의했고 20세기에는 A. J. 에이어가 《Philosophical Essays》(Macmillan)에서 그 바통을 이어받았다. 칸트는 《윤리형이상학 정초》에서 자유의지를 상정할 필요에 관해 이야기했다. 테드 혼드리치는 읽기 쉬우면서도 독창적인 자신의 저서 《How Free are You?》(Oxford University Press)에서 양립가능론을 반박했다. 이 주제에 관한 최신 정보(보통은 난해한)를 얻고 싶다면, 로버트 케인이 엮은 《Free Will》(Blackwell)이 도전할 만한 과제를 풍부하게 제공한다.

존 개스킨이 엮은 《The Epicurean Philosophers》는 한번 더 언급할 가치가 있는 책이다.

8장 카르페 디엠

호라티우스는 자신의 《Complete Odes and Epodes》(Oxford University Press)를 통해 오늘을 붙잡는다.

케이트 부시의 노래 〈Moments of Pleasure〉는 앨범 〈The Red Shoes〉(EMI)에 들어 있으며, 러시의 〈Time Stand Still〉은 앨범 〈Hold Your Fire〉(Vertigo)에 들어 있다.

이번에도 키르케고르의 《인생길의 여러 단계》와 《이것이냐 저것이냐》가 주요 출처다.

해네이는 《Kierkegaard》(Routledge)에서 키르케고르를 논의한다.

'현재'의 체계적 회피성 개념은 길버트 라일의 《마음의 개념 The Concept of Mind》(Penguin)에 나오는 '자아'의 체계적 회피성의 변형이다.

게일런 스트로슨의 논문 〈The Self〉는 레이먼드 마틴과 존 바레시가 엮은 《Personal Identity》(Penguin)에 수록되어 있다. 일회성과 통시성을 중점적으로 다루는 또 다른 논문 〈Against Narrativity〉는 스트로슨이 엮은 《The Self?》(Blackwell)에 들어 있다.

도로시 파커의 시 〈The Flaw in Paganism〉은 《The Best of Dorothy Parker》(Duckworth)에 들어 있다.

플라톤은 《필레보스Philebus》(Penguin)에서 쾌락에 관해 이야기한다. 다시 언급하지만, 아리스토텔레스의 《윤리학》은 주의를 기울일 만한 가치가 있는 책이다.

아직도 사르트르 인용문의 출처를 모르겠다면, 평생 걸려도 모를 것이다. 콜린 패럴의 인용문은 《Toronto Star》(2003. 4. 5)가 출처다.

윌리엄 서트클리프의 《Are You Experienced?》는 Penguin에서 출간된 책이다.

9장 너 자신을 버려라

데카르트는 《방법서설Discourse on Method》에서 자신이 존재한다고 생각했다. 《성찰Meditations》과 함께 묶인 합본(Penguin)을 참조했다.

흄의 자아 '다발론'은 《인간 본성에 관한 논고A Treatise of Human Nature》 1권(Oxford University Press)에 나온다.

바지라 비구니의 시는 www.buddhistinformation.com/no_inner_core.htm에 있는 사야도 우 실라난다의 〈No Inner Core-Anatté〉에서 인용했다. [현재는 이 주소에 접속할 수 없다. 검색해보면 다른 여러 곳에 같은 문서가 있다.—옮긴이] 불교에 관한 좋은 입문서로는 대미언 권이 쓴 《Buddhism: A Very Short Introduction》(Oxford University Press)이 있다.

러셀은 《철학의 문제들》의 끝부분에서 과열되고 갇힌 삶에 대해 경고한다.

니체는 고전이 된 《도덕의 계보On the Genealogy of Morals》(Oxford University Press)에서 삶을 부정하는 '노예 도덕'에 관해 이야기한다.

마돈나의 인용문은 《Observer》(2003. 6. 8)가 출처다.

비트겐슈타인은 《논리-철학 논고Tractatus Logico-Philosophicus》(Routledge)에서 말할 수 없는 것에 관해서는 침묵하라고 이야기한다.

데이비드 쿠퍼는 《The Measure of Things》에서 말로 할 수 없는 것을 가능한 한 말로 풀이한다.

10장 무의미함의 위협

카뮈는 《시지프 신화》에서 부조리에 관해 이야기한다.

A.J. 에이어의 《언어, 진리, 논리Language, Truth and Logic》(Penguin)는 그의 논리실증주의에 관한 정통 해설서다. 단, 내가 인용한 부분은 《Guardian》(2003. 1. 23)에 실린 폴 데이비스의 기사 〈Universal Truths〉가 출처다. 논리실증주의는 이제 퇴물이 되었지만, 일상언어학파에서는 값진 통찰을 여럿 얻을 수 있다. 그 일례로 J.L. 오스틴의 《Philosophical Papers》(Clarendon)를 보라.

'성찰하지 않는 삶' 문장은 플라톤의 〈소크라테스의 변명〉에서 나온다. 이 글은 《The Last Days of Socrates》에 들어 있다.

니콜라스 레셔는 《Philosophical Reasoning》(Blackwell)에서 인간을 호모 쿠아에렌스라고 불렀다. 내 책의 주제와는 거의 관련이 없지만, 그래도 읽어볼 가치는 있는 책이다.

인생이 너무 무겁게만 느껴질 때에는, 언제라도 〈Official Peanuts Website〉(www.unitedmedia.com/comics/peanuts)에서 소박한 철학을 만나볼 수 있다.

11장 이성이 전혀 알지 못하는

내가 이성적-인본주의라고 언급한 주제에 관한 책을 한 권만 꼽아야 한다면, 그것은 리처드 노먼의 《삶의 품격에 대하여On Humanism》(Routledge)가 될 것이다.

파스칼의 인용문은 그가 쓴 《팡세Pensées》(Penguin)가 출처다.

존 코팅엄의 《삶의 의미On the Meaning of Life》(Routledge)는 내 책의 많은 부분에 대해 일종의 선제공격을 하는 책으로 읽어볼 가치가 있는 책이다. 특히 우리가 삶의 의미에서 영적 측면에 의지할 필요가 없다는 내 주장에 설득당하지 않은 사람에게는 더 그렇다.

데이비드 쿠퍼는 《The Measure of Things》에서, 내가 이 책에서 공정하게 평가한 신비성의 가치에 대해 훨씬 더 깊이 있는 분석을 제시한다.

흄은 《인간 본성에 관한 논고》에서 손가락에 난 생채기에 관해 논한다.

오지 오스본에 관한 내용은 《*Mojo*》(2003. 11)에서 폴 엘리엇이 한 인터뷰에서 인용했다.

결론

흄의 인용문은 《인간의 이해력에 관한 탐구》가 출처다.

마지막으로, 내가 답하지 못한 나머지 모든 질문에 관해서는 부디 영화를 책으로 낸 《몬티 파이튼 – 삶의 의미*Monty Python's The Meaning of Life*》(Methuen)를 참조하시길.

옮긴이 후기
삶의 의미를 찾는 생각 여행자를 위한 명쾌한 안내서
—이 윤

거대한 질문과 모호한 대답
"인생의 의미란 무엇인가?"라는 질문은 사람이 살면서 한 번쯤은 부딪히는 문제지만, 누구도 뚜렷한 해답을 내놓지 못하는 물음이기도 하다. 대부분 너무 심오하고 복잡한 문제라서 정답이 없다는 식으로 모호하게 마무리한다. 물론 일부 종교나 이데올로기는 자신 있게 이거다 하고 답을 내놓기도 하지만, 너무 독단적이라서 공감하기는 어렵다. 그래서 어떤 사람들은 아예 인생의 의미는 없다는 허무주의적 결론을 내리고 만다.

    사실 많은 사람들은 자신이 왜 사는지를 모르며, 알 필요도 없다고 생각한다. 인생이란 무엇인가라는 질문을, 자신은 왕년에 이미 졸업한 것으로 착각하는 경우가 많다. "왜 사십니까?"라고 물으면 소이부답으로 응수하며, 마치 알고 있지만 대답하지 않는다는 투로 답한다. 이상용의 시 〈남으로 창을 내겠소〉에 나오는 "왜 사냐건 웃지요"처럼, 모르면서 달관한 척 위장술로 대응하는 것이다. 노자의 '도가도비상도'를 들먹이는 사람도 있다. 말할 수 있는 것은 참된 진리가 아니며, 따라서 인생의 의미도 말로써 전달할 수 없다는 것이다. 이러한 달관이나 신비주의는 모두 얕은 물을 깊게 보이게 하기 위해 본질을 흐리는 전략을 취하는 것에 불과하다.

줄리언 바지니의 신비주의 해체 전략

줄리언 바지니는 이런 점에서 솔직하고 명쾌하다. 종교적 독단이나 철학적 교조주의를 배격하지만, 회의주의나 허무주의에 빠지지도 않는다. 일상인의 상식과 논리만으로 명쾌하게 인생의 의미를 탐색하는 데 성공을 거두고 있다. 바지니는《유쾌한 딜레마 여행》의 저자로 우리나라에도 친숙한 대중 철학자다. 경쾌하면서도 과장되지 않은 영국식 유머를 구사하며, 영미철학 전통에 맞게 분석적 방법을 통해 개념을 명료화하는 것으로부터 시작한다.

먼저 질문의 의미를 명확히 한다. "인생의 의미란 무엇인가?"라는 물음의 형식에는 함정이 있다. 많은 이들이 이 질문을 들었을 때 '무엇'에 해당하는 하나의 단답형 대답이 존재하며, 그것을 찾아내는 것으로 답변이 완료된다고 착각하는 오류를 범한다. 즉 질문에 대해 의문을 가지기보다는 "인생의 의미는 ☐이다"라는 답변의 네모 상자를 채울 수 있는 단 하나의 열쇠 같은 것을 찾아야 한다는 생각의 함정에 빠지고 마는 것이다. 예컨대 인생의 의미는 행복이다, 또는 신의 뜻에 따르는 것이다, 또는 쾌락이다, 또는 성공이다, 또는 해탈이다, 허무다 등등 오직 하나의 진리가 있고 만일 그 하나의 정답을 찾는다면 그 외 나머지는 가짜 의미 또는 부차적 의미가 될 것이라고 생각하는 것이다. 그 신비의 열쇠 하나만 찾아내면 인생의 모든 비밀은 한 방에 풀릴 것이라는 막연한 기대와 함께 말이다. 예컨대 많은 젊은 직장인들은 일 또는 돈에 인생의 의미가 독점적으로 걸려 있다고 착각하고 있다.

바지니는 인생의 질문이 신비로운 형이상학적 질문이 아니라는 점, 그리고 단답을 요하는 질문이 아니라는 점을 분명히 한다. '인생의 의미'는 선택받은 소수만이 명상과 계시를 통해 도달할 수 있는 신비스러운 비밀이 아니다. 대철학자들이 평생을 바친 지적 탐구를 통해서만 발견할 수 있는 학문적 진리도 아니다. 이런 주장은, 인생의 의미가 일단 찾기만 하면 삶의 모든 신비를 풀고 세상 모든 것을 설명할 수 있는 일종의 지식이라고 전제한다. 만일 그렇다면 특별히 지혜로운 사람만이 인생의 의미를 발견할 수 있게 되므로, 우리 같은 일반인 대부분은 그런 인생의 의미로부터 소외당하는 현상이 나타날 것이다.

바지니는 '인생의 의미'라는 모호하고 신비로운 하나의 질문을, 인생의 다양한 의미를 다루는 명쾌하고 구체적인 작은 질문들로 해체하는 분석적 전략을 취한다. 이를 통해 인생이란 무엇인가라는 질문이 우리가 생각했던 것처럼 초월론적인 질문도 아니고 단답을 요하는 하나의 질문이 아니라, 여러 개의 질문으로 구성된 복합 질문이라는 것을 보여준다.

인생의 의미라는 어찌 보면 초월론적이고 거대한 질문을 일상 수준의 작은 질문들로 분해해서 보면, 초점이 안 맞던 뷰파인더가 뚜렷해지는 것처럼 인생의 의미가 전보다 명확해지는 것을 느낄 수 있을 것이다.

줄리언 바지니의 2단계 각개격파 전략
질문에 대한 개념을 명료화한 다음 바지니는 크게 두 단계로 삶의 의미를 분석한다.

첫 번째로 인생의 의미를 시간축으로 검토한다. 즉 삶의 의미를 과거의 발생 기원(1장)이나 미래의 목적(2장)에서 찾을 수 있는지를 검토한다. 과거의 발생 기원에 대해서는 인간의 기원이 신의 창조라고 보는 창조론과 자연의 우연적 진화의 산물이라고 보는 자연주의로 나누어 검토한다. 이어서 신의 창조 목적 또는 인간 생명의 자연과학적 기원을 규명한다 해도 인간 삶의 의미를 찾을 수는 없음을 논증한다. 프랑켄슈타인의 생명 창조와 포스트잇의 발명 사례를 통해 발생론적 오류를 증명하는 논증은 매우 기발하고 명쾌하다. 바지니는 기독교적 창조주의 존재를 부인하거나 진화론의 과학적 증거를 거부하는 것은 아니다. 창조주가 존재한다고 전제하더라도 혹은 이기적 유전자 가설이 옳다고 가정하더라도, 그것이 인생의 의미를 보장해주지 못한다는 점을 보인다는 점에서 독특하다. 또한 내세의 영생불멸 같은 미래의 목적도 인생에 의미를 부여할 수 없으며 오직 현세에서만 삶의 의미가 가능함을 논증한다. 과학을 통해 인간의 기원을 안다 한들, 종교를 통해 영원한 내세가 보장된다 한들 인생의 문제는 조금도 건드려지지 않은 채 남아 있을 것이다. 결국 기독교적 내세도 이기적 유전자도 모두 삶의 의미라는 왕국에서 추방당한다.

다음으로 3장에서부터 10장까지는 자칭 타칭 인생의 의미에 대한 강력한 후보로 제시되는 여덟 가지 항목들을 하나하나씩 탐색하며 논파해간다. 바지니는 사람들이 삶의 의미로 내세우는 신앙, 이타주의, 대의명분, 행복, 성공, 쾌락주의, 해탈, 허무주의 등 여덟 가지 삶의 의미 후보들을 하나씩 하나씩 검토하면서 이것들이 (최소한 단독으로는) 인생의 의미가 될 수 없음을 논리적으로 증명해간다. 얼핏 그럴듯해 보이는 대안들에 대해 면밀한 검토를 하는 과정에서, 겉보기에는 타당한 것처럼 보였던 후보들의 결점과 내적 모순이 드러난다. 이를 통해 이들 여덟 가지 후보들이 충분히 성찰되지 않은 성급한 결론이었으며, 인생의 의미에 대한 독자적이고 충분한 대답으로서 부적합함을 증명하고 탈락시킨다.

어떻게 보면 무엇이 인생의 의미인지보다는 무엇이 인생의 의미가 아닌가에 집중하는 듯 보이기도 한다. 하지만 이 모든 것들을 100% 부정하는 것은 아니다. 바지니는 현세의 우리 삶이 유일하게 가능한 의미의 원천이라고 생각하기 때문에 신비를 주장하는 종교와 해탈 같은 초월론적 가치들은 전면적으로 부정한다. 그러나 이를 제외한 나머지 가치들에 대해서는 부분적으로 부정하고 부분적으로 긍정하는 전략을 취한다. 이러한 변증법적 종합을 통해 바지니는 삶의 의미에 대한 자신만의 명료한 프레임을 만든다. 크게 보면 영미철학의 분석철학적 전통 속에 사르트르식 실존주의가 가미된 이 프레임은 바지니의 용어로는 이성적 휴머니즘의 틀이다. 이것은 인생에 대한 정답을 제공하는 처방전이 아니라, 우리 각자가 구체화해야 할 삶의 의미에 대한 틀에 더 가깝다. 거창한 것들을 다 깨뜨리고 남은 것은 어찌 보면 홍상수 영화식 '일상의 의미'이다. 약간은 허무할 수도 있으나 이것이 인생이 감당해야 할 실존적 조건이다. 어쩌면 이것이 객관적 증거와 이성적 논리만으로 도달 가능한 삶의 의미의 최대치가 아닐까?

신비주의와 모호함을 버리고 증거와 논리만으로 규명한 인생의 의미

바지니의 책은 한마디로 합리주의와 휴머니즘을 나침반으로 삼아 인생의 의미를 찾아가는 생각 여행자들을 위한 명쾌한 안내서이다. 상식적 증거에 입각한 이성적 논리만으로 인생의 의미를 면밀히 검토하는 방법론을 취하고 있다. 인생의 의미에 대한 기존의 책들에서 흔히 보이는 근거 없는 도덕적 당위론이나 행복에 대한 상투적 인찬미 따위는 없다. 해도 그만 안 해도 그만인 뜬구름 잡는 소리도 아니요, 너도 모르고 나도 모르는 내세나 신에 대한 종교적 논쟁도 아니요, 깨달음이니 해탈이니 하는 초월론적 장광설도 아니다. 오히려 이러한 클리셰를 전복하는 통쾌함이 있다.

　논리는 촘촘하면서도 이해하기 쉬운 일상적 사례를 통해 일반 독자들도 접근할 수 있게 쓰였다. 니체, 키르케고르, 사르트르, 피터 싱어 등 근현대 철학에서 시작해 리처드 도킨스 같은 과학자까지 망라된다. 여기에 체호프의《갈매기》나 메리 셸리의《프랑켄슈타인》같은 소설, 몬티 파이튼이나 서부영화 등 대중문화까지 아우른다는 점에서 일반 독자들도 쉽게 접근할 수 있게 엮어낸 대중 철학서라 할 수 있다.

　이 책의 장점은 종교, 과학, 철학 등 인생의 의미에 관한 모든 거창한 주장들이 대부분 허튼소리임을 폭로하는 데 있다. 행복이나 성공이 인생의 모든 것인 양 부르짖는 자기계발서에서부터 하느님만이 길이요 진리라는 기독교나, 자아를 버리고 해탈하라는 불교, 영성을 부르짖는 뉴에이지 명상, 사춘기적 허무주의를 벗어나지 못하는 카뮈류 실존주의, 심지어 테레사 수녀의 이타주의나 공산주의 혁명 같은 대의명분론 등의 주장이 삶의 의미의 원천으로서 부적격함을 논증한다. 이 책은 신을 팔아먹는 종교지도자, 신비와 영성을 표방하는 구루나 명상가, 행복과 성공을 마케팅하는 컨설턴트 등 인생의 의미의 수호자를 자처하는 여러 분야의 장사꾼들을 매우 불편하게 만들 만큼 도발적이다. 바지니는 철학적 방법론을 쓰고 있지만 철학만이 유일한 대답을 내놓을 수 있다고 주장하지도 않는다. 성찰하지 않는 삶은 살 가치가 없다는 소크라테스의 주장마저 직업적 편견에 불과한 소수의 착각이라고 몰아세울 만큼 철저하게 일상인의 관점에 입각해 있다.

　사실 인생의 의미는 진지한 철학자라면 연구 주제로 삼는 것조차 수치스러워할 것이라는 막말이 나올 정도로 제도권 철학에서 외면 당하는 주제다. 한때 인생의 의미 따위의 형이상학적, 윤리적 질문들은 질문 자체가 성립 불가능한 무의미한 헛소리라는 논리실증주의자들의 주장이 세를 얻었던 때가 있었고, 실제로 지금도 강단철학에서는 거의 다뤄지지 않는다. 크론먼은《교육의 종말》에서 대학이 삶의 의미라는 질문을 포기한 이유를 학술주의의 이상을 무비판적으로 수용한 데서 찾은 바 있다. 수년 전부터 회자된 철학을 비롯한 인문학 위기의 본질은 절박한 인생의 문제를 도외시한 아카데미즘에서 비롯된 것이 아닐까? 이러한 시점에서 인생의 의미라는 질문을 본격적으로 다룬 대중 철학서가 나온 것은 늦었지만 반가운 일이다.

무거운 주제에 대한 경쾌한 접근과 철저한 해부가 돋보이는 이 책을 읽고 나면 우리가 막연히 그럴 것이라고 짐작하던 심오한 하나의 정답 혹은 궁극적이고 초월론적인 목적 같은 것이 인생의 의미가 될 수 없다는 사실을 깨닫게 된다. 그리고 삶의 의미에 대해 최소한 "왜 사냐건 웃지요"라고 답하는 것보다는 더 잘 대응할 수 있게 될 것이다. 인생의 의미라는 세계 여행을 한 바퀴 둘러보고 오면, 삶의 의미가 우주의 비밀처럼 신비로운 질문은 아니었다는 사실을 인식할 수 있을 것이다. 자기 것이라고 착각했지만 실은 남들이 심어놓았던 잘못된 신념을 되돌아보며, 잊고 지내던 인생의 의미를 다시 생각해보는 계기로 삼을 수도 있겠다.

러셀 교수님,
인생의 의미가 도대체 뭔가요?

초   판 1쇄 발행 | 2011년 2월 15일
개 정 판 1쇄 발행 | 2017년 5월 29일
개정2판 1쇄 발행 | 2024년 7월 31일

지은이 | 줄리언 바지니
옮긴이 | 문은실·이윤
펴낸이 | 이은성
펴낸곳 | 필로소픽
편 집 | 이상복·구윤희
디자인 | 다든

주 소 | 서울시 종로구 창덕궁길 29-38, 4-5층
전 화 | (02)883-9774
팩 스 | (02)883-3496
이메일 | philosophik@naver.com
등록번호 | 제2021-000133호

ISBN 979-11-5783-352-8 03100

필로소픽은 푸른커뮤니케이션의 출판 브랜드입니다.